JICHU JIAOYU KETI YAN
FANGFA YU SHIJIAN

基础教育
课题研究的方法与实践

杨建国 著

SPM 南方出版传媒 广东人民出版社

·广州·

图书在版编目（CIP）数据

基础教育课题研究的方法与实践／杨建国著. —广州：广东人民出版社，
2016. 7 （2020. 3 重印）

ISBN 978 - 7 - 218 - 11040 - 0

Ⅰ. ①基… Ⅱ. ①杨… Ⅲ. ①基础教育—教育研究 Ⅳ. ①G639. 2

中国版本图书馆 CIP 数据核字（2016）第 170916 号

JICHU JIAOYU KETI YANJIU DE FANGFA YU SHIJIAN

基础教育课题研究的方法与实践

杨建国 著

出 版 人：肖风华

责任编辑：梁 晖
封面设计：昌龙文化
责任技编：周 杰

出版发行：广东人民出版社
地 址：广州市新港西路 204 号 2 号楼（邮政编码：510300）
电 话：(020) 85716809（总编室）
传 真：(020) 85716872
网 址：http：//www. gdpph. com
印 刷：东莞市翔盈印务有限公司
开 本：787 mm×1092 mm 1/16
印 张：19 字 数：416 千
版 次：2016 年 7 月第 1 版
印 次：2020 年 3 月第 3 次印刷
定 价：45. 00 元

如发现印装质量问题，影响阅读，请与出版社（020 - 85716849）联系调换。
售书热线：(020) 85716863

前　言

　　自从有了教育，人们就开始了教育的研究，可以说，教育与研究从来就是形影不离的。现代教育的发展，使教育变得更加系统化、具体化和形象化，有关教育科学研究的方法已成为教育者孜孜以求的重要手段。从 20 世纪 80 年代开始，特别是近十年来，我国中小学，甚至幼儿园开展教育科研课题蔚然成风。随着"科研兴教""科研兴校""教师成为研究者"等教育新理念的提出，基础教育阶段的教育科研课题研究意识越来越强，"校校有课题，人人做研究"成为一种普遍现象，课题研究已成为幼儿园、中小学教育研究的主要形式。

　　长期以来，传统的基础教育主要以课堂教学为重点，以研究教育实践活动为主导，关注课堂中所出现的问题和解决的具体办法，许多研究停留在经验和实践层面上。教师们形成了教书育人为本的固有观念，很少关注教育、教学的深入研究。即使开展一些教学法的研究，也只不过是为了更好地服务于课堂教学，很少将其系统化、理论化，并转化为理论与实践的结合与运用。随着行动研究等方法的引入与开展，基础教育、教学实践活动与高等院校教育专家的理论相结合，使得理论更好地运用于教学实践，教学实践活动能够在理论研究的基础上更好地得到验证、指导，改进自己的教学方法。课题研究就是把教育理论与教学实践结合起来的有效方法，特别是幼儿园、中小学教师，在这种研究活动中，教师素质和教学质量都得到了很大提高。随着近些年对教师专业化发展的要求，特别是课程改革的深入开展和教育行政部门的推行，学校教师参与课题研究的积极性越来越高。教育行政部门对学校的教育科研课题提出了更高的要求，在许多的绩效考核中，教育科研课题已成为必不可少的重要评价指标。因此，学校有必要建立系统的课题管理制度，对学校教育科研课题进行全员化、全程化、全面化管理。

教育科研是人们运用科学方法探求教育事物的真相、性质和规律，并取得科学结论的活动。基础教育科研则是包括幼儿园、小学和中学范围的研究。科学研究，顾名思义，就是要运用科学的方法，遵循教育科研规律，通过大量的事实证明教育规律。基础教育科研是教育科研的一个特定范围，是教师们运用科学的方法，有目的、有计划地对所认知的教育范围的现象和教育实践进行系统的探索，揭示教育现象的本质和客观规律的认识活动和实践活动。本书所讨论的基础教育科研课题是指各学科教育科学领域尚未解决、具有普遍意义、有明确研究范围的问题。解决教学问题，变革教学实践是教师从事教育研究的首要目的。同时，教师从事的是教书育人的神圣工作，教师的生命质量需要得到关注和自我呵护，通过教育研究，有助于提升教师的职业幸福感。课题研究为教师提高自身水平、研究教学问题、提高教学质量等不失为一条好方法。教育科研课题的研究具有现实意义，它是提高学校教育和教学水平的一条重要途径，有助于提高教师的理论素养和科研水平，对教师专业化的发展有重要影响作用，还可以提升学校的管理水平，有助于教育改革。

基础教育科研课题有着自身的特点，它与高等教育科研课题有着明显的不同之处。根据幼儿园和中小学教育的特点，基础教育科研课题应以应用研究、微观研究和行动研究为主，在更多意义上它是一种教学研究。教师的主要工作是教学，教学工作是全面贯彻教育方针、推进素质教育、实现培养目标的主阵地，是学校的中心工作，一切学校工作都应以教学工作为主。从这个角度而言，中小学教师的教育科研应以教学研究为主。近些年国家颁布的有关教育方面的文件中，多次强调教师要结合教育、教学实践开展科学研究，努力提高教育科研意识和教学研究能力。因此，校本研究的开展已成为基础教育阶段的重要方法。校本研究的课题来自学校自身工作实际，校本研究的直接结果是学校工作实践的改进，而不是为研究而研究。其研究的出发点是学校工作遇到的问题，归宿点应体现在学校面貌的改变以及师生员工的发展上。校本研究要求教师真正成为学校的主人，真正成为教育研究的主体，真正按照学校工作和自身发展的需求来开展研究，因而广为教师们欢迎。

与此同时，基础教育科学研究管理也成为课题研究的重要组成部分。教育行政管理部门和学校管理者对教师的研究活动进行计划、组织、领导、控制和协调，这对教师能否顺利成长为研究型教师具有直接影响。研究教育科研制度管理，一方面，要从学校实际需要出发，解决学校教育科研管理工作中的突出问题，建立健全制度体系；另一方面，要从新的视角进行制度创新，将制度建设架构在教育改革和教育发展的宏观背景中，适合时代对学校教育科研管理制度建设的要求。

本书的研究成果是在笔者历时十多年主持承担的省、部级规划研究课题的研究基础上形成的。其中主要有2002年8月至2005年8月，教育部基础教育课程教材发展中心下达给华南师范大学莫雷教授，笔者任课题组副组长的国际合作项目"小学生语文阅读能力评价研究与实验"课题研究；2002年10月至2008年10月，笔者独立主持的广东省教育厅教育科学"十五"规划一般课题"口语交际与综合性学习"；2006年5月至2015年8月，笔者独立主持的广东省中小学教学研究"十一五"规划课题"小学生中华传统文化教育研究"；2009年6月至2013年6月，笔者独立主持的由教育部基础教育课程教材发展中心批准的课题"小学语文教师专业知识与专业素养提升途径"；2013年6月至2014年12月，参加广东省中小学教学研究"十二五"规划重点课题"中小学语文课程教材改革与发展研究"，主持小学语文课程教材的研究；2014年12月至2016年12月，笔者独立主持的广东省教育科研"十二五"规划2013年年度研究重点项目"信息化时代小学生阅读与习作能力培养研究"等。

　　本书共分十章，从教育课题研究的源流、意义、实操和管理等方面，探讨其研究的方法与实践。通过课题的申报、研究、结题、运用等具体操作方法，供从事课题研究的教研员、教师和研究人员参考，方便其进行科研课题的研究。书中有关教育统计法和量的研究内容，得到了吴有昌先生的赐教，在此表示感谢。本书引用了国内外许多学者的研究成果，得到了广东人民出版社郭军方先生的鼎力支持，特此一并感谢。书中所写，难免挂一漏万，望读者批评指正，以待日后修订之用。

杨建国

2016 年 6 月于愉景雅苑寓所

第一章　教师职业能力发展

第二章　基础教育课题研究概述

第三章　课题的选择与确立

第四章 课题的申报立项

第五章 课题开题报告与开题

第六章　课题研究的方法

第七章　课题的研究过程

第八章 基础教育课题研究成果的表述

第九章 课题研究结题验收

第十章　基础教育科研管理

教师职业能力发展

　　纵观人类历史的发展进程，我们会发现，人类对自己接触到的大自然和社会现象一直都在孜孜不倦的思考、实验、发现、运用，这个过程就是研究。可以说，没有研究就没有人类的不断进步和发展，就没有我们今天的飞速成长。也就是说，这样的不断探索、发现，就是在研究中获取的惊人成就。而且，未来也将像人类的过去和现在一样，在不断的研究探索中会越来越飞快的向前发展。教育的发展离不开教育科学研究。在教育科学研究中，要有正确、科学、现代化的研究方法。古代的教育研究多处于感性认识，缺乏系统的理论指导，许多时候是凭借直觉观察和经验描述，但其教育思想的理念同样闪烁着光芒。像我国的先贤孔子的教育理念，到今天也还在影响着人们。直到西方近代的经验论和唯理论成为认识论的主导思想的时候，分析、比较、归纳、演绎方法才得到广泛的应用，这时教育学不但成为一门独立学科，而且产生了一批教育大师及其有关的教育名著，其中，形式教育与实质教育之争，正是经验论和唯理论在教育理论上不同程度的反映。教育的发展如同科技的发展一样，同样经历着各种层出不穷的教学法的变革。教育研究方法逐渐成为一门独立学科，越来越被人们所重视，尤其是方法论的发展，对教育科学的发展起到推动作用。同时，语言学、文学、历史学、社会学、心理学、脑科学、人类学等对教育科学的发展影响也很大，因而，教育科学研究要汲取和融入相关学科的研究成果，移植它们的研究方法，为教育科研服务。

　　由于教师教育理念的转变，促发了我国教师教育向职业化的转型。这个转型从宏观上看，是整个国家的师资培养与培训制度的转型。对制度转型做具体的分析，涉及师资培养体系层次结构的转型，师资培养、培训机构的转型，师资培养与培训模式的转型，教师培养职业化的转型，教师职业能力兼有教育课题研究的转型等方面。这些都将极大地调动教师教育向职业化的发展，教师的职业能力开始受到重视和挑战。

第一节　教师专业发展

长期以来，教育科研与教学实践形成了两个既相对独立又相辅相成的发展体系，对教师的专业发展产生了深刻影响。特别是在基础教育阶段，从事具体教学活动的教学实践一直处于重要地位。教师们只重视教学实践活动，关注课堂教学的成果，而对教育理论研究往往比较忽视，甚至觉得是教研部门和高等教育领域要关注的问题。

一、国外的教师专业发展

现代教师教育经历了100多年的历程，期间，在教育理念和课程设置上发生了很大变化。目前，我国的教师教育与世界上发达国家相比还存在许多不同之处，这之中既有自己独有的发展方向，也存在许多不合理的地方，需要改进。随着高等教育的大众化，师范院校面临的转型发展，我国教师教育已进入了一个由数量满足向质量提高转变的高要求时期。高等师范院校面临的"学术性"与"师范性"之争、专业知识学习与教育知识学习，已成为高等师范教育与基础教育对接中需要直面解决的问题。

（一）什么是教师专业发展

教师专业发展，又称为"教师发展"或"教师专业成长"。根据西方学者的研究，"教师专业发展"这一概念有两个基本含义：一是指教师的专业成长过程；二是指促进教师专业成长的过程（教师教育）。教师专业发展是一种"动态"发展的过程，教师的态度、价值、信念、知识技能和种种行为表现时刻都在调整、修正、重新审视、评估、接受挑战和考验。[1]

（二）发达国家师范院校教育的历史沿革

世界各国师范教育的转型发展时间是不一样的，这与每个国家的具体情况有关。随着19世纪末20世纪初美国工业革命的完成和义务教育的普及，全社会对教师的质量提出了新要求，原有的低水平的师范学校开始向高水平的师范学院转变。1882年，亚拉巴马州率先将州立师范学校升格为四年制州立师范学院（state teachers' college）。到1900年，师范学校从1890年的175所减少到127所，到1933年只剩下不到50所。[2] 师范学院开设学士学位的师资培训课程，延长了学习期限，能够培养更高规格的学校教师，这在当时为义务教育的普及奠定了基础。到了第二次世界大战后，社会对师范学院教师质量的要求更高，独立设置的师范学院不能给学生提供广博的学术性课程，因此，独立设

---

[1] 潘海燕. 教师的教育科研与专业发展 [M]. 北京：中国轻工业出版社，2006：2.

[2] 李其龙，陈永明. 教师教育课程的国际比较 [M]. 北京：教育科学出版社，2002：3，4.

置的师范学院让位给综合性大学，师资培训的任务开始由综合性大学的教育学院或教育系来承担，综合性大学成为教师教育的主体。

相比较而言，英国的师范转型速度要比美国慢。进入 20 世纪，英国的系统师范教育制度才得以正式确立，1902 年通过的教育法案授权地方政府建立师范专科学校。然而，师范教育的蓬勃发展和进一步规范化则是在第二次世界大战以后。第二次世界大战以来，英国师范教育体制有过数次较大的调整。1956 年，教育学院的学制由两年延长至三年。1964 年，首次在师范教育中开设四年制"教育学士学位"（BEd）课程，以促进师范教育一体化。20 世纪 70 年代末，单科性的地方教育学院被新组建的多科性的"高等教育学院"所取代。"战后 30 年间形成的独立、专业化的师范教育系统就此解体。最终形成的局面是专门的师范院校在英国师范教育中渐趋消失，师资培训作为一种专业，在高等院校设置专门的课程"。① 到了 20 世纪 90 年代，英国高教体制改革，30 多所提供师资培训课程的多科技术学院升格为大学，这使得大学在师资培训中所占的比重大为增加。

（三）发达国家教师职业化发展

国外对教师学习的研究，可以追溯到古罗马时期。1 世纪，罗马教育家昆体良在《雄辩术原理》提出，作为未来雄辩家的教师，应该学习和训练自己的雄辩术。② 1681 年法国创办的世界第一所教师培训机构，可视为教师职业专业发展制度的起点，至今，这一制度在英、美等许多国家已经发展成为大学教育制度的一个重要组成部分。但与在制度上获得了高等教育的地位相比，教师职业的专业发展所依赖的学科基础，远不如其制度那么稳固并得到认可，人们一直为此争论不休。主要议题如下：③

1. 教师职业所依据的专业知识具有双重的学科基础，即教师任教科目的学科知识和教育的学科知识。这成为教师教育长期争论的问题，即"学术性"与"师范性"之争。任教学科学术水平与教育学科的专业素养孰轻孰重？教师教育在与其他专业教育相同的时间内，很难既达到同等的学术水平又掌握必备的教育学科知识，而在现实中，师范性往往更容易成为强调学术性的牺牲品，很多人认为，只要掌握学科知识就可以做教师，甚至可以做一个好教师，是否具备教育学科知识则无关紧要。

2. 在"学术性"与"师范性"的争论中，导致师范性常常处于下风的重要原因是，就教育学科本身来说，"教育是一门科学"仍受到人们的质疑。

3. 尽管教育学科借助其他学科已建立起一套有一定学术水平和学术地位的理论系统，但从理论到可实践的原则——专业技术，用来解决教育教学活动的实际问题还差强人意，教育理论与教学实践之间存在着严重的鸿沟。

1966 年，联合国教科文组织和国际劳工组织提出《关于教师地位的建议》，首次以

---

① 李其龙，陈永明. 教师教育课程的国际比较 [M]. 北京：教育科学出版社，2002：48.
② 任钟印. 昆体良教育论著选 [M]. 北京：人民教育出版社，2002：87 - 90.
③ 潘海燕. 教师的教育科研与专业发展 [M]. 北京：中国轻工业出版社，2006：3, 4.

官方文件形式对教师专业化作出了说明，① 提出："应把教育工作视为专门的职业，这种职业要求教师经过严格、持续的学习，获得并保持专门的知识和特别的技术。"20 世纪中期后，由于种种原因，师范教育面临着巨大压力，急需提高教师的质量。首先，世界各国均出现人口出生率下降的情况，对教师的需求量相对降低。其次，经济上的困难，使政府需要大幅度削减公共支出，并往往把教师培养机构作为减少开支的对象。再次，从总体上来说，学校教育质量没有达到公众所期望的质量，从而导致公众对教育的信心下降。自 20 世纪 80 年代以来，人们对过去忽视教师专业发展和教学技能提高的做法给予了强烈的批评，教师专业化目标的重心开始转向教师专业发展。教师专业发展日趋成为人们关注的焦点。

二、我国的教师专业发展

教育作为一种特有的社会活动，伴随着人类社会发展的始终。可以说，有了教师才有家庭私塾教育、学校教育，才逐渐产生发展出职业教师这个领域。

（一）先秦时期的教育逐步完善

原始社会的教育活动是在生产实践中进行的，采取言传身教的方式，教育内容十分简单。原始社会进入氏族公社末期之后，由于社会经济、政治与文化的发展，开始滋生了学校的萌芽，原始社会的教育也完成了历史使命，让位于社会专门化的教育。一般认为，学校大概产生于原始社会末期或奴隶社会初期。② 学校的产生和其他社会现象一样，有一个从无到有、从不完备到比较完备的长期发展的过程。古籍记载，我国五帝时代（约前 2700）已有大学，名叫"成均"。"成均"的名称，最初见于《周礼·春官宗伯第三》："大司乐掌成均之法。"《礼记·文王世子》："以其序，谓之郊人，远之，于成均。"而认为"成均"是五帝之大学，最早出自郑玄引注董仲舒曰："五帝名大学曰成均，则虞庠近是也。"到商朝时已有比较完备的学校，但学校的教育内容仍与当时的政治、军事、宗教等活动结合在一起，一般文化知识的教育有初步分化出来的趋势。

"学在官府"是西周教育制度的主要特征，在这一体制下，形成了从中央到地方较为完善的学校教育体制以及以"六艺"为主体的教育内容。此外，西周对家庭教育和女子教育比较重视。西周的教育及各项制度对我国 2000 多年的封建社会有着重要影响。西周的学校，大概可分为国学与乡学两种。

1. 国学

西周的国学是专为奴隶主贵族子弟设立的。据《礼记·王制第五》记载："天子命之教，然后为学，小学在公宫南之左，大学在郊，天子曰辟雍，诸侯曰頖宫。"可知西周的国学按入学年龄和程度分成小学、大学两级，小学设在宫廷附近，大学设在近郊，天子与诸侯的大学名称各异。

① 潘海燕. 教师的教育科研与专业发展 [M]. 北京：中国轻工业出版社，2006：4.
② 王炳照，等. 简明中国教育史 [M]. 北京：北京师范大学出版社，2013：4.

2. 乡学

西周的乡学是按照当时地方行政区域为一般奴隶主和部分庶民子弟设立的，规模比较简单，只有小学一级。乡学的制度和名称，古籍记载不一，解释各异。按《周礼·地官》记载："乡有庠，州有序，党有校，闾有塾。"《礼记·学记》又说："古之教者家有塾，党有庠，术（遂）有序，国有学。"而《孟子·滕文公》却只说："周有庠。"乡学的教育对象主要是奴隶主子弟，塾中的优异者可升入乡之庠、序，庠序中的优异者还可升入国之大学，至于一般庶民子弟只能受到一些管教性的教化。

春秋战国时期，随着经济基础的变革，上层建筑也发生激烈的变化。在政治上，王权衰落，"礼乐征伐自诸侯出"，到后来，甚至诸侯国君也大权旁落，出现了"陪臣执国命"的现象，意识形态方面也出现了"礼崩乐坏"的局面，文化教育方面随之发生变化，其主要标志就是官学衰、私学兴起。这一时期形成了"诸子蜂起，百家争鸣"的局面，在诸子百家里，以儒、墨、道、法对后世教育影响最大，为先秦教育史揭开了新的一页。孔子作为儒家学派的创始人，在兴办私学的过程中，积累了丰富的教育经验，提出了系统的儒家教育理论，成为中国古代教育思想的奠基人，对中国乃至世界都有深远的影响。孟子和荀子作为儒家思想的传承者，从不同的角度促进了儒家思想的发展。

（二）汉朝的儒家独尊教育思想

汉代学校教育制度在"独尊儒术"政策的指引下，各类学校教育蓬勃发展，形成了较完整的学校教育体系。以教育内容划分，可以分为以传授儒家经学为主体的普通教育和其他专门教育两大类。以办学途径划分，可以分为官学和私学两大类。中央官学中最重要的是太学、宫邸学与鸿都门学。地方官学按地方行政建制设立，王莽执政时依次确定为学、校、庠、序四类，但两汉地方官学的设立基本上由各地方当局自行办理。太学的兴办是汉武帝实施"独尊儒术"政策的产物。在专设五经博士后，官方必然要给他们创造传授学术的条件，否则就不能保证已确定的官方学术的延续。元朔五年（前124），丞相公孙弘提出在京城建立中央官学，因为当时朝廷已设有专门的五经博士，只要为他们配备一定数额的弟子，就可以开展教学活动。汉武帝随即批准了这一方案，由此开始了中国封建时代官方主办的教育活动。学术界一般都将汉武帝置博士弟子作为汉朝立太学的开端。

汉朝虽有官学，但数量有限，名额有限，并非人人可入；太学设于京师，远道学生很难入学；想做官必须读书，要读书必须求师。汉朝经师大凡得不到从政或任博士机会的，即从事私人讲学。也有很多名儒一面做官一面收录弟子，致仕或罢官还家仍讲学授徒。而一般士人拜他们为师，一方面，有利于学业的精进；另一方面，也有利于以后的进取。所有这些都是汉朝私学盛行的原因。

汉朝私学十分发达，大致可分为两种：一为"蒙学"，相当于小学程度，主要进行儿童启蒙阶段的教育；一为"精舍"，相当于太学程度，主要进行专经教育。"蒙学"也称为"书馆"，教师被称之为"书师"。学习内容主要是习字。"书馆"所用的字书，现在保存下来的只有《急就篇》，相传是西汉史游编撰的。"精舍"或称"精庐"，西汉时就已出现，东汉时更为兴盛，主要由经师大儒开门授徒，专习一经或数经，与太学相辅并行，学生学习的成绩，并不在私人精舍中，师生关系较为亲密，学生对师长恭敬礼让，教师对学生十分关怀。这种尊师爱生的感情是真挚的，成为中国古代学校教育史上的美谈。

（三）颜之推及其《颜氏家训》教育

颜之推（531—595），字介，梁朝金陵人，出身世代精于儒学的仕宦之家，他经历了社会动乱时期，曾先后仕于梁、北齐、北周、隋四朝，南北朝时期著名的学者、史学家、文字音韵学家、教育思想家。他提出了一些自己的教育主张，为教育子孙所写的《颜氏家训》20篇，对后世封建家庭教育产生了重大影响，誉为"家教规范"。

《颜氏家训》论及家庭教育的许多方面，如主张家教应从胎教开始，纵然做不到胎教，也要及早从幼始，越早越好。所谓"幼而学者，如日出之光，老而学者，如秉烛夜行"，已为现代心理学关于儿童语言学习敏感期的研究所证实。再如其重视家庭的语言教育，他说："吾家儿女虽在孩稚，便渐督正之，一言讹替以为己罪矣。云为品物，未考书记者，不敢辄名。"一事一物，不经过查考，不敢随便称呼。"语言教育是基础，不从小对子女进行正确的语言教育，将对子女留下极不好的影响，颜氏子孙中，出现了如颜师古等著名语言文字学家，应当与颜氏家庭重视语言教育有一定关系"。[①]

（四）唐宋时期教育发展

1. 唐朝学校教育

唐朝由中央直接设立的学校有六学、二馆。六学属于直系，包括国子学、太学、四门学、书学、算学、律学。六学直隶于国子监，长官为国子祭酒。六学中的前三学属大学性质，后三学属专科性质。二馆是崇文馆和弘文馆，属于旁系。弘文馆归门下省直辖；崇文馆归东宫直辖。皇族子孙另立皇族小学。

地方办理的学校在各府有府学，各州有州学，各县有县学，县内又有市学和镇学。所有府、州、县、市各学校统属直系，由长史掌管。

2. 朱熹的教育思想

朱熹（1130—1200），字元晦，号晦庵，晚年又号晦翁、云谷老人等，南宋最著名的教育家，宋朝理学的集大成者。他的教育活动和教育思想对我国封建社会后期教育的发展产生过重大的影响。

中国古代学校的大学和小学是按学生的年龄及学习内容难易程度的不同自然区分的，并无系统的有关大、小学制建制纲领、教材等方面的明文论述，界线也较模糊。朱熹在总结古代教育经验的基础上，把学校教育明确划分为大学与小学两个阶段，并规定了大学、小学各自的入学年龄、教育目标、教学内容及修业年限。所有这些是以年龄阶段为依据的。

---

① 杨建国. 语文口语交际概论［M］. 广州：广东教育出版社，2015：27.

关于小学阶段的教育内容及任务，朱熹在《童蒙须知》《小学书题》中有详细的说明。他首先指明了小学阶段教育的任务和程序，这就是进行道德行为的训练和读书、写字的练习。其顺序是从料理生活、言行举止、洒扫庭除到读书、写字和杂细事宜。其次，朱熹强调了小学阶段教育是大学阶段教育的基础。朱熹把学校教育划分为小学和大学两个阶段，8～15岁入小学读书，15岁以后入大学读书。

（五）明清时期教育思想

1. 明朝的王守仁

王守仁（1472—1528），字伯安，浙江余姚人。因为他曾在阳明洞读书讲学，自称"阳明子"，所以别号"阳明"，后世学者称他为"阳明先生"。

王守仁是明朝中叶一位主观唯心主义思想家、教育家。他的哲学和教育思想，不仅在当时就已闻名于世，而且在其去世之后，对我国思想界和教育界都曾产生重要影响。他提出一个著名的"训蒙教约"，其训练标准为孝、悌、忠、信、礼、义、廉、耻八目。所设科目为歌诗、习礼、读书三项。王守仁从他的良知说出发，认为"乐"是心中本体，教学必须引起儿童的乐学情绪。他要求教育儿童从积极方面入手，用培养、诱导、顺应儿童情绪，鼓舞儿童兴趣的方法进行教学。他说："大抵童子之情，乐嬉游而惮拘检，如草木之始萌芽，舒畅之则条达，摧挠之则衰萎。今教童子，必使其趋向鼓舞，中心喜悦，则其进自不能已。譬之时雨春风，沾被卉木，莫不萌动发越自然日长月化。"提出以诱之歌诗、导之习礼、讽之读书来"训导其志意，调理其性情，潜消其鄙吝，默化其粗顽"，以达到"日使之渐于礼义而不苦其难，入于中和而不知其故"的效果。[①] 这里他把教学比喻成时雨春风盎然生意，情意舒畅，在启发诱导、潜移默化中得到成长。王守仁的这些主张是符合心理发展理论的，有其积极意义。

2. 清朝的陆世仪[②]

陆世仪（1611—1672），字道威，又号桴亭。清初教育家。著作主要有《思辨录》《陆桴亭先生遗书》等。

陆世仪关于小学教育的思想十分丰富，体现在提前儿童入学年龄。自古以来，儿童都是8岁入小学接受教育的，而陆世仪却不囿于成法。他在论小学教育的专门篇章《小学类》中主张小学教育"决当自五六岁始"，若错过了此施教良机，以后"即使父教师严，已费一番手脚"。陆世仪的这一论点得到了现代儿童发展心理学和学习理论的证明。科学研究表明，儿童5～6岁时，其大脑大部分几乎都已成熟，无论是从智力培养和品德形成来说，都是施行教育的最好时期，影响儿童的终身发展。

关于儿童的读书的方法，陆世仪归纳为"诵读"两个字。"自五至十五岁"的小学教育阶段，应注重"诵读"及日常生活中道德行为方式的训练。在陆世仪看来，之所以在5～15岁的小学教育阶段实施"诵读"之法，其依据是"十五以前，物欲未染，知识

---

① ［明］王守仁. 训蒙大意示教读刘伯颂等.
② 吴洪成. 中国小学教育史［M］. 太原：山西教育出版社，2006：109－111.

未开，则多记性，少悟性"。记性即机械记忆力，悟性即理解力。因此，"凡人有所当读书，皆当自十五以前，使之熟读。不但《四书》《五经》，即如天文、地理、史学、算术之类，皆有歌诀，皆须熟读。若年稍长，不惟不肯诵读，且不能诵读矣"。可见，陆世仪确实比较准确地把握了儿童的特点。

3. 清末民初的梁启超

梁启超（1873—1929），字卓如，号任公，别号饮冰室主人，广东新会人，是中国近代著名的思想家和教育家，资产阶级维新派的主要代表人物之一。

梁启超认为，传统小学教育，"未尝识字，而即授之以经"，入学不到一个月，便学习"大学之道"。而"大学之道"，古代文人学士探讨了上千年，尚未能解决，如此深奥的内容却让小学儿童去学习，他们怎么能理解？梁启超介绍了西方小学教育的内容及贯穿其间的教学原理，以为中国兴办近代新式小学教育之参考。

梁启超为儿童拟了一张课程表，从中可以看出他的小学教育的基本观点，兹列于下：①

（1）每日 8:00 上学，师徒合诵赞扬孔教歌一遍，然后肄业。

（2）8:00 受歌诀书，日尽 1 课，每课以诵 20 遍为率。

（3）9:00 受问答书，日尽 1 课，不必成诵，师为解其义。明日按所问而使学童答之，答竟，则授以下课。

（4）10:00，单日教算学、双日教图学。凡教算学，先习笔算，一年以后，渐及代数，每日由师命两题，令学童布算。凡教图学，先习简明总图，渐及各国省县分图。

（5）11:00 教文法。师以俚语述意，学生以文言达之，每日 5 句渐加至 10 句。

（6）下午 1:00 集合，习体操，略依幼学操身之法，或一月或两月教完 1 课。操毕，让儿童玩耍不加禁止。

（7）下午 2:00 教西文，按照西人教儿童的书籍，日尽 1 课。

（8）下午 3:00 教书法。中文、西文各半小时，每日各 20 字，添加至 100 字。

（9）下午 5:00 散学，师生合诵爱国歌一遍，然后回家。

从以上课程表及教学要求来看，第一，反映了班级授课制的要求，一改旧式学堂单一教学；第二，中西学兼学，扩大了教学内容，打破以儒家经典为主的封建教育；第三，重视体育和音乐教育。

（六）清末民国时期师范教育的发展

在我国，师范教育是 19 世纪末 20 世纪初西方师资教育理念经日本进入中国的产物，并在中国这片土壤中生根、发芽、结果。1896 年，梁启超在他所撰写的《变法通议》中有《论师范》，他开篇写道："善矣哉！日人之兴学也。明治八年国中普设大学校，而三

---

① 吴洪成. 中国小学教育史 [M]. 太原：山西教育出版社，2006：147，148.

年之前，为师范学校以先之。"① 师范学校起源于欧洲，但它是经过日本转道进入中国的。1904 年清朝政府颁布的《奏定初级师范学堂章程》规定："初级师范学堂为小学教育普及之基，须限定每州、县必设一所。"② 主要是抄袭日本学制建立独立的师范教育体系。到 1922 年以后，师范教育呈现了多样的存在方式：独立的师范院校和作为大学和中学组成部分的师范教育及各种短训和培训班等。20 世纪上半叶师范教育体系的这种状况没有能够解决师范教育对基础教育教师的需求问题。

（七）1949 年以来大陆师范教育的发展

新中国成立后，1953 年 12 月 11 日，政务院公布第 195 次政务会议通过的《关于改进和发展高等师范教育的指示》提出："要继续办理四年制本科、两年制专修科和两年制师范专科学校，综合性大学也培养一部分中等学校师资，还必须着重采取多种临时性的办法，如本科生提前一年毕业，选拔一部分专修科毕业生任高级中等学校教师，选调初中教师、小学教师经过短期训练任高中和初中教师等。"③ 这里提出的让综合性大学参与高中教师培养与现在让综合性大学参与教师培养有所不同。前者是临时性应急措施，后者则是要改变师范生本科教育培养办法。

"改革开放之初，我国面临着师资严重短缺、现有的师资水平很低的困境，无法保障基础教育水平。20 世纪 80 年代到 90 年代，中等师范教育的发展在当时起到了很好的推动作用，保障了基础教育的基本需求"。④ 一些经济发达的地区尝试开设五年制大专班，以满足培养中学教师的需求，如 1984 年南通师范学校经江苏省人民政府批准，开始举办五年制师范教育。随着高等教育事业的稳步提高，到了 20 世纪 90 年代末，实行多年的中等师范、师范专科和师范本科三级层次体系已不能适应我国社会急剧发展的需求。1997 年 9 月，原国家教委师范司在苏州召开"培养高学历小学师资专业建设研讨会"并设立课题组。1998 年秋季，南京师范大学在课题组研究过程中决定，以教育学专业小学教育本科方向招收了 80 名学生。同年，杭州师范学院也以同类性质的名义招收了 20 名教育学学生。从此，小学教育本科专业在具有本科培养资质的高等院校逐年推广开来。

从全国总的统计数据看，进入 21 世纪，中等师范学校的减少非常快，同时师范专科学校也在加紧升入本科的步伐，教师教育也进入了学士后教育的快车道。"2014 年，统计中仍有中师生，但他们是在初中毕业，即'中考'时招入。他们有一个相当于中师阶段的三年学习，而实际可能是'3+2'五年制专科或'3+4'七年制本科毕业"。"截至 2012 年 12 月，教育硕士培养单位，从开设之初的 16 个单位，发展到 140 个单位；招生人数，从 1997 年面向在职人员招收 191 人，到 2010 年 12 月，累计录取各类教育硕士研

---

① 梁启超. 饮冰室文集 [M]. 昆明：云南教育出版社，2001：41.

② 璩鑫圭，唐良炎. 中国近代教育史资料汇编·学制演变 [M]. 上海：上海教育出版社，1994：398.

③ 中央教育科学研究所. 中华人民共和国教育大事记（1949—1982）[M]. 北京：教育科学出版社，1984：95.

④ 杨建国. 高等师范教育与基础教育衔接刍议 [J]. 高教探索，2016（2）：58.

究生约 12 万人"。① 同时，2010 年首批获取教育博士专业学位教育试点的综合性大学、高等师范院校有 15 家。师范院校的多科化、综合化伴随着"学术性"与"师范性"之争，成为 21 世纪的焦点话题。教师教育的方向该如何走，是不是一些综合性大学，如北京大学等设立教育学院，就代表着师范教育的高水准，令人深思。

（八）从师范教育到教师教育的转变

中国教师教育创立之始是以"师范教育"为名称的。西方国家"教师教育"从英语看有 teacher education 或 teacher training。虽然"师范教育"之名，中国用了差不多 100 年，但如准确翻译英文表达，中文只能翻译为"教师教育"。教师教育活动是在一定的学校中开展的。这种学校名称的来源为法语 école normale。法语中的 école normale 是指一种示范性质的学校，通过示范性的课堂教学来指导学习做教师的学生。日本在引进这种教育机构时，把它翻译为"师范学校"。1896 年，梁启超在他所撰写的《变法通议》中有《论师范》。汉语"师范学校"这个名称也来自日本。在中国内地的教育研究论文中较早出现"教师教育"一词是在 1990 年前后，"最早使用'教师教育'一词的是 2006 年《国务院关于基础教育改革与发展的决定》中提出的'完善以现有师范院校为主体、其他高等学校共同参与、培养培训相衔接的开放的教师教育体系'"。②

师范教育与教师教育既有不同又有联系。两者的联系很明显，无论体制、就业和教育教学方式，两者都是培养教师的活动。区别在于：教师是职业，师范是活动，教育则兼有职业和活动双重含义。我们通常所说的教育学教育也可分培养教育研究及其应用人才的教育学教育与培养语文、数学、英语等具体学科教师的教师教育。"师范教育对两者的区分并不明确，需要进一步解释，教师教育的含义则十分明确，目的就是培养从事教师职业和专业的教师。许多概念、名称既有科学组词成分，也有约定俗成原因。'师范教育'是以前对培养教师教育的规范表述，'师范'的核心含义是'示范'，'教书育人，为人师表'"。③ 问题是，无论是从事师范教育还是从事其他教育的教师都有教书育人、为人师表的要求。所不同的是教书育人、为人师表不仅是从事师范教育的人员的职责，也是其培养教师的职责。

（九）我国基础教育改革中的教师队伍建设

我国从 2004 年开始，由教育部师范教育司组织相关高校及科研机构专家研制与教师教育活动相关的标准。2011 年，教育部印发了《教师教育课程标准（试行）》。这个课程标准主要涉及幼儿园、小学和中学教师的职前教育。2012 年，教育部印发了《幼儿园教师专业标准（试行）》《小学教师专业标准（试行）》《中学教师专业标准（试行）》。2013 年教育部印发了《义务教育学校校长专业标准》。这些专业标准的制订，表明我国

① 李学农，张清雅. 教师教育世纪转型与发展 [M]. 南京：南京师范大学出版社，2014：106，122.

② 郝文武. 师范教育向教师教育转变的必然性和科学性 [J]. 教育研究，2014（3）：130.

③ 郝文武. 师范教育向教师教育转变的必然性和科学性 [J]. 教育研究，2014（3）：128.

教师专业标准制度正在建立起来，培养专业教师的理念已经确立，对教师基本素养的要求也越来越明确。"要确保教师的质量，唯有从严格的专业标准出发，才能引导、规范教师教育活动，培养出高质量的教师。因此，21世纪高质量的教师，就是专业的教师。世界上着力提高教师质量的国家，均是从建立教师专业标准出发来确保教师的质量"。① 基础教育的三个阶段：学前教育、小学教育、中学教育，其特点不同，对教师的基本素养要求也不同。

21世纪基础教育的全面发展，迫切需要一支基本功扎实、学历层次较高的教师队伍。2011年，我国小学专任教师学历合格率为99.72%；初中专任教师学历合格率为98.91%；普通高中专任教师学历合格率为95.73%。② 从对经济发达地区——广东的调查、实地考察统计情况可以看出一些普遍性的问题。2011—2012学年，广东小学教师高中毕业及以上的达99.84%，初中教师大专毕业及以上的达98.93%，普通高中教师本科毕业及以上的达95.5%。③ 广东中小学教师学历尚没有完全达标，小学和初中略高于全国平均水平，高中则略低于全国平均水平，这说明高素质、高学历的教师还是比较缺。广东省教育研究院教研室在实地调研中，"发现品德与生活、品德与社会、科学（3~6年级）、音乐、美术、体育与健康、综合实践活动等学科教师存在大量兼课和所教非所学现象。比如，语文教育专业毕业的教师兼任品德与生活、品德与社会、科学等学科教学，甚至有初中英语学科教师转教数学学科。此种现象在小学和初中较多，可见教师学科结构问题较为严重"。④

第二节　教师的教育科研能力发展

教师不但能胜任教学任务，而且能在教育理论研究方面展示自己的专业能力，这是现代教师所必备的条件，也是激烈竞争中需要具备的能力。为此，科研课题的研究已成为现代基础教育学校教师教育和教师教学研究能力的必要条件。教师们开始觉得课题研究是自己教育能力的必需，而不是可有可无的事情。教师参与课题研究的意识在逐步增强，研究能力也在不断提高。

一、发达国家教师学习专业能力的发展

从整体意义上来说，教师专业发展离不开科学研究的能力，这不仅仅表现在对课堂

① 李学农，张清雅. 教师教育世纪转型与发展 [M]. 南京：南京师范大学出版社，2014：194.
② 教育部. 2011年全国教育事业发展统计公报 [R]. 基础教育改革动态，2012 (19)：12-16.
③ 广东省教育厅发展规划处. 广东省2011—2012学年教育事业统计简报 [R]. 2012.
④ 李文郁，等. 广东特色基础教育课程体系探索 [M]. 广州：广东高等教育出版社，2014：37.

教学能力的研究，还要延伸到教育理论的深入钻研。这是走教师教育发展之路的必要条件。在这一点上，许多发达国家的成功经验值得我们好好学习。

（一）教师学习的历史演变

19 世纪中叶，德国教育家第斯多惠是近代较早系统论述教师学习问题的专家。第斯多惠在《德国教师培养指南》中，专门就教师学习提出了教师学习的意义，教师学习的内容和教师学习的方式、方法等七个方面的建议。① 此外，他还提出"不进则退"的教师学习思想，认为一个教师只有博览群书，探求书中的真知，不断的进修、学习，进行自我教育，然后才有能力去教育别人。

20 世纪 60 年代，世界各国出现教师短缺的情况，因此，教师培养出现重"量"轻"质"的现象。在 1963 年英国颁布的《纽瑟姆报告》中，提出师范教育后的教师培训应同时强调教育专业课程和普通课程的学习，并着眼于教师能力的提高。在第 45 届国际教育大会上，强调教师在社会变革中的作用，为提高教师的素质和改善教师的学习做好以下四个方面的工作：

第一，通过给予教师更多的自主权和责任提高教师的专业地位。

第二，在教师的专业实践中运用新的信息和通信技术。

第三，通过鉴定个人素质和在职培训提高其专业性。

第四，保证教师参与教育变革以及与社会各界保持合作关系。

1983 年美国"高质量教育委员会"发表的《国家在危急中，教育改革势在必行》、1986 年卡内基工作小组发表的《国家为培养 21 世纪的教师做准备》、1995 年霍姆斯小组发表的《明日之教育学院》等一系列报告中，提出应该重新设计教师教育课程，考虑教师学习和专业发展的需要，创设专业发展学校，改变过去教师培养主要是在大学校园，很少到中小学的局面，大学和中小学合作共同提高教师专业学习的质量。②

2003 年 8 月 5 日，澳大利亚教育与培训部（The Ministry for Education and Training）成立教师学习领导小组，并颁布了教师学习指导书，书中提出了教师学习的六大目标、9 条学习理念、10 条学习保障措施、14 条驱动教师学习的途径、发展方向以及可能出现的问题及其解答。这是一个纲领性文件，从政府的角度支持和规范教师学习，并在政策上明确政府在哪些方面应该为教师的学习提供帮助，希望教师在学习中获得专业发展，成为优质教师，从而达到提高学生学习质量和成绩的目的。③

（二）教师学习的基本目标

教师专业发展离不开专业知识和教育理论的学习，这些不仅是在职前学习中要解决的问题，职后继续教育中也要不断学习，只有这样才能提高自己的专业水平，跟上形势

---

① ［德］第斯多惠. 德国教师培训指南［M］. 袁一安，译. 北京：人民教育出版社，2002：41 - 54.

② 教育部师范教育司. 教师专业化的理论与实践［M］. 北京：人民教育出版社，2003：23，24.

③ 李志厚. 教师校本学习论［M］. 广州：广东高等教育出版社，2006：34，35.

的发展。国外不少学者从教师专业发展的角度，探讨教师学习的理论和实践价值，教师的理论基础，教师学习的模式，教师学习与其专业发展的关系，教师学习的内容、方式及其测量评价问题等。教师专业发展的三个主要含义，即专业地位的提升、专业自主的建立和专业尊严的维持决定了教师学习的主要目的是提高教师专业发展能力，包括教师能进行生涯规划、自我成长，能获得知识、充实自我，能实施研究、进行教学，能反省批判、自我更新等。① 在经历教师专业发展和个人成长的过程中，教师不仅要按照传统意义上的教师职业要求进行学习，如对学科知识的掌握，形成必备的教学技能，而且要拥有"扩展的专业特性"（Extended Professionalism），即有能力通过系统的自学，通过学习其他教师以及在课堂中验证有关教学理论而实现自己的专业发展。②

（三）教师学习的核心内容：学会教学

学会教学不仅为了教好书本上的知识，而且更重要的是通过教师的教学过程使学生喜欢学习、喜欢所教的学科、喜欢教师以及喜欢自己的学校。美国"全国教师学习研究中心"发表的一篇研究报告《教师怎样学会使学生专心自主地学习》表明，教师学习的目的就是学会使学生专心自主地学习学科知识及方式、方法。作者指出，长期以来，教育工作者以为学生学习就是机械地记忆新知识：学生听课，阅读书本，他们的进步情况以他们能够记住听到的和看到的能力来测量。但近20年的研究表明，还有一种学习是很重要的，那就是当教学发生时，以探究为取向，鼓励学生主动、积极地思考和尝试与他们以前知识相关的新思想、新观点，并且能够把学到的知识转化为个人的学问、学以致用的学习。理解这种新型学习的变化，有利于确立教师学习的方向。③

一些研究表明，不少学者认为教师学习应该涉及教师专业发展所需要懂得的知识，主要包括以下六个方面的内容：④

第一，关于教材的知识。教师只有深刻而灵活地理解教材，才能帮助学生产生有用的认知导向图，把各种观点、思想相互联系起来，识别错误的概念。

第二，关于学生的知识。教师只有知道学生已有的知识和经验，对哪些主题感兴趣，了解学生成长的文化背景、家庭环境、智力发展、学习方式等造成他们之间个别差异的因素，才能指导他们如何把新学习的东西记住，才能为学生营造一种积极学习和交流的氛围，才会知道布置什么样的学习任务能够使他们获得成功而不是失败，才会懂得如何鼓励他们更加积极地参与课堂活动、更加努力的学习，才能指导他们思考如何帮助学生在认知、社会、身体和情感多方面健康成长。

第三，关于学习的知识。教师需要认识几种有关学习的知识，如为了不同的目的而

① 张艳. 终身学习全球化趋势下的教师职后培训与角色定位 [J]. 比较教育研究，2001（5）：49－52.

② 教育部师范教育司. 教师专业化的理论与实践 [M]. 北京：人民教育出版社，2003：27.

③ 李志厚. 教师校本学习论 [M]. 广州：广东高等教育出版社，2006：42.

④ Darling-Hammond, Linda. Teacher Learning That Supports Student, Learning. Educational Leadership, 1998, 55 (5), p. 2.

学习不同的资料、如何决定不同背景下哪种学习是最合适和最必要的等。

第四，关于课程资源开发和教育技术运用的知识。通过这种知识，把课程与学生的信息、知识、经验联系起来，激励学生积极地探究思想，获取和综合信息，界定和解决问题。

第五，关于合作与交流的知识。教师需要懂得协作，知道如何形成学生之间的互动关系，使自己能够更好地共同学习；知道如何与其他教师合作，知道如何与学生家长打交道，使他们更多地了解自己的孩子，并主动、积极地配合学校和教师的工作，形成良性家庭与学校之间的相互支持关系。

第六，分析和反思自己教学实践的知识和技能。教师需要学会经常分析和反思自己的教学实践，评价自己的教学效果，提升和改进自己的教学。因而，他们必须不断地评估学生在想什么，考虑自己在已知的经验中理解教学的本质，重新设计他们的计划，有针对性地进行教学设计。

二、我国教师教育科研能力的发展

随着"教师成为研究者"理念的提出，教育行政部门开始关注中小学甚至幼儿园教师的教育科研能力，有意从规章制度方面鼓励教师参与教育教学研究，发展和提高教师的专业能力。

（一）古代关于教师研究能力的阐述①

在我国，研究性学习思想早在《论语》一书中就可看到。孔子在《论语·学而》开篇即讲："学而时习之。"孔子认为，学习就是一个反复实践并获得真知的过程。在他的教学思想中，如何教会学生学习一直是非常重要的内容。他认为教学过程不仅是教的过程，更是学的过程，强调因材施教，运用启发式教学，主张学、思、行并重，最大限度地激发学生的主动性和创造精神。强调学问结合、学习结合、学思结合、学行结合，形成"学—问—习—思—行"的基本教育过程。学则须疑，疑是研究性学习的第一步；学思结合，"学而不思则罔，思而不学则殆"，思是研究性学习过程中所倡导的。孔子的研究性学习思想主要体现在思、辨、行等方面，与我们今天所倡导的研究性学习思想中要求学生积极思维、亲身体验有着异曲同工之处，孔子的这种教育思想对当今的基础教育发展有着重要的借鉴意义。

孟子《孟子·尽心下》中有"尽信书，则不如无书"的学习主张，把人引向了一个思考的王国。

《中庸》也明确提出了"博学之、审问之、慎思之、明辨之、笃行之"的学习理论。这一理论强调学生个人能动的学习、思考、实践，有着很强的研究性学习思想。

最早、最完整的教育专著《礼记·学记》更是继承和发展了孔子的启发式教学思想。书中写道："君子之教喻也：道而弗牵；强而弗抑；开而弗达。"意思即教师不要牵

---

① 彭小明. 语文研究性学习 [M]. 杭州：浙江大学出版社，2012：1，2.

制、逼迫学生，要启发学生独立思考。这个主张对我们今天探讨的研究性学习具有重要的指导意义。

三国时期的刘徽在 263 年前后为《九章算术》所做的注释，把人们引向了一个如何解决问题的王国。《九章算术》在中国使用了近 2000 年，这本教材之所以经久不衰，是因为教材的思想体现了问题中心。书中按照"问题—解法—原理"的程序一个问题接一个问题进行教学，重视解决问题的方法。

南宋朱熹强调的读书"须有疑"等说的就是一个从发现问题到解决问题的过程，强调学习的自主性，勇于探索，并创造性地解决问题。

这些古代先贤所提出的教育理论，其观点一直到现在都为我们所用，而且都是至理名言。他们所倡导的观点，其实质就是告诉师者如何发现、解决问题，用于实践，不断探究的道理。

（二）学校教育科研的重要性

1. 推动教育改革的发展

目前，科研兴校已经成为许多学校发展的首选策略，教育科研在学校发展决策上承担的任务越来越重，学校教育科研的功能在不断拓展和加强。教育改革与教育科研相结合是学校发展的重要途径，教育改革就是要通过教育科研进行实验探讨，寻找规律，指导教育改革和实践。由于教育改革涉及的问题方方面面，诸如教育思想、教育体制、教育内容和方法，这些都需要从理论与实践的结合上给予正确的回答和提出有效的解决措施。

2. 提高教师的教学质量

教师参加教育科研，可以将教育研究和教育实践有机地结合起来。教师可把在教学实践中遇到的热点、重点、迫切需要解决的问题转化成教育科研进行研究，形成研究成果。反过来，又可以通过教育研究将教育科学由理论转化为实际应用，指导具体工作。因此，教师在自己的岗位上学习教育理论、联系教育实践、开展研究是提高教育教学质量行之有效的方法和手段。

3. 提升学校的管理水平

学校教育科研可以帮助学校管理者观察分析复杂多变的教育现象和教育问题，并做出符合教育规律的鉴别、判断和预测。教育行政管理人员参与课题研究，有力地推动了学校管理工作的科学化。通过教育科研，改善以往凭经验办事的工作模式，将行政管理上升到学术管理，提高决策层的管理水平和决策能力。

4. 促进教师的专业化发展

为了更好地适应教育改革，广大教师必须提高自己的专业化水平，要具备现代化的教育理论素养和创造性地实施素质教育的能力。通过教育科研，教师会有目的地收集、了解、分析各种新的教育理论、观点、方法、经验，从而得到启发。在教育科研的过程中，教师能够注意发现和分析教育实践的各种问题，对原来的做法进行反思，从而提高解决复杂问题的应变能力和创新能力。鼓励教师开展研究有力地促进了教师的专业发展，在这个过程中，教师也完成了自身的完善和提高，促进了其专业化发展。

5. 保障学校教育的可持续发展

在学校教育科研的可持续发展中，研究队伍、研究内容、研究保障机制等因素是保证学校教育科研可持续发展的核心因素。因此，立足学校教育科研的可持续发展，今天的学校教育科研要在研究队伍、研究内容、研究保障机制等方面，为未来的学校教育科研发展奠定良好的基础，提供充足的条件。

第二章

基础教育课题研究概述

　　长期以来，基础教育阶段主要以课堂教学为重点，以研究教育实践活动为主导，关注课堂中所出现的问题和解决的具体办法。教师们形成了以教书育人为本的固有观念，很少关注教育教学研究。即使开展一些教学法的研究，也只不过是为了更好地服务于课堂教学，很少将其系统化、理论化，并转化为理论与实践的结合与运用。随着行动研究法的开展，基础教育教学实践活动与高等院校教育专家的理论相结合，使得理论更好地运用于教学实践，接地气，教学实践活动能够在理论研究的基础上更好地得到验证、指导，改进自己的教学方法。课题研究就是把教育理论与教学实践结合起来的有效方法，特别是幼儿园、中小学教师，在这种研究活动中，教师素质和教学质量都得到了很大提高。

第一节　课题研究的基本理念

　　基础教育阶段教师开展教育科研活动主要是围绕课题研究来展开的。随着近些年教育科研的迅猛发展，对教师专业化发展的需求，特别是课程改革的深入开展和教育行政部门的推行，学校教师参与课题研究的积极性越来越高，有些学校几乎是人人有课题。这样一来，对学校的教育科研课题提出了更高的要求。因此，学校有必要建立系统的课题管理制度，对学校教育科研课题进行全员化、全程化、全面化管理。

一、基础教育科研课题的含义

　　基础教育科研课题研究是现代教育所提倡的，教师不但是课堂教学的能手，在教学研究中也要成为有心人，使教育科研理论更好地为教学实践服务。

（一）什么是基础教育科研

　　"教育科研是教育科学研究的简称，是指人们运用科学方法探求教育事物的真相、性质和规律，并取得科学结论的活动"。① 基础教育科研则是包括幼儿园、小学、中学范围的研究。科学研究，顾名思义，就是要运用科学的方法，遵循教育科研规律，通过大量的事实证明教育规律。凡是遵循教育科研规律、运用科学的研究方法的教育科研都能取得事半功倍的效果；而不遵循教育科研规律、盲目搞研究带来的则是事倍功半，甚至是一无所获。教育科研的结果是获得新认识，形成科学的结论。研究的具体表现就是研究报告（包括实验报告、调查报告和其他研究报告）、经验总结和科研论文、理论专著等。基础教育科研是教育科研的一个特定范围，是教师们运用科学的方法，有目的、有计划地对所认知的教育范围的现象和教育实践进行系统的探索，揭示教育现象的本质和客观规律的认识活动和实践活动。

（二）什么是课题研究

基础教育科研课题是指各学科教育科学领域尚未解决的，具有普遍意义、有明确研究范围的问题。一般用一个概括性很强，能表明研究对象、问题和方法的题目来表示，如中学语文单元教学研究，中学语文"自主、合作、探究"的学习方式的构建，中学语文情景作文教学探索，中学语文教学与审美教育等。由于它有研究范围、目的、任务比较明确，可选择的余地较大，能针对具体的教育教学问题等特点，因此，对中学语文教师的教育教学工作的改进和中学语文教师教学水平提高都具有重要的作用。

从 20 世纪 80 年代开始，特别是近十年来，我国中小学，甚至幼儿园开展教育科研课题蔚然成风。"科研兴教""科研兴校""教师成为研究者"等教育新理念已被更多学校和个人所接受。"校校有课题，人人做研究"成为一种普遍现象，课题研究已成为幼儿园、中小学教育科研的主要形式。总体上看，教育科研的繁荣与发展、教师课题研究的水平与能力，与校长的重视、教师广泛积极的参与、教育行政的支持以及专家的有效引领密不可分。

二、课题研究的目的

解决教学问题、变革教学实践是教师从事教育研究的首要目的。同时，教师从事的是教书育人的神圣工作，教师的生命质量需要得到关注和自我呵护，通过教育研究，有助于提升教师的职业幸福感。课题研究为教师提高自身水平、研究教学问题、提高教学质量等不失为一条好方法。课题研究的目的表现在以下两个方面：

（一）改进教学实践

教育教学是教师安身立命的根本，教师的首要职责是上好课。因此，教师研究课题的目的就是要指向教学实践的不断改进和教学效率的不断提高，这也是教师终身需要奋斗的目标。有以下三种情况：

1. 可以提高教学新手的研究能力

年轻教师经过系统的师范教育与学习，刚刚从事教学工作，处理问题往往缺乏灵活

---

① 陈岩. 中小学课题研究 [M]. 北京：北京师范大学出版社，2014：1.

性，容易刻板地依赖特定的原则、规范和计划，他们需要了解与教学有关的一些实际情况和具体的教学情境。因此，新手阶段的教师学习研究的动机来源于发现问题，研究的目标在于寻求问题的解决方法和解决过程。正是在一个个问题的解决过程中，新手教师得以获得教学经验，收获相关的理论和实践性知识。

2. 熟练型教师的不断学习研究

教师工作繁琐，没有时间学习研究成为教师常常挂在嘴边的话，教师缺乏研究时间既有客观因素，也有主观因素。当钻研业务没有形成兴趣的时候，花时间做课题研究自然也成了教师的负担，"没有时间"顺理成章地成为逃避研究的最好借口。

3. 研究型教师的校本研究学习

科研作为促进教师学习的一种方式，其直接目的和终极目的都是教学实践，通过以研促学、以研促思来实现以研促教。许多有名的教师，尽管都有强烈的理论渴求、饱满的研究热情，但从来不是为了研究而研究，而是为了解决实践中的问题而研究，他们的研究从来不离开教学第一线。研究的目的是解决教学中出现的问题，为教学服务。

（二）促进教师自身发展

教师的课题研究指向教学实践，更超越教学实践。教师应时刻铭记自我发展的意义，创造一切机会提升自身的素质和能力，包括教学实践性知识和能力、教学科研知识和能力及人格素养等。

1. 提升教学专业知识和能力

教师专业知识包括本体性知识、条件性知识、操作性知识、实践性知识。教师除拥有静态的知识结构之外，还需要具备一些把知识运用到教学过程的能力。尤其在当前信息化社会和新课程改革背景下，教师更需要教学设计能力、教学监控能力、课程开发能力等多元能力。课题研究则是实现上述目标最重要的途径。此外，无论是教师专业知识还是专业能力，都不是固定不变的，在社会和教育发展过程中不断被赋予新的内容，这也需要教师随着社会和教育的发展，不断学习、实践和研究，以及时更新自己的知识和能力结构。

2. 提升教学科研能力

教师做科研，不仅有助于形成专业认同感，以专业人员的标准要求自己，也有助于切实提高教师实际的教学水平。因此，教育科研应当成为教师作为专业人员的一种常态生活方式。总结名优教师的经验，能够发现，凡是有所成就的教师，无不是研究型教师，无不将教学科研作为他们的职业习惯。通过教学科研，他们得以不断完善教育工作、完善自我、创造自己的专业生活质量。

3. 提升道德素养

通过对教师素质的研究，人们发现，教师要胜任自己的教育工作，必须具备一定的知识和智力水平。然而，一旦道德素质出现问题，教师的智力和知识水平对学生就不再有显著的影响。国外学者通过研究认为，此时，教师的作风、态度、信心、责任心等良好的人格特征对学生的学习和成长有显著的影响。因此，教师人格是教育生活中教师个人的重要素质。教师的人格素质是高素质教师的灵魂，也是教师之所以为教师的根本。

三、课题研究的意义

在教育发展的历史长河中，人们越来越认识到基础教育阶段开展教育科研课题的研究意义重大，教育研究不仅仅是高等院校和科研机构的事情。基础教育阶段的教师也要成为研究者是 21 世纪我国教育发展的一个新动向。

（一）基础教育阶段教师科研意识的转变

长期以来，基础教育阶段教师已经习惯了这样一种"研究"的理解：① 研究是专家、专业研究人员的工作，他们研究出的结果向教师推广，然后由教师接受和实施。这样的理解被称为"RDDA"模式，即"研究（Research）、开发（Development）、传播（Diffusion）、采用（Adoption）"模式。这种模式导致对研究的层级化理解，把研究作为专业研究人员特有的领域，因而高高在上。特别是从事基础教育的教师只能是别人研究的旁观者、消费者，处于二流角色。当这样的理解成为一种强大的传统支配人们对研究的认识时，许多人就不能够接受"教师即研究者"的观念，甚至基础教育阶段的教师本人也由此出发认为教师从事研究是不可能、不适当的，或者认为是强加给教师的额外的负担。

英国课程论专家斯坦豪斯也认为："教师是教室的负责人，而从实验主义者的角度来看，教室正好是检验教育理论的理想的实验室。对那些钟情于自然观察的研究者而言，教师是当之无愧的有效的实际观察者。无论从何种角度来理解教育研究，都不得不承认教室充满了丰富的研究机会。"在他看来，"教育科学的理想是，每一个课堂都是实验室，每一名教师都是科学共同体的成员"。②

基础教育阶段的教师成为研究者，有利于把教育理论和学校教育实践结合起来，使教师从以往单纯的知识传授者的角色定位提高到具有一定专业性质的学术层次上来，更好地让理论为教育服务，也使基础教育教师工作重新获得生命力和尊严，使其职业生命更具意义和光彩。

（二）教育科研课题的现实意义

1. 开展教育科研课题是提高学校教育、教学水平的一条重要途径

教育是一种十分复杂的社会现象和社会活动，其目的不是创造某种物质产品或精神产品，而是根据社会的需要培养、塑造人。教师在教育实践第一线，直接接触学生、直接参与各种教育活动，必然会遇到各种各样的问题。通过教育科研，就能促使教师自觉地钻研问题，并运用理论去了解、分析、研究各种教育现象和问题，逐步探索、揭示、

---

① 宁虹. "教师成为研究者"的理解与可行途径 [J]. 比较教育研究，2002（1）.
② 高慎英. 教师成为研究者："教师专业化"问题探讨 [J]. 教育理论与实践，1998（3）.

掌握教育规律。许多教师在教育工作中积累了丰富的教育、教学经验，但由于未能进行研究，就不可能把经验上升为理论。只有通过教育科研，才可能科学地总结经验，并使之提高、升华为理性认识，这样才具有比较普遍的指导意义。

2. 开展教育科研课题有助于提高教师的理论素养和科研水平

教育科学理论是教育实践经验的历史总结，是教育实践经验的高度概括和科学抽象。它源于实践，又高于实践。任何有经验的中小学教师，如果不提高教育科研素养，其终身的经验也不能达到教育理论的高度，要做好教育工作只能是一句空话。有了较高的教育理论素养，树立科学的教育价值观，把握教育的基本规律和特点，从而高瞻远瞩地把握教育的方向和目标。教育理论素养的提高，一方面，通过学习的途径；另一方面，必须积极参加教育科研活动，在科研活动中把教育理论和教育实践结合起来，提高运用教育理论分析、研究实际问题的能力，提高教育研究的水平。

3. 开展教育研究是教师专业化的要求

1966 年，国际劳工组织（ILO）和联合国教科文组织（UNESCO）联合发表了《关于教师地位的建议》，明确指出："教育工作应被视为一种专门职业。这种职业是一种要求教师具备经过严格而持续不断的研究才能获得并维持专业知识及专门技能的公共业务，它要求对所辖学生的教育与福利拥有个人及共同的责任感。"到了 20 世纪 60 年代后期，国际社会还在强调教师工作是一种专业，说明人们对教师职业的专业性认同度还不够。究其原因，是人们普遍有一种看法，认为"学者即良师"，只要有知识、学问就可以当教师，没有意识到一个合格的教师不仅要有知识和学问，还要有与教师职业相应的品格和技能，要有对教育规律和儿童成长规律的深刻认识和准确把握，要有不断思考和改进教育教学工作的意识和能力。[①] 进入 21 世纪，随着教师专业化发展的迫切需要，教师作为一种职业已被人们认可。同时，教师积极参与课题研究已成为基础教育研究的重要力量。

4. 提升学校的管理水平

基础教育阶段的教师是一支潜力很大的教育科研力量。他们长期从事实际工作，有丰富的实践经验，又有很好的实验场地（即他们所任教的学校、班级）。他们随时随地都可以从事教育科研工作，参加教育科研，无疑会对学校的管理水平提供经验。学校教育科研课题可以帮助学校管理者观察、分析复杂多变的教育现象和教育问题，并做出符合教育规律的鉴别、判断和预测。一线教师和教育行政管理人员参与课题研究工作，与教学结合，将行政管理上升到学术管理，提高决策层的管理水平和决策能力。

5. 开展教育科研课题有助于教育改革

教育要发展，就必须进行改革；教育要改革，就必须积极开展教育科研。把教育改革与教育科研结合起来是现代学校教育改革与发展的一个显著特点。教育改革是一种按

---

① 高尚刚，徐万山. 中小学教师课题研究指导 [M]. 北京：中国轻工业出版社，2013：3.

照预期的要求以改进教育实践，促进教育发展的有意识、有计划的尝试，是一项面向未来的创造性活动，是一项教育变革的系统工程。教育改革需要理论的指导，需要对教育现状做准确的分析，对改革措施进行周密的论证。没有建立于分析研究之上的改革，只能是一种非理性、盲目的冲动。从事基础教育的教师在教育改革的实践中，不仅要有改革的热情、品格和精神，而且要把教育改革和教育科研有机地结合起来。

四、课题研究的定位

基础教育科研课题有着自身的特点，它与高等教育科研课题有着明显的不同。根据幼儿园和中小学教育的特点，把握好课题研究的定位具有重要的意义。

（一）基础教育科研课题以应用研究为主

应用研究是运用教育基础理论知识解决教育工作中的实际问题，它着重研究如何把教育科学的基础理论知识转化为教育技能、方法和手段，使教育科学理论知识同实际教育、教学衔接起来，达到某种具体和预定的目的。应用研究是对教育原理的尝试性应用，是教育理论和教育实际承上启下的中间环节和桥梁。教师从事教育科研的主要目的、任务是研究实际教育工作中急需解决的有价值的重要问题，为教育、教学实践服务。因此，注重研究的实用性、可操作性、效益性和灵活性显得很有意义。

（二）基础教育科研课题以微观研究为主

对一所学校的研究来说，基础教育科研主要还是以微观研究为主。学校校长和教师结合自身工作实际开展校本课程、综合课程、活动课程、研究性学习课程等的研究，开展课堂教学模式、方法的研究，开展学校管理、校本管理与民主管理的研究及改进学校教育工作研究、心理健康教育研究、校本培训研究等，这些都是比较适合学校校长和教师开展的研究。这些研究范围小，问题集中、明确，容易收到效果。强调基础教育科研以微观研究为主，并不排斥有能力、有基础的中小学校长和教师参与一些宏观课题的研究。

（三）基础教育科研课题以行动研究为主

基础教育科研主要以行动研究为主，这是适用于幼儿园、中小学校长和教师的一种研究方法。与教育实验相比，行动研究不一定需要有理论假设，不需要严格控制变量，不需要对测量工具进行严格的检验。它便于校长和教师掌握和应用。教育实验在教育研究中受到很多的限制，对实验研究者的理论素养、统计分析技术提出了较高的要求，校长和教师往往难以胜任。正是针对教育实验的弊端，行动研究才应运而生。行动研究为从事基础教育的校长和教师参加教育科研课题提供了现实的可能性。它能够帮助他们改进工作的现状，提高管理水平和教学质量，是一种行之有效的教育课题研究方法。

（四）基础教育阶段教师教育科研更多的是一种教学研究

教师的主要工作是教学，教学工作是全面贯彻教育方针，推进素质教育，实现培养目标的主阵地，是学校的中心工作，一切学校工作都应以教学工作为主。就这个角度而言，中小学教师的教育科研应以教学研究为主。近些年国家颁布的有关教育方面的文件中，都多次要求教师结合教育、教学实践工作开展科学研究，努力提高教育科研意识和教学研究能力。

（五）基础教育科研课题主要是一种校本研究

校本研究是指密切结合学校工作实际，学校自行确定课题、自主设计研究计划与实施的一种教育研究活动。校本研究是以学校为本位、以学校为基础、以学校为主阵地、以教师为主体的研究活动。校本研究的课题来自学校自身工作实际，校本研究的直接结果是学校工作实践的改进，而不是为研究而研究。其研究的出发点是学校工作遇到的问题，归宿点应体现在学校面貌的改变以及师生员工的发展上。校本研究要求教师真正成为学校的主人，成为教育研究的主体，真正按照学校工作和自身发展的需求来开展研究。

第二节　教育行动研究

20世纪三四十年代，行动研究法（Action Research）在美国开始运用，到了20世纪50年代，一些学者开始将其应用于教育领域。在一批心理学家的努力下，20世纪70年代才逐渐在教育研究中产生广泛影响而成为一种重要的教育研究方法。我国教育界直到20世纪90年代才开始引入。

一、教育行动研究的发展变化

"行动"是指实践者、实际工作者的实践活动和实际工作；"研究"是指受过专业训练的工作者、专家、学者对社会与自然的探索。把这两个词结合起来的是诞生于20世纪三四十年代的"行动研究"（Action Research）。1933—1945年，约翰·柯立尔（John Collier）在如何改善印第安人与非印第安人之间的关系问题研究中，鼓励实践者参与研究，并把实践者为解决自身问题而参与进行的研究称为"行动研究"。20世纪40年代，美国社会心理学家库尔特·勒温（Kurt Lewin）与他的学生在对不同人种之间的人际关系的研究中，与犹太人和黑人合作，让实践者以研究者的姿态参与到研究中，积极对自己所处的境遇进行反思，努力改变自己的现状，1946年，库尔特·勒温将这种实践者参与的研究称为"行动研究"。①

行动研究法诞生于社会活动领域，对社会活动研究具有独特的价值，教育活动是一种重要的社会活动，在教育领域，行动研究自然也受到了极大的关注。20世纪50年代，

---

① 胡中锋. 中小学教师教育科研导论［M］. 广州：广东高等教育出版社，2006：182.

经哥伦比亚大学师范学院原院长考瑞（Stephen Corey）等人的提倡，行动研究进入了教育研究领域，而且其应用范围日益扩大。行动研究为了让研究更有成效，鼓励教师、家长与行政人员等都参与到教育研究中来。20世纪90年代，我国教育界开始出现了关于行动研究的理论与实践的探讨，人们对行动研究法的兴趣正日益增长。但是，直到现在还有相当部分的教师对此比较陌生，影响了其应有价值的发挥。

二、教育行动研究的含义

有关教育行动研究的确切定义，一直是众说纷纭，没有唯一固定概念，包括目前的教育科研理论专著，甚至在科学研究中对它的分类、排列还比较混乱。

（一）关于行动研究定义的讨论

关于行动研究的定义，目前国内外尚未有统一定论，也有许多变体说法，如合作研究法（cooperative research）、现场研究法（on the job research）、实地试验与作业研究法（field experimentation and operational research）、作业研究法（operational research）、合作行动研究法（cooperative action research）、应用研究法（applied research）、发展研究法（development research）等。从各家的观点中可以推导出一些共性的东西。比如，行动研究是在实践中提出问题并寻求答案的过程，这种问题是有意义的，并与实际工作紧密相关；行动研究是以研究者的日常工作为根据的，它与传统或科学的研究的不同之处在于它的研究者不是远离他所研究的内容而是参与其中，研究他们自己的问题或新的实践活动；这种研究是谨慎、易行、能重复的并与日常生活工作有直接关系。①

在许多介绍教育研究方法的著作中，行动研究被放到与调查法、实验法这类技术性的方法并列的地位，但是它与调查法、实验法却有着非常重要的不同之处：行动研究只是一种进行研究工作的方式，而非一种方法，此种研究方法是在强调由实际的工作人员在实际的情境中进行研究，并将研究结果在同一个情境中来应用，至于研究的设计与进行，仍须采用其他各种研究方法。它的思想背景要比其他研究方法复杂得多。②

此外，在我国基础教育领域，不少人把行动研究理解为一种具体的教育研究方法，与观察法、访谈法、问卷调查法、文献法等相提并论，这是对行动研究的误解。虽然西方也有学者把行动研究称为行动研究法（如勒温、考瑞等），但他们所说的行动研究法具有方法论性质，属于一种研究类型或研究范式。在进行行动研究的过程中，研究人员需要综合运用多种具体的研究方法。③

《国际教育百科全书》"行动研究"词条的撰写人、澳大利亚学者凯米斯（Kemmis）把行动研究定义为"由社会情境（包括教育情境）的参与者，为提高对自己所从事的社会或教育实践的理性认识，为加深对实践活动及其依赖的背景的理解进行的反省研究"。

---

① 孟万金，官群. 教育科研［M］. 上海：华东师范大学出版社，2005：101.
② 熊华生. 教育研究与实验［M］. 武汉：华中科技大学出版社，2004：148.
③ 吴义昌. 如何做研究型教师［M］. 上海：华东师范大学出版社，2014：27.

（二）什么是教育行动研究

综上所述，笔者认为，教育行动研究是教育实践的参与者（教师、行政人员及其他教育人员）与教育理论工作者或组织中的成员共同合作，为解决实际问题的需要，在教育实践过程中进行的一种教育科学研究方式。这种研究要按照一定的操作程序，综合运用多种研究方法与技术，循环往复，不断改善其教育和管理行为，最终解决工作中所遇到的问题，并提高其专业能力。

教育行动研究将纯粹的教育理论与教育实践活动结合起来，将教育研究的人文学科特点与自然科学的实验特点结合起来，用教育科学的理论、方法、技术去审视、指导教育、教学实践，将教育、教学经验上升到理论的高度，并依托自身的教育、教学实践。

教育行动研究具有兼容性。教育科研方法中的各种具体方法，如调查法、经验总结法等都可以在行动研究中加以应用。随着教师们科研水平的提高，科学研究中的观察技术和文献资料分析技术等也可以在行动研究中运用。

教师的行动研究与一般所说的着眼于理论层面的研究有所不同，它是基于教师在课堂上遇到的实际问题（Practical Issue）的研究，它着眼于实际的教学问题。其研究主体不是受过专门训练或具有研究专业功底的专业研究人员，而是教学一线的教师。行动研究的结果是一些能改进教学问题的新做法（New Intervention）通过系统地搜集证据，寻找出哪些才是有效的解决方案。从教育的角度来看行动研究，"行动研究是由教育情境的参与者为提高对教育实践的理性认识，探究教育教学的实践规律，为加深对教育实践活动及其依赖的背景的理解，解决教育实践问题，所进行的反思研究"。①

三、教育行动研究过程

行动研究产生以来，关于教育行动研究过程的讨论有很多。从整体的思路来看，不外乎发现问题、研究问题、解决问题、实践运用等环节。下面重点介绍两种。

（一）行动研究的七个步骤

美国学者理查德·萨格（Richard Sagor）在他的著作《行动研究与学校发展》一书中提出了行动研究的七个步骤：②

1. 选择一个焦点

行动研究过程的起点是认真的反思，反思的目标是要确定一个或几个问题，而这些问题对一个工作繁忙的教师来说要值得投入时间。

2. 明确理论

这一步涉及辨别研究者所持有的与他们的焦点问题相关的价值观、信念以及理论视

---

① 孟万金，官群. 教育科研 [M]. 上海：华东师范大学出版社，2005：101，102.

② ［美］Richard Sagor. 行动研究与学校发展 [M]. 卢立涛，王茂密，罗霞，译. 北京：中国轻工业出版社，2006：3 - 7.

角。比如，如果教师们关注日益增长的课堂反应行为，那么他们在事先能够明确要帮助学生掌握课堂反应行为习惯应该采取哪种方法最有效则会很有帮助：是对学生采取奖惩措施，或者允许学生体验他们所做行为的自然结果，还是其他一些策略。

3. 确定研究问题

一旦选择了一个焦点领域，而且研究者关于焦点的视角和信念也已确定，下一步就是总结一组对个人来说有意义的研究问题用来指导调查研究。

4. 收集数据

专业的教育工作者总是希望他们的教学决定能够以可能性最大的数据为基础。行动研究者能够通过确保用来证明他们行动的数据是有效（指信息反映了研究者认为它所反映的东西）和可靠（指研究者确信他们数据的准确性）来实现这一目标。最后，在使用数据制订教学决策之前，教师们必须要有信心，相信从数据中得到的结论与他们班级或学校的任何特征都是相一致的。

5. 分析数据

虽然数据分析经常让人觉得要进行复杂的统计计算，但对行动研究者来说很少用到。有很多程序使用者相对容易掌握，可以帮助从业者辨别行动研究数据中的倾向和模式。

6. 报告结果

每年都有越来越多的教师研究者为了发表文章或帮助完成研究生教学计划的要求而描述他们的工作。不管教育工作者选择哪个会议地点或哪种技术来汇报他们的研究结果，他们贡献给教与学的集体知识库的知识都不断证明这一工作是最有意义的。

7. 采取明智的行动

当教师们书写课程方案或开发学术计划时，他们就已经参与到行动计划过程中来了。行动计划让教师研究者感到特别满意的原因是，每一点还没有发现的数据（包括教学或学生学习）都会让教育工作者对后面各阶段的明智行为更有信心。行动研究者发现行动研究过程把他们从不断重复过去的错误中解放了出来，随着每一个实践活动的改善，行动研究者在他们不断进步的鉴别力方面获得了准确而可靠的数据。

（二）行动研究的四个环节

近几年来，在欧美教师中比较流行的要算是"迪金大学行动研究模式"，如下页图所示。

这个模式是由凯米斯以及他在澳大利亚迪金大学（Deakin University）的同事麦克泰格特（R. McTaggart）等人设计的。行动研究是由若干个螺旋形行动研究循环圈构成的。每一个圈又都由相互联系并具有内在反馈机制的四个环节构成。这四个环节分别是计划、行动、观察（相当于"勘察""发现事实"）和反思。[①]

---

① 熊华生. 教育研究与实验 [M]. 武汉：华中科技大学出版社，2004：150 - 153.

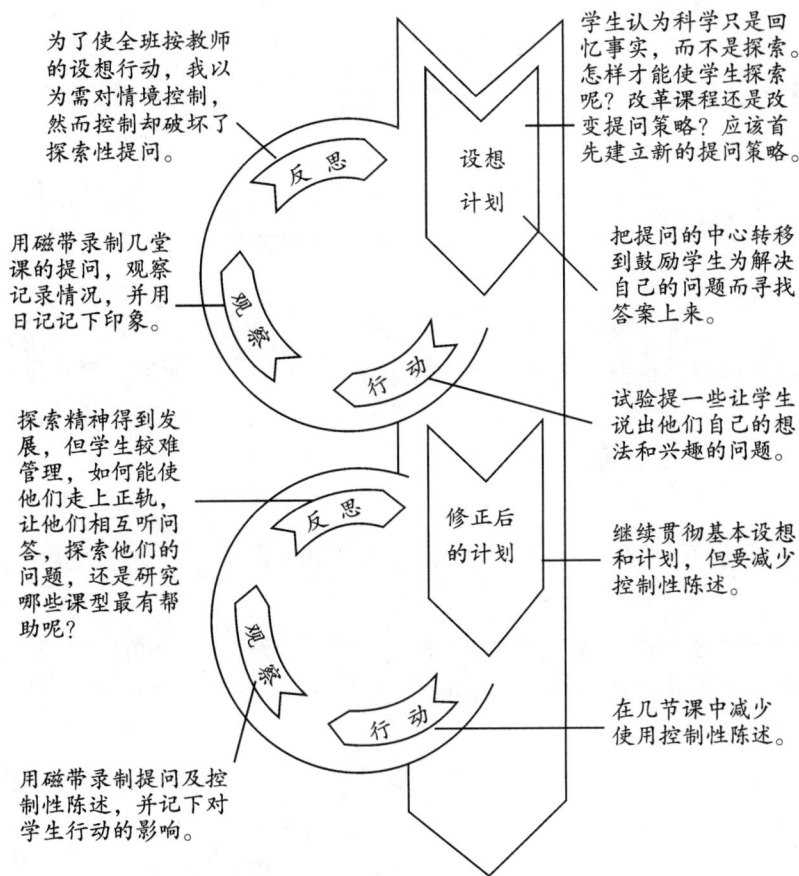

为了使全班按教师的设想行动，我以为需对情境控制，然而控制却破坏了探索性提问。

反思

设想计划

学生认为科学只是回忆事实，而不是探索。怎样才能使学生探索呢？改革课程还是改变提问策略？应该首先建立新的提问策略。

用磁带录制几堂课的提问，观察记录情况，并用日记记下印象。

观察

行动

把提问的中心转移到鼓励学生为解决自己的问题而寻找答案上来。

试验提一些让学生说出他们自己的想法和兴趣的问题。

探索精神得到发展，但学生较难管理，如何能使他们走上正轨，让他们相互听问答，探索他们的问题，还是研究哪些课型最有帮助呢？

反思

修正后的计划

继续贯彻基本设想和计划，但要减少控制性陈述。

观察

行动

在几节课中减少使用控制性陈述。

用磁带录制提问及控制性陈述，并记下对学生行动的影响。

1. 计划

计划的制订既要包括行动的"总体计划"，又要包括每一个具体行动步骤的计划方案，尤其是第一、二步行动的方案。另外，行动研究者应该意识到计划是灵活、开放的。人们的认识不会一次完成，而是需要不断深入，因此，行动研究计划必须能够包容不断发现的各种因素和矛盾，计划本身也会因为某些始料不及、未曾认识的因素的介入而必须修正。从这个意义上说，计划只是暂时的、开放的，承担着一定风险的计划是试验性的，允许修正。

2. 实施

实施，即实施计划，也就是按照目标和计划做出行动。在行动研究过程中，实施行动不只是"行为"，而应该具备下列两点：

（1）行动者在获得了关于背景及行动本身的信息后，经过思考，建立在理解基础上的有目的、负责任、按计划采取的实际步骤。这样的行动具有贯彻计划和逼近解决问题之目标的性质。

（2）实施计划的行动又是在自然状况中进行的，因此必须重视实际情况变化，重视实施者对行动及背景的逐步加深的认识，重视其他研究者、参与者的监督观察和评价建议，行动是通过反省和反思不断调整的。在这一点上，行动又是灵活、能动的，承认行动者的认识和决策作用。

3．观察

在行动研究中，观察既可以是行动者本人借助各种有效现代手段对本人行动的记录观察，也可以是其他合作者的观察，而且多视角的观察更有利于全面认识行动的过程和特性。因而，行动研究中经常运用源于航海和军事勘察的"三角观测技术"。观察的内容主要指对行动过程、结果、背景以及行动者特点的观察。由于社会活动，尤其是教育活动深受实际环境以及环境中多种因素的影响和制约，而且许多因素又无法事先确定和预见，行动研究的倡导者不主张对社会活动做条件控制性质的研究，要求行动研究在自然状况中进行。只有这样，观察对行动研究就成了极为重要的一环，成为反思、修正计划以及确定下一步行动的前提条件。

4．反思

反思在行动研究中既是一个螺旋圈的终结，又是过渡到另一个螺旋圈的中介。在反思环节中，行动研究者至少要做好如下两件事：

（1）整理和描述工作。对已经观察和感受到的，与制订计划和实施计划有关的各种现象进行归纳整理，描述出本螺旋循环圈的过程和结果，勾画出多侧面、生动的行动案例。

（2）评价和解释工作。对行动过程和结果做出判断，对有关现象和原因做出分析解释，找出计划与结果不一致的症结，从而形成是否需要修正基本设想、总体计划和下一步行动的判断和构想，并提出怎样修正、怎样实施下一步行动的建议。

第三章

课题的选择与确立

　　课题的选题与确立是指确定研究领域、方向、主题直至具体的研究问题、研究形式的过程，甚至包括研究设计的初步考虑。科学的课题研究对研究的具体实施意义重大。选题和研究设计的科学合理性能帮助课题主持人更好地完成研究任务。

第一节　课题的选择

　　教育科学研究同其他科学研究一样，是一个发现问题、分析问题、提出问题和解决问题的过程。选择什么样的课题进行研究，意味着你在教学中对什么问题感兴趣，这些问题是你认为有深入探讨研究的意义。因而，课题的选择其重要性不言而喻，在几年的课题研究中，一系列研究活动都将给你留下深刻印象。

一、关于项目、课题、子课题的概念

　　什么叫项目？什么叫课题？什么叫子课题？它们之间的关系是什么？这些术语经常出现，但实际上并没有明确的定义。一般来说，大的课题往往称为"项目"，课题小于项目。课题就是具有一定的研究目标、内容、方法和保证条件的研究计划。在一个课题中划分出相对独立的一部分内容或任务，就叫子课题。项目、课题、子课题的关系是相对的，而不是绝对的。如果要把研究做得深入，就多分一些子课题，多一些参与者。

　　项目和课题不仅包含研究内容层面上的科学意义，还包含研究活动的组织协调上的管理意义。一个大项目通常是一项有计划、有组织、有规则、有考核标准的系统工程。大项目下面的不同课题组成员之间可以互不相识，如大规模的国际合作项目、以教育局为主申请的大项目再分配到各个学校可称为"课题"，每个学校再分给各个学科称为"子课题"。这种关系也是相对而言的。

　　另外，项目有时也指非研究性的课题，如我国基础教育新一轮课程改革运动中教育部设立的各科课程标准制订的项目。这种项目通常没有科学问题，因此，最后结果不是

拿出一个理论，而是要拿出一个新课程产品。

项目和大课题的名称通常以实际问题命名，如"基础教育质量评价体系研究"；小课题或子课题的名称往往以研究问题的形式出现，如在"基础教育质量评价体系研究"项目中，有一个子课题叫"不同类型学校的教学质量影响因素研究"。这个子课题的研究目的是为总项目——不同类型的学校建立不同的评价指标体系打下基础或提供根据。

二、选题的意义

爱因斯坦有一段名言："提出一个问题往往比解决一个问题更重要，因为解决问题也许往往只是一个数学上的或者说实验上的技能而已，但提出新问题或者是新的可能性往往要从新的角度去看旧的问题，这需要创造性的想象力，而且标志着科学的真正进步。"

很多人能够很好地解决别人提出的问题，但自己却没有发现有价值的研究问题。对我国的学生和教师而言尤其如此，因为我们过去所受到的教育并没有着重培养我们的创新能力以及提出问题和发现问题的能力。正确选择研究问题是科研工作成功的必要条件。选择问题是科学研究过程的重要起点，也是研究者成功的关键。确定问题就是确定研究的目标、主攻的方向。

综合各种观点，选择教育研究课题的意义主要有以下三个方面：

（一）选题是教育科研的起点

我们知道，科学研究的第一个程序就是选择研究问题，没有问题就无所谓研究。所有的研究程序都是围绕你所选定的课题研究而展开的，问题决定了经验和假设，也决定了采用什么样的研究方法。因此，一切研究起源于问题，最终的目的是解决问题；旧的问题解决了，又产生新的问题。人类的科学研究就是在不断解决问题的过程中得到发展和前进的。选题为研究活动确立了一个明确的目标，确立了研究题目，可以使所有的研究工作都集中到一点上，从而会大大增强研究工作的效率。漫无目的的研究是不会有什么结果的，更不要说取得有价值的成果。

（二）选题是研究水平、方向的体现

人类的认识是在不断发现和解决问题的实践中向前发展的，科学研究是一个不断提出问题和解决问题，从而更深刻地认识客观规律的过程。选择课题需要研究者有广博的知识、丰富的想象力、敏锐的观察力、果断的判断力和严密的逻辑思维能力，独立地发现、分析和选择问题是衡量研究者能力的一个重要指标。水平高的研究往往就体现在研究者选择了比较好的研究问题。选择的课题具有客观意义和学术价值，随之而来的课题研究才会有意义，在课题研究基础上写成的论文才会有价值。否则，如果选择了一个既无实际意义又无理论价值的课题去研究，即使课题研究最后能完成，也是没有价值的。

（三）教育研究课题的确定反映了研究者的研究能力

正确选题是教育研究工作者进行教育研究的基本功，教育研究课题的确定需要发挥研究者的研究能力，这种研究能力包括研究者的知识、经验、视野和思维水平等。确定

教育研究课题的水平反映了研究者整体的研究能力水平。在科学研究中，研究问题的确定是一项复杂而充满挑战的工作，研究课题的确定在一定程度上决定着整个研究的水平。在教育研究中，从开始感到困难的存在到最后认清问题，就是一个选题研究能力的体现，是课题由模糊到明确的过程。

三、选题的原则

基础教育阶段虽然领域广大，科研课题十分丰富，但要真正选择一个既有较高价值又适合自己的研究实际、能够取得研究成果的课题并不容易。为保证研究的质量，中小学教育科研课题的选择应该遵循以下六个原则：

（一）目的性

科学研究是一项目的性极强的活动。教育科研课题的选择必须有明确的目的。为什么选择这一课题？这一课题的研究对基础教育具有什么价值？选题者必须明确回答这些问题。选题目的明确，研究方向才易于把握，也容易坚定研究的信心。选择课题的目的应该来自幼儿园、中小学教育的客观需要，也就是应从其教育实际出发，去解决教育中的理论或实际问题，促进教育的改革和发展。对教师来说，要从教育改革、教育管理、教学实际的需要出发，选定自己的研究课题。

（二）现实性

所谓现实性，有两个方面的含义：一是指教师抓的题目不是凭空想出来的，而是来自鲜活的教育实践，紧扣自己的工作实际，是大家共同关注而又搞不太清楚的问题，是教育实践中亟待解决的问题。二是从现实可能性出发选定课题，做到知己知彼，懂得量力而行与尽力而为的关系，既是实践急需又是容易操作的选题，考虑课题具备的一定主观条件和客观条件。主观因素包括研究者自己的知识水平、研究兴趣、毅力等；客观因素包括是否有适当的研究工具、是否有足够的参考资料以及学术道德的制约等因素。如果不具备完成课题的基本条件，选题再有意义，最终也很难做好，这样的选题就是不现实的。

（三）应用性

应用性是从现实性发展而来，课题的应用性是指课题研究的侧重面从理论向实践的转化，获得理论在实践中的效果，满足教育实践及社会发展需要的程度。这类课题往往与解决实际问题密切相关，其研究对教育实践乃至社会实践均有直接的指导意义，研究结果因操作性强而往往成为实践活动的依据。其价值主要体现在解决了教育改革中亟待解决的问题，直接为教育工作的原则、内容、方法提供了依据等。幼儿园、中小学教师扎根于教学第一线，其科研价值取向应该面向工作实际，面向基层，不要盲目追求高深理论研究，试图在理论上有所建树，或在基础研究上有所突破，而要更多地将精力用于解决一些实际问题。那种追求"理论创新、方法创新或理论上完善，满足教育科学理论发展需要"的价值取向，难免有假、大、空的嫌疑。

（四）科学性

科学研究是探求真理的活动。基础教育科研题目的选择须遵循幼儿园、中小学教育及与之相联系的各种事物的客观规律，必须认清研究的客观条件。应该通过对基础教育的历史、现状分析，对他人的研究成果和各方面资料的收集、整理和分析，经过严密的科学论证等形成课题，切忌主观想象、盲目选题。科学性还必须要求注重课题的科学价值。所谓科学价值，是指教育科学上的新发现、新创造，课题的研究能够促进教育科学向前推进一步，会对教育科学某些空白给予填补，对教育科学研究中某些不正确的观点给予纠正，并对前人的研究给予补充，使前人的研究成果更为丰富、完整。

（五）创新性

创新性，即有创见、有新意。幼儿园、中小学教师科研所要求的创见和新意有其自身的特殊性，只要是自己想出来的新思想、新方法或别人的成功经验、基本原理能恰如其分、创造性地运用到自己的教育教学实践之中，比自己原有水平有所突破，并且取得效果的都可谓有创新。选题中的创新不能理解为"立异""追求时髦""高深理论"，或者研究那些与基础教育毫不相关的问题。同时要避免假问题、不是问题的问题、不言自明的问题干扰我们的正常研究。教师选题创新性的重心要放在两个方面：一是结合自己的教育、教学实践突破自己现有水平，使自己有所提高。二是给教育、教学带来前所未有的效益，给学生带来超乎寻常的进步

（六）可行性

科学研究是一项严谨求实的活动。基础教育科研课题的选择必须充分考虑主客观条件，分析课题在实际研究过程中的切实可行性。从主观方面看，自己是否具备课题研究必需的知识水平和研究能力，自己的经验、精力以及兴趣等是否满足研究的需求。从客观方面看，是否有必要的资料、工具、设备、经费、时间等，是否能得到领导的支持和各方面的配合等。初次从事研究的人应该选择那些范围较窄、内容比较具体、难度较低的课题，特别是紧密结合自己的教育、教学实际，选择有可利用的条件、成果，能直接用于自己实践的课题。随着自己经验的不断积累、能力的不断提高、视野的不断扩大，后面可以选择一些难度较大或综合性较强的课题。还可以组织有关人员协同研究、集体攻关。总之，要做到以点到面，由浅入深，由小到大，由少数人起步到群众性参与，由一校到数校跨地区协作。

四、选题的类型

研究课题的类型关系到研究过程中搜集资料、整理加工资料的不同要求，反映出成果的不同类型，这是需要研究者从总体上把握的。

教育研究课题一般可分为两种基本类型。①

---

① 裴娣娜. 教育研究方法导论［M］. 合肥：安徽教育出版社，2015：78，79.

（一）基础性研究课题

主要包括那些以研究教育现象及过程的基本规律，揭示青少年身心发展以及影响因素间的本质联系，探索新的领域等为基本任务的课题。这类课题探索性强、自由度较大、不确定因素较多，如关于我国培养目标体系的研究、现代教育功能的研究、教育与生产劳动相结合的理论与实践研究、现代课程论的研究、教育评价理论的研究等。这是以揭示带有普遍意义的新理论、新知识为主要目的的。

（二）应用性研究课题

主要包括那些为基础理论寻找各种实际应用可能性途径的课题，是以改造或直接改变教育现象和过程为主要目的，如关于制订地区教育科研管理条例的研究，结合地区特点组织参加社会实践的研究，用心理疏导、行为矫正法矫正学生行为问题的研究，基础教育投资效益存在问题及对策，大面积提高教学质量问题的研究等。

对于发展性研究课题，人们往往将它归为应用性研究，这类课题针对性强、覆盖面宽，既有宏观教育发展战略研究，也有微观的决策性研究。一个课题研究领域，往往既有基础性、理论性研究课题，又有应用性研究课题。因而，课题的选择要根据自己具体的情况而定。

五、选题的来源

对很多教师来说，搞教育科研遇到的最大困难就是不知道从何下手，找不到合适的研究课题。实际上，教师们要研究教育的课题俯拾即是，问题即课题。基础教育科研的目的和任务是提高教育、教学质量，最终要落实到为教学服务。因此，教师们在教育、教学中遇到的问题就应该是要研究的课题。

教育研究课题的主要来源，即研究课题产生的途径是十分广泛的，综合各家意见，可概括为以下十个方面：

（一）从社会发展需要中选题

当今迅速变革发展的社会不断使教育事业的改革和发展面临着一些新的重大课题，教育要适应社会发展的需要，要体现社会的价值观，就必须研究和解决这些问题。从社会发展需要中选题，既能拓展教育研究选题的范围，也能解决现实社会中的许多重大问题，推动基础教育研究不断向前发展。

（二）从教育实践中选题

从教育、教学的疑点或困惑中提出课题。结合工作，从教学中遇到的难题或解决的问题中选题，较易把握成功教学中的疑难问题，往往迫使教师反复思考，并努力寻找解决途径。我国教育正处在大变革和大发展时期，教育、教学面临的许多突出问题、现实问题有待于我们去研究和解决。教师要结合自己的工作实际提出值得研究的问题，从中就可以选择提炼出具有很强针对性、具有较高实用价值的选题，如关于学生心理健康教育的研究、关于全面提高教学质量的研究、运用系统科学原理研究班级管理问题、运用多媒体技术开发新的教学手段、课堂上教学时间的有效性问题、学生课程资源的捕捉问题、根据教学现场进行即兴教学问题等。教师通过对自己教学实践的反思，运用具体的案例谈论新鲜的观点和做法，也是很有价值的。

（三）从本学科建设中选题

这类选题往往是从教育理论发展方面提出的。不仅要揭示已有理论同经验事实的矛盾，而且要揭示理论内部的逻辑矛盾；不仅包括学科系统规划建设中的若干未知的研究课题，而且包括对已有教育理论传统观念和结论的批判怀疑以及学术争论中提出的问题。以德育研究为例，围绕德育本质与功能问题可以形成一系列研究问题，如马克思主义德育思想研究，学校德育的社会统一要求与发展个性关系的研究，"德育"与"品德"概念的界定，德育的实体性、社会性、历史性和阶级性，我国德育中的思想教育、政治教育、法制教育、道德教育和心理健康教育，德育对个人发展和社会发展的工具价值与目的价值等。

（四）从课程教材建设中选题

新课程提倡教材的开放性，为教师选题提供了广阔空间。教材如何贴近生活、贴近学生、贴近学校，如何进行校本教材的建设与开发，教师如何把社会上出现的新情况、新资料、新问题、新内容及时纳入课程中来，弥补教材上的不足等，只要稍加寻找，会发现许多有价值的课题。

（五）从交际互动智慧中选题

新课程提倡教师与学生、教师与教师、学生与学生、教师与家长、教师与领导、校与社会方方面面的人际协作互动。在与学生的沟通交往中、在与家长的对话中、在教师集体备课的共息中、在与领导的探讨中，时时刻刻会有思想的碰撞、感情的共鸣、心灵的震撼、智慧的启迪、灵感的点燃。成功的经验、失败的教训、学生的心愿、家长的期盼、领导的要求都有可能成为课题的导火索。这或许是以往被忽略的课题资源库，应该成为教师选题的主要来源之一。教师要善于从别人的心得中吸取智慧，从别人的思想中吸取营养。

（六）在理论学习中发现潜在问题

不断的理论学习是教师发现问题、研究问题的重要源泉。因为教师对自己周围的教育现象容易熟视无睹，但当学习一些新的教育理论的时候，教师就会从新的视点出发看待教育现象，从而发现问题。这些问题往往是教育中普遍存在、深层次的问题，如学习了加德纳的多元智能理论后，教师发现原来幼儿的智能发展是多方面的，幼儿园的各种环境布置、教学活动组织都要有利于幼儿多元智能的发展，结合这些方面，教师也能找到有意义的研究课题。

（七）从科研规划或课题指南中选题

各级教育行政部门、教育科研机构、学术团体、教育期刊为便于指导教育科研工作，提高教育科研水平及其效率和效果，往往根据社会发展及学科发展的需要，定期或不定期对教育科研的发展做出规划，推出教育科研课题指南。这些题目大都是一些当前乃至今后我国教育界必须思考和探讨的重点或热点问题。教师可以根据自身的条件将宏观层面的大课题细化为微观层面的小课题来进行研究。

（八）从专家或教学导师的指导中选题

近年来，许多幼儿园、中小学或各地教育主管部门开始重视专家指导，有的学校与大学结合，聘请教育专家、明星教师负责指导科研和教育、教学改革，采取"送出去，请进来"的办法，增加了教师接触专家、聆听专家报告、接受专家指导的机会。有的学校还培养了自己的教学导师专家队伍，为教师科研选题提供了极大的智慧资源。这些专家有丰富的研究经验，站得高，看得远。兴趣热点、研究方向、研究成果等都无疑会成为教师选题的阶梯，充分利用他们的资源，你就能站在专家的肩膀上。并且，一旦选出与专家指导有关的课题，专家还可以继续为你开展科研提供帮助。

（九）从媒体信息中选题

我们生活在信息时代，每天都有海量信息通过各种报纸、杂志、广播、电视、网络送到我们的大脑中，这里面有大量教育的信息，有成功经验、新的科研成果、新的见解、新的研究动态、新的猜想，也有失败的教训、存在的问题，特别是网络信息有暴露教师和学生的需要、困惑、疑难问题，更有不少解决问题的对策和设想。

（十）从当前国内外教育信息的分析总结中提出课题

当前国内外教育信息包括对世界教育科学发展潮流及趋势的分析以及引进国外先进的教育思想和理论。既有对某学派理论的系统研究，如杜威、皮亚杰、布鲁纳、奥斯贝尔、斯金纳、赞可夫、巴班斯基等人的理论，也有对西方课程理论、伦理学理论、社会学理论等不同及研究方法的评价分析。结合中国实际，确定若干专题进行研究。

六、选题的步骤

教育研究问题的确定是一个复杂的过程，这一过程有多种说法。下面选取两种观点进行论述。

（一）教育研究课题选题的三个基本步骤[①]

第一步是教育研究课题的选择。选择课题的过程往往在范围上由大到小，逐渐达到明确具体。这一步是在一定的资料积累基础上进行和完成的。

第二步是教育研究课题的表述。这是提供确定的大致方向，需要做到明确和精练。明确指的是应指明总体的中心议题和问题的前后背景、指明研究的大致方向、指明研究的关键因素（如变量）。精练指的是不能太冗长。问题的表述可以用陈述的方式，也可以用提问的方式。

第三步是教育研究课题的论证。初步确定教育研究课题之后，还要对之进行论证。

---

① 丁念金. 研究方法的新进展［M］. 北京：教育科学出版社，2004：74，75.

论证主要是分析、讨论课题研究的价值性、科学性、创新性、可行性和范围合适性等各个方面。可以是专家论证，也可以是自我论证。这一步也要在一定的资料基础上才能进行。

事实上，教育研究课题的确定一般要经过上述三个步骤的多次反复。

（二）选题的七个步骤①

选题是一个逐步确定课题的过程，下面的七个环节一般都要反复几次，步骤也没有固定规定。以下只是提供一个常用的步骤。

1. 通过各种学习，了解与思考教育发展形势，从宏观角度发现最有价值的研究课题

这一步特别要注意两点：一是不要仅仅在"教育界"这个狭小的范围内搜集信息，有时候"局外人"反而对教育问题看得更加深刻、准确，"局内人"却往往"不识庐山真面目，只缘身在此山中"。二是要敏锐地看到那些暂时弱小，但生命力极强、大有前途的研究课题。这个阶段是初步划定选择课题大致范围的一个"面"。

2. 通过总结自己的工作，从微观角度提出有价值的课题

这一步如果能和上一步结合起来，就可能把选题的范围更加集中。比如，第一步将弘扬学生的主体性作为选题的重要范围，而通过总结自己的工作体会，发现学生的主体性发展，相当大程度上决定于教师的态度。教师观念转变了，学生也就变了。因此这一步就可以把选题范围缩小到"优化师生关系"这样一条"线"上。

3. 查阅资料，进行文献检索

根据上面已经初步划定的"面"或"线"，有目的地去进行文献检索。这一步既可以深化和丰富选题的内容，又可以发现新的选题范围。

4. 调查现状

如果在上面三步中已经基本确定了选题，但是仍然有些情况不太明朗，影响自己下决心，则可以进行一些简便的调查。不少教师比较了解实际情况，也可以省掉这一步。

5. 咨询

基本确定课题之后，应该根据身边的条件进行各种形式的咨询。这是一种事半功倍、一举多得的好方法。教师既可以向科研、教研人员、专家、学者进行咨询，也可以找熟悉情况的教师甚至同学进行咨询；既可以听取他们对选定课题的支持或反对的意见，也可以听取他们对如何深化、拓宽课题的建议。

6. 征求领导意见

教师进行科研，一般是在一个学校集体中进行的，因此征求领导意见也是非常必要的。领导能从全校的高度提出一些有价值的参考意见，协调学校、教师之间的研究时间和投入，也为今后完成课题在沟通、理解方面做准备。

---

① 冉乃彦. 中小学教师如何做研究 [M]. 北京：人民教育出版社，2012：39，40.

7. 选题论证

开个"诸葛亮会"，为课题出谋划策；如果觉得大家水平还不够高，那就叫"臭皮匠会"也无妨。只要能够集思广益，对选题就有好处。集中一批理论与实践上有经验、有水平的人员进行选题论证，也是提高教师科研水平的好方法。论证是在一定的组织中进行的，有一定的权威性，但也不要强加于人，充分尊重课题申报人的意见，有利于今后课题的完成。

通过以上七个步骤将"面"变为"线"，最终把课题选择集中在一个"点"上。

七、选题的误区

教师在选择课题的时候，常常不知如何去做，有时在选择中忽视具体问题、脱离实际，造成课题研究过程得不到落实，无法真正结题。下面是教师们普遍存在的误区。

（一）题目太大

选题过大必然宽泛、不精、空洞。有些教师总不愿放下架子，似乎感觉题目越大，意义越大。殊不知，题目太大，研究过程中面面俱到，难以聚焦，结果哪一点也深入不进去。刚开始搞科研的教师通常容易犯这个毛病，如"素质教育的理论与实践研究""新课程改革的理论与实践研究"等论题，涉及范围非常宽泛，是不适合中小学教师的。所以，幼儿园、中小学教师科研最好从小题做起、从身边做起。小题易于深究、易于写实、易于提出新的见解。身边情况比较熟悉，易于操作、易于驾驭。问题找准了，就可以"以小见大""小题大做"。

（二）难度太高

难度太高脱离自己实际知识和能力水平，即便付出巨大努力仍然无法实现，好高骛远，结果力不从心，导致半途而废。一种是忽略了自身条件的限制，如某学校的教师要做全市，甚至全国范围的统计研究。另一种是需要长期努力才能完成的研究任务，却想安排在一个课题中急于完成，如研究学生十年成长规律的研究，不如改成"小学低年级""小学中年级""小学高年级""初中阶段"的分段研究。在这四个阶段研究的基础上，再进行"十年成长规律的研究"。

（三）主题太偏

选题应紧密结合教育、教学改革实际，符合新课程改革的主流，符合时代精神，避免太边缘化、不着边际、无实际用途。比如，"小学低年级学生抽烟对身心的影响"就比"中小学生抽烟对身心的影响"偏离主题，"艾滋病防范从娃娃抓起"离当前实际情况和教育主题更远。

（四）过于含混、笼统

任务和目的都没有说清楚，这对今后的研究是一个隐患。某学校提出"亲身体验在培养小学生自主性素质中重要地位的研究"的课题，从字面上看，就不知究竟要研究什么，容易误解为教师去亲身体验。经过了解，原来是想研究学生在实践中得到的亲身体验，这种体验在培养自主性素质过程中的重要性。这的确是一个不错的选题。那么这个课题若改为"在培养小学生自主性素质中学生亲身体验的重要性研究"就比较清楚。

第二节　课题实验方案的确立

课题实验方案的确立是整个研究工作中的重要一步。方案是否完善、合理会直接影响研究的预定目标，影响课题的进度和结题工作。同时，也影响研究结果的可靠性、科学性。所以，要想达到课题研究的预设目标，就必须认真着手设计缜密的课题设计方案。

一、课题实验方案的意义

选题确定后，就是要制订切实可行的研究方案。研究方案就像工程施工图，是研究全程的主干框架和对应策略，好的方案可以使研究少走弯路，提高效率。教师不仅要明确研究方案设计的定义和意义，更要掌握研究方案的结构要点及对应要求。具体来说，优秀的课题设计方案具有如下五个方面的意义：

（一）有助于限定课题的范围

对课题范围进行限定，就是要明确课题研究的方向和内容。一般而言，限定课题范围包含两个方面的含义：一是限定课题的深度；二是限定课题的广度。限定课题的深度是指根据前人的研究成果和本人的条件，限定本次研究能够深入什么层次和达到什么高度。限定课题的广度是要在时间、类型和内容上限定研究的范围。在时间上，要限定研究对象的起止时间；在类型上，要限定不同类型的研究对象；在内容上，要限定解决的具体任务。限定了课题范围，就可以方便我们始终关注该领域，使研究目标更加明确、清晰，使研究更容易按照计划寻找突破口和着眼点。

（二）保证研究工作的顺利进行

基础教育课题研究方案既是有关研究的谋略，也是研究的初步成果，它反映了研究者的研究思路和设计策略，体现了研究者的研究能力和科研水平。课题研究方案是研究实施的行动指南，它保证课题研究有明确的方向和目标，规定了研究的具体步骤和方法，使课题组成员明确各自的职责。通过研究方案制订出合理的研究目标和研究方向，保证课题研究步骤有序化。同时，通过研究方案理清和规定研究程序，有利于课题论证、评价与管理。

（三）有利于研究者对研究过程进行检查和自我检查

研究设计方案绝对不是一种形式，主要是研究者对课题研究的可行性进行一次客观评估，也是今后对照研究工作进展情况的主要依据。撰写好设计方案，可以使课题研究收到事半功倍的效果。由于研究设计是对课题研究具体化、操作化和完善化的过程，因此，在研究过程中，研究者可以对照研究设计检查每一阶段研究工作的进展情况，强化过程管理，增强科研意识。

（四）保证研究成果的质量

课题研究方案是研究成果的重要保证。有了科学的研究方案，研究者就可以合理配置研究资源，有序安排研究进程；还可以及时对照、检查方案的执行情况，不断调整、改进研究策略，从而保证研究成果的质量。研究设计不仅为研究者从事研究提供了操作化的计划，而且还有助于预见课题实施过程中可能发生的问题，并形成处理这些问题的研究方案。由此可见，研究设计对提高课题研究质量具有积极而明显的作用。一般来说，科学、具体的研究设计是课题研究成功的一半，没有充分、科学的研究设计，就没有科学而有价值的研究成果。

（五）有利于研究工作的管理与评价

在基础教育课题研究的过程中以及研究结束以后，有关科研管理部门、教育行政部门或相关领导都要对研究工作的进展或完成情况进行检查评估，而研究方案正是开展评估和鉴定工作的重要依据。良好的设计方案会给课题的结题乃至推广运用带来好的开端。

二、制订课题实验方案的前期准备

课题方案的制订需要做许多前期准备工作。要针对课题研究的特点和内容，对课题组人员进行再分配，确定责任，商讨具体的研究内容，以使研究能够更加有效地开展下去。

（一）分解课题内容

限定课题的范围主要是从不应该研究什么来说的，分解课题则主要是针对应当研究什么而言的。一般课题都具有一定的抽象性和相对的模糊性，正式研究之前需要对其需要解决的具体问题做进一步的明确，如有人提出"关于学生创造性思维能力研究"这样的问题，由于它的目标不具体、不集中，研究无从着手。如果对这个问题所涉及的方方面面进行分析，就可以形成许多不同的具体课题：

1. 本校学生创造性思维能力的水平如何？
2. 学生创造性思维能力与智力发展水平之间的关系如何？
3. 高创造性学生形成的原因是什么？
4. 学生的创造性思维能力怎样随其年龄增长而发展变化？
5. 某教师培养高创造性学生的有效经验是否具有普遍意义？

对一名准备对学生创造性思维能力进行研究的中小学教师来说，只有明确了他要研究的具体课题是什么，立项阶段以后的工作才能继续进行下去。否则，对研究课题一头雾水，是根本无法开展课题研究并取得成功的。

（二）课题研讨分工①

1. 课题组由哪些人组成

学校课题组成员一定要由实际参加研究的人员组成。课题组组长的人选最为重要。他应该是具备相应的理论水平和领导能力，并有足够时间参加研究的人。由于课题是在学校领导之下进行的，学校的领导人员不必全部挂名。

其他成员的选择要根据课题的任务来决定。课题如果是在一个实验班进行，最好是在该班任课的全体教师或学科全体教师都参加。如果是一个探索性的课题（如"提高后进学生的学习自觉性"），就由有兴趣的教师自愿报名，再由领导批准。

有条件的学校可组织全体教师参加课题组，从体现学校校本研究的精神看，也不失为一种好方法，因为这样更有利于将学校工作纳入科研轨道。但是要视具体情况具体分析，不要十分勉强，因为科研需要自觉探索、热情投入，特别是时间的保证。另外，如果全体教师都参加课题组，还要注意科研工作和日常学校工作的区别与联系。

2. 组织课题组时应注意的问题

（1）注意课题组成员的科研素质问题。课题组成员除要求一般素质比较高之外，尤其要注意他的科研素质方面的潜力，如他是否酷爱学习？是否对新事物有浓厚的兴趣？是否容易接受新的观念？是否喜欢思考、钻研问题？是否善于与人合作？等等。

（2）注意课题组成员和全体教师的关系。目前课题研究在学校还是比较新鲜的事情，许多人觉得它有些神秘。当课题不能所有人参加的时候，尤其要注意课题组成员和全体教师的关系。学校要将课题组的情况及时向大家通报，使课题研究成为全校教师关心的事情。

（3）注意老中青搭配。一般来说，青年教师观念比较新，容易接受新事物，但是教学基本功比较弱，实际操作时往往达不到理想的效果；而老教师不容易认同新观念，但是一旦有了认识，由于教学基本功比较好，往往效果比较突出。所以课题组要注意老中青搭配，发挥各自的优势，形成较强的合力。从长远看，为了一所学校的科研工作能够持续发展，也必须注意老中青搭配，使学校的科研起到引领作用。

（4）注意课题组成员的负担问题。事实证明，科研工作需要投入巨大的精力，学校在组织课题组的时候，必须认真考虑成员的负担问题。这不但关系到成员的健康，也关系到科研的质量，甚至会涉及课题能否完成。因此，学校组织课题组的时候，就要对工作量进行研究，并做出合理的规定。尤其对那些课题组成员中水平高但是兼职过多的人，要采取或减轻负担，或进行调整的措施。

（5）注意成果分享问题。在学校刚刚进入科研的时候，科研工作往往超过正常的工作量，负担比较重，因此，学校应该对课题组成员的工作体现出按劳分享的原则。课题组的研究成果从某种意义上来说，是属于全体成员的，但也要根据实际情况来分享。一

---

① 冉乃彦. 中小学教师如何做研究 [M]. 北京：人民教育出版社，2012：47 - 49.

般来说，课题组组长或主持人是课题研究的核心，对成果的认定负主要责任，课题管理部门会视为第一层级成果享有者。课题组成员则按实际分工，享有第二层级成果，课题顾问和学校领导属于间接成果享有者。

三、查阅相关资料

方案的制订离不开前人研究成果的总结，这里面包括对课题相关理论著作及论文等的查阅、阅读、理解、运用。此外，收集有关的文献资料、了解本课题国内外的进展程度对合理制订方案意义重大。

（一）课题研究的理论依据

理论对科研工作起指导作用，同样，教育科学研究也必须以一定的教育学、心理学理论，相关政策法规等作为研究的理论依据。通常情况下，一个研究课题的提出，总是归属于一个或几个研究领域的科学体系中，其中作为研究这个课题所必需的概念、定理、原则等理论体系就构成了支持该课题研究的理论依据，如"培养小学生语文学习兴趣"这一研究课题，就必须以心理学的基础知识（包括兴趣、动机等相关知识）作为理论依据。如果课题的研究假设与该体系中的基本理论相矛盾，那么这个课题就没有研究意义，也不可能取得有价值的研究成果。因此，在开展小学语文课题研究的历程中，研究者一定要认真学习有关理论，为自己的研究课题寻找到科学的理论依据和思维方法论依据，以理论来指导实践，用实践来验证理论。

（二）课题资料的收集

课题资料的来源要注意多渠道去收集，不仅要收集本专题的相关文献，还要收集十年甚至100年的相关资料。在相关领域还要关注、收集国外的资料及最新研究成果，使课题研究能有的放矢。还要注意收集有代表性的文献资料，如刊登在本学科权威期刊或核心期期刊上的资料，某问题研究领域的较高发展情况。收集的资料要有确切的时间范围，确定回溯查找到哪一段时间为止等研究手段都要认真对待。因为文献资料都有其时效性，有些专题的文献资料时效期很短、老化速度快。确定合理的查找时间可以避免获取一些无用信息，减少资料筛选阶段的工作。

四、课题假设验证

研究问题明确之后，接下来就要提出研究的假设。任何研究都需要有假设，教育问题的研究也不例外。不管有没有明确写出假设，教育课题研究很难回避这个环节。假设实际上是研究者在综合以往研究的基础上，结合自己的经验和能力，对所研究的问题的一个预先的判断。很多非常著名的假设（称为"假说"）至今还没有定论，也就是问题还没有解决，如关于恐龙是如何灭绝的假说就有很多种。下面综合一些研究成果进行说明。①

（一）假设的基本特征

1．具有一定的猜测性、假定性和或然性

任何假设都带有猜测性、假定性的成分，其结果是或然的。因此，假设是需要验证的，验证假设的过程实际上就是研究的过程。

2．具有一定的科学依据

虽然任何假设都是猜测的，但均有一定的事实或理论根据，并能解释与它有关的事物和现象。也就是说，假设并非胡乱猜测，一定要有根据。然而，教育研究的假设往往不像科学研究那么严密，但我们总要寻找依据。

教育研究假设的依据主要从两个方面考虑：一是理论依据；二是实践支持。比如，"高中生数学能力的性别差异研究"，我们应该提出什么假设？自然应该是假设男女生的数学能力有显著差异。为什么提出这样的假设？主要理论依据是心理学中对男女生智力差异的研究，结果表明男女生数理能力有显著差异。但这种差异要到一定年龄阶段才表现出来，这就是我们通常说的，到初中学习了平面几何之后会出现一次男女数学成绩的分化。另一方面的依据就是实践的经验，有些数学教师感觉男生数学成绩会好一些，需要用课题研究来验证。所以，当我们需要提出假设的时候，尤其需要寻找的是依据。

3．具有可验证性

提出的假设必须是可以加以验证的。课题研究可以在教育实践活动中得到验证，不能加以验证的假设，就无法进科学的研究。可验证性隐含了可重复性，也就是在相同的条件下应该出相同的结果。如果一种现象只能出现一次，就很难验证。

4．具有多样性

人们已有的价值观念、知识水平、社会经验等会对研究对象产生或多或少的影响，人们总会或清晰、或模糊地对研究对象有一个预定的设想，并以此指导研究工作的开展。在科学发展中，对同一现象及其规律可以出现两种甚至多种不同的假设。多样性实际上是一种可变性。

（二）假设的成因和途径

1．假设的成因

在实践中，人们发现某种全新现象或开辟出新的领域，没有现成的理论或学说对其加以解释，需要独辟蹊径，提出全新的解释。因而需要在理论上给予突破，并要在实践中加以验证。由于理论产生了新的突破，运用于相关领域，对已知现象做出新解释，对未知现象提出猜测，由此形成新的假设。

---

① 胡中锋. 中小学教师教育科研导论 [M]. 广州：广东高等教育出版社，2006：31－33.

2. 假设的途径

可分为三个阶段：

第一阶段，发现问题。问题是科学假设产生的动因。科学假设的逻辑起点不是一般的观察、实验，而是问题。

第二阶段，搜集、整理有关该科学问题的事实资料，运用创造性思维，对该问题做出初步的解释和假定性的推测。

第三阶段，从初步的假定和推测性说明出发，利用各种有关资料、采用各种有效方法对假说的基本观点进行论证，进而形成一个有结构的知识体系。

五、课题实验方案的基本结构

一项课题研究方案，还要注意撰写过程中对文本基本结构的熟悉，这些基本结构内容将决定你准备申报的课题能否被专家读懂，并得到通过，因此，要认真熟悉并撰写好课题设计方案。下面是课题方案的基本结构形式和要求。

（一）课题名称

通常，课题名称要尽可能地表明三点：研究对象、研究问题、研究方法，如"广州市职高学生心理健康状况的调查研究""五年级学生自我概念与阅读成绩的关系研究"就是很好的课题名称。

（二）研究的意义和现状

这部分主要阐述为什么要提出这样的研究问题。一般包括提出这一问题的背景（通常要结合学校的实际情况进行阐述）、国内外研究综述（介绍国内外对这一问题的研究有哪些成果和可以借鉴的地方），更重要的是，目前的研究成果有哪些不足，不能解决学校面临的问题，进而提出自己的研究问题等。这一部分对文献的收集和整理工作要求很高，并要求研究者具备很好的逻辑思维能力，能够从大量的文献中归纳和提炼自己的观点。

（三）研究的理论依据

教师对一些新的教育理论进行研究学习后，就会从新的视点出发看待教育现象，从而发现问题，而且这些问题往往是教育中普遍存在、深层次的问题。为此，不断地寻找理论依据，也是教师发现、研究问题的重要源泉。如在学习了加德纳的多元智能理论后，教师发现原来幼儿的智能发展是多方面的，幼儿园的各种环境布置、教学活动组织都要有利于幼儿多元智能的发展，结合这些方面，教师也能找到有意义的研究课题依据。

（四）课题要达到的目标

基础教育课题研究的主要目的在研究方案中，首先，研究目的的表述要有针对性，要就"这一个"课题来制订相对应的独特的目标。其次，研究目标的表述要有概括性，它只是揭示研究的主要方向，预示研究要努力实现的目的，至于最后目标能够实现多少，实现到怎样的程度，还有待实践的检验。伴随着研究活动的深入开展，研究目的也需要在实践中不断发展与完善，并不是一成不变的。因此，我们在确立中学语文课题研究目标时不要过于具体、细致，可以采用一段文字综合描述。

（五）研究的基本内容

研究内容，即研究问题，是研究方案的主体。可根据研究目标明确具体研究什么，分解子课题。一般来说，研究内容的多少与课题的大小有直接的关系。研究课题越大，相应的研究内容就越多；相反，研究课题较小，研究内容也就较少。但是，不论课题大小，基础教育课题研究内容必须具体、明确，而且能准确地体现课题研究的目标与意义。比如，"构建开放性语文教学体系"这一研究课题，就可以根据研究目标确定若干具体内容，主要包括语文教育思想的开放、语文教学内容的开放、教学过程的开放、教学手段的开放、教学空间的开放、学生思维的开放、教学结果的开放等方面。

（六）研究的方法与策略

研究方法的确定，首先，取决于研究的类型。明确选择哪些群体作为研究对象、选择哪些群体作为研究对象、研究对象的数量、具体的方案实施中采取哪些方法以及选择哪些研究工具。理论研究有理论研究的方法，一项语文课题到底应该采用什么研究方法，不能以"方法"为中心思考问题，而要以"问题"为中心去寻找解决问题的办法。要考虑这个研究问题适合采用什么方法来解决，是用实验的方法，还是用经验总结的方法，或是综合运用多种方法，总之，是从"问题"出发来思考具体的方法。其次，要看课题研究的目的，也就是问题的解决要达到怎样的程度。如果是要了解当前的教育、教学现状，就可以采用调查法；如果是要比较两种教学方法的优劣，就需要采用对比实验法。

（七）研究的步骤与进度

研究步骤是指有关课题研究的实施程序和时间安排的总体设计。确定研究设计的时间表，设计研究阶段，明确每个阶段的研究任务，以确保研究工作有条不紊地进行。研究者对研究步骤不仅要做到心中有数，还要落实到研究方案中。要交代清楚整个研究过程分为哪几个阶段、每一个阶段的主要工作是什么、每一项工作有什么要求，还要交代清楚每一个阶段大致需要的时间、课题组成员的具体分工等。这样，既可以督促研究者严格按照预定计划开展研究，从而能够按时保质完成研究任务，又有利于管理部门对课题研究的具体情况进行检查与管理。

（八）研究的预期成果

课题方案中还应该设计好研究的预期成果，包括研究成果的数量、形式以及成果应用的对象和范围。一般来说，课题研究成果的形式是多种多样的，学术论文、研究报告、专著、教材、教学软件、教学光盘等都是课题成果的不同表现形式。那些比较大的研究课题，除要有最终的成果形式之外，还要有中期报告、阶段性的研究成果。

（九）课题研究的保障条件

基础教育课题研究要取得预期成果，还必须具备一定的主客观条件。具体来说，研究条件主要包括人、财、物三个方面。

1. 人的方面

要分析课题组成员的知识结构、专业特长、实际经验、科研能力、已取得的相关成果以及在课题组内部的任务分工等。尤其是课题组组长，整个研究工作的带头人和负责者，他的学术水平和研究能力在很大程度上决定了课题研究成果的数量与质量，对他的工作态度、科研能力、组织能力和管理能力更要分析具体到位。

2. 财的方面

任何一项课题研究都需要一定的研究经费，如查阅和复印文献资料的费用、调查实验的费用、外出学习和交流的费用、出版研究成果的费用、聘请专家的费用等，这些经费开支情况都要按照有关部门的规定，在研究方案中认真计划，做好预算，合理使用。

3. 物的方面

主要分析课题研究所需的一些特殊的物质条件，如实验设备、教学设备、多媒体等。比如，有关网络教学的研究课题，就必须详细说明学校硬件设施等。如果不具备基本的物质条件，课题研究是无法进行的。

附录　课题实验方案示例

幼儿自我保护能力培养教育的研究[①]

江苏省连云港市东海县幼儿园　李　艳

一、课题的核心概念及其界定

1. 自我保护

自己尽力照顾自己，使之不受损害。

2. 自我保护能力

一个人在社会中保存个体生命的最基本能力，指对保护自己知识的掌握及保证自身安全的基本行为的认识。

3. 幼儿自我保护能力

幼儿在社会中保存个体生命的基本能力，指幼儿对保护自己知识的掌握及保证自身安全的基本行为的认识。

---

① 张晖. 幼儿园课题研究 [M]. 北京：高等教育出版社，2012：37－42.

4. 幼儿自我保护能力培养教育的研究

指通过多种形式，让幼儿在集体、日常、家园、随机活动中，学习保护自己的知识，促使幼儿产生自我保护的意识和行为。

二、国内外相关研究领域现状述评及研究意义

1. 研究的背景

（1）在幼儿园多年的教育生涯中，经常会碰到幼儿因缺乏自我保护能力而受到伤害的事件发生，让人心痛。

（2）幼儿年龄小，其神经系统和运动系统的发育不完善，虽有时已经察觉到危险，但因未能及时反应和有效控制动作而导致意外的发生，如烫伤和溺水。幼儿对危险情况的认识不足常常导致意外伤害的发生，如知道车水马龙的道路是不安全的，但又不能理解"在汽车周围还有别的汽车在跑"，也不了解固定但有尖利棱角之处会因为人的活动而变得危险，缺乏相对概念。生活经验的缺乏使幼儿对特定情境中的潜在危险少有预见，如进食时的说笑易导致呼吸道异物。当幼儿的生理机能低下时往往容易发生意外，如下午的疲劳程度有所增加，发生意外的概率更大。对幼儿来说，不仅看似十分危险的物体能对其构成身体威胁，而且那些原本并不一定存在威胁但有一定使用要求的物体也可能对其产生伤害，如小而滑的果冻、玻璃球等。各种各样的意外事故不仅对幼儿身心发育构成严重威胁，对我国独生子女家庭造成的打击和伤害更是难以弥补。

（3）由于幼儿自我保护能力差，溺水、走失、窒息、被拐骗等意外伤害事件在报纸、电台上经常能看到或听到，让人触目惊心。

（4）纵观原因：一是幼儿的认识不不清，体力和能力较弱，不知道危险或遇到危险时惊慌失措，难以做出正确的反应，无力保护自己。二是幼儿园及家庭对幼儿自我保护能力的培养认识不足，对幼儿这方面的教育和培养不够。就这一点，又有以下三个方面的原因：

第一，监护人防范意识薄弱，幼儿自我保护知识存在空白区。意外伤害的发生并不完全出乎人们的意料，只有极少的意外是真正的意外，绝大多数意外并非偶然，有着直接或间接的原因。有的家长和教师对一些安全隐患和危险情况熟视无睹，以为幼儿以前从未在这方面出过什么事情，今后也不太可能出意外，最终导致悲剧的发生。有的家长和教师以为跟幼儿交代过了，幼儿应该知道，过高估计幼儿的自我保护能力。对一些意外伤害事件，很多成人仅仅告知幼儿这些意外造成的恶果，却没有与幼儿共同分析意外事故发生的原因及如何防范类似意外的再次发生。在应试教育影响下，很多家长重视幼儿智力的发展，往往忽视幼儿的生活习惯和自我服务能力的培养；对幼儿的危险行为和不良习惯姑息迁就，不严厉制止，而不良生活习惯正是发生事故的隐患。

第二，过度的保护导致幼儿缺乏避险意识和自救技能。监护人意识到外界存在一些对幼儿发展的不利因素，但只是一味地对幼儿采取全方位的保护，认为"少活动，少出事"。许多本该由幼儿做的事情也由他们全部代劳，严格限制幼儿的各种活动，剥夺了幼

儿通过实践锻炼提高自我保护能力的机会。再加上现在的幼儿，特别是城市中的幼儿绝大部分是独生子女，家长的溺爱、娇惯、过度保护，使幼儿自身应有的自我保护能力不仅没有得到相应的发展，反而慢慢退化。在这种氛围成长的幼儿一旦脱离成人的视线，独立面对突如其来的灾害，难免表现出无知和乏力，有的甚至连呼救都不会。

第三，很多家长忙于自己的工作，认为教育是幼儿园的事情，对家庭教育的重要性和必要性缺乏足够的认识。幼儿大部分时间是与父母生活在一起，家庭中幼儿发生的意外伤害事故远远高于其他地方。如果把家庭教育作为幼儿园教育的延续与附庸，让家庭教育围着幼儿园教育转，那么哪怕幼儿园教育做得再完美也只能事倍功半。唯有两者协调同步，在家庭教育指导中以家长为主体，根据家长需要，形成家园协商、互补、和谐的强大合力，才能实现良好的教育效果。

（5）进入 21 世纪，全球基础教育的目标是让孩子学会生存、学会做人、学会学习。人类繁衍发展的前提是生存，安全和健康是生命的保障，良好的安全意识、自我保护能力是学会生存的重要内容，也是我们开展幼儿自我保护能力培养教育的重要目标。

2. 国外相关领域的研究现状

据有关资料报道，国外对幼儿自我保护能力的教育与培养优于我国，无论是电视、书籍，还是图文绘本，国外都有许多可供幼儿学习的资料。因此，国外幼儿的自我保护能力比我国的幼儿强。

从维护社会稳定、关注幼儿生命健康和安全出发，我们必须高度重视幼儿的自我保护能力的培养与教育。作为教育机构，我们有责任让孩子获得更好的自我保护能力，促进幼儿更加健康、和谐的发展。

3. 国内相关领域研究的现状

目前，国内相关的研究不少，我们也阅读了一些儿童的教育书籍，如北京师范大学申桂红主编的《幼儿自我保护教育的探究》《幼儿自我保护教育的实践探索》等。但适宜我们幼儿园且系列、完整地培养幼儿自我保护能力的教材和资料还不多，可供借鉴的理论也较稀少，所以，开展我园的幼儿自我保护能力的培养和教育研究迫在眉睫、势在必行。因此，我们把对幼儿自我保护能力的培养作为一个重要的课题来研究。

4. 研究的意义

（1）利用多种多样的形式，大大提升全园教师、幼儿及家长的自我保护的意识和素养。

（2）初步尝试总结、筛选幼儿自我保护能力培养的课程设计，对其他教育同行提供适宜的幼儿自我保护的活动内容及方案。

5. 研究的理论依据

（1）健康生活教育理论。陈鹤琴先生认为："儿童离不开生活，生活也离不开健康教育；儿童的生活是丰富多彩的，健康教育也应把握时机。"17 世纪英国哲学家和启蒙思想家约翰·洛克认为："人生幸福有一个简短而充分的描述：健全的心智寓于健全的身体。凡身体和心智都健全的人就不必再有什么别的奢望了；身体和心智如果有一方面不健全，那么即使得到了种种别的东西也是枉然。"健康既是幼儿身心和谐发展的结果，也是幼儿身心充分发展的前提；健康是幼儿幸福之源；离开健康，幼儿就不可能尽情游戏，也不可能愉快的学习，甚至无法正常生活。

（2）需要满足理论。人本主义心理学认为："人的需要是分层次的，低层次的需要是满足高层次的需要的基础，安全是人类的一种正常需要。"安全的需要是指安全的环境、恒定的秩序，躲避身体遭遇的危险，冀求保护免予威胁的心理上的需要。安全的需要的满足能使一个人生活在一种远离各种危险的环境中。

（3）幼儿发展特点。保护幼儿生命的健康和安全是由幼儿身心发展的特点决定的。尽管保护生命的健康和安全对任何个体都具有重要意义，但对幼儿来说尤为重要。幼儿生长、发育十分迅速但未完善，幼儿的可塑性很强但缺乏经验，幼儿活动欲望强烈但自我保护意识薄弱，幼儿的心灵稚嫩、纯洁但特别容易受到伤害。生命的健康存在是从事其他一切活动的必要前提。因此，要培养身心健全的幼儿，就必须树立幼儿的安全意识，培养幼儿的自我保护能力，从而提高幼儿的生活质量。

（4）国家颁布的《中华人民共和国未成年人保护法》以法律的形式提出了"教育与保护相结合""国家、社会、学校和家庭应当教育和帮助未成年人运用法律手段维护自己的合法权益"。这样做能使家长提高法律意识，适应法治社会的需要，为幼儿一生健康成长提供重要保障。

（5）《幼儿园教育指导纲要（试行）》中明确指出："幼儿园必须把保护幼儿的生命和促进幼儿的健康放在工作的首位。"作为成年人，特别是幼儿教育机构的教师，要充分认识到幼儿的身心发展特点，意识到幼儿初步的自我保护意识和能力对幼儿健康的重要意义，因为这是幼儿一生健康发展的需要。

三、研究的目标和内容（或子课题设计）

1. 研究的目标

（1）探讨家园同步教育的模式，帮助幼儿正确认识现实生活，加强对周围环境中潜在危险的可预见性。

（2）收集培养幼儿自我保护能力的方法、内容等。通过幼儿园教育活动，以游戏化、情景化、生活化为特征，以幼儿自主学习为主导的教育形式，训练幼儿的自救技能，提高幼儿的自我保护能力。

（3）探索幼儿自我保护能力培养的指导策略。

（4）使幼儿在自我保护能力的培养与教育中提高能力，身心更加健康、和谐发展。

（5）把幼儿自我保护能力的培养纳入园本课程体系，完善园本课程，更好地促进幼儿的健康成长。

（6）使教师在研究中提升专业素质，更好地为幼儿的健康成长服务。

2．研究的内容

（1）幼儿自我保护能力教育培养的内容研究。包括交通安全类、生活安全类、活动安全类、防火防水安全类、防止意外伤害类等，设计一系列教育活动，进行幼儿自我保护能力的教育与培养。

（2）幼儿自我保护能力教育培养途径的研究。一是采用集体教育活动进行；二是通过游戏活动进行；三是在日常生活中进行；四是利用环境创设进行；五是与家长配合进行。

（3）幼儿自我保护能力教育培养的方法研究。包括案例、故事分析法，游戏模拟法，对比法，反语激将法，家庭作业法等。

四、研究的过程和方法

1．研究的过程

（1）准备阶段（2009年9月至2010年2月）。

①文献研究、调查研究，转变教育、教学观念，掌握与课题研究有关的一些原则方法，分析课题研究的现状，撰写课题的实施方案。广泛征集资料，制订幼儿自我保护能力培养的内容。

②制订本课题研究方案，请专家论证。

③制订课题目标和活动计划，经讨论修改后定稿。

（2）实施阶段（2010年2月至2011年9月）。

按计划分阶段实施研究。开展教育实践活动，做好研究成果记录，对所积累的资料进行分析、提炼、总结和反馈。

（3）总结阶段（2011年9月至2012年2月）。

归纳总结课题研究经验，撰写研究报告，编写《幼儿自我保护能力培养教育案例集》《幼儿自我保护能力培养教育文集》《幼儿自我保护歌谣绘本》，申请课题鉴定等。

2．研究的方法

（1）文献研究法：认真学习国内外的研究理论、现状、发展趋势、方法等，为本课题研究提供资料。

（2）总结研究法：实验教师从工作体会和经验中进行总结，力求以全面、科学的态度去分析研究。

（3）行动研究法：观察幼儿兴趣、需要，观察幼儿在操作活动中的表现，观察教师在教育活动中的教育行为等，积累研究的具体资料，并在实施中进行评价、调整和完善，整理出优秀的教育活动。

五、主要观点与可能的创新之处

1. 主要观点

通过本课题的研究，幼儿能够在自我保护能力的培养与学习中，掌握一定的自我保护技能，教师能够积累一系列的自我保护教育活动设计，家园双方都能够掌握一些有效、可行的幼儿自我保护教育方法，从而提高幼儿的自我保护能力，促使幼儿更加健康的成长。

2. 可能的创新之处

（1）形成较系统的幼儿自我保护能力培养教育的内容和教育案例，为幼儿期的自我保护能力培养提供可行的方式和方法。

（2）通过各种幼儿园教育活动和家园合作的有效途径，提高幼儿自我保护意识和能力，促进幼儿更加健康的成长。

（3）为教师和家长提供较详细、值得借鉴的幼儿自我保护能力培养和教育的书籍。

六、预期研究成果

	成果名称	成果形式	完成时间
阶段成果 （限五项）	形成幼儿自我保护教育的内容序列	论文	2010 年 2 月
	设计一系列幼儿自我保护教育的活动	案例	2011 年 2 月
	探寻幼儿自我保护能力培养的途径及规律	论文	2011 年 9 月
	探寻家庭中幼儿自我保护能力培养的途径	论文	2011 年 9 月
	改编、创编儿歌、故事、歌曲、安全知识绘本、碟片等	碟片	2012 年 2 月
最终成果 （限三项）	《幼儿自我保护能力培养教育案例集》系列	书籍	2012 年 2 月
	《幼儿自我保护小画册》	书籍	2012 年 2 月
	课题研究报告	论文	2012 年 2 月

第四章

课题的申报立项

课题的方案是申报立项的前期准备，在充分考虑各种教育研究的因素后，正式的申报立项工作紧锣密鼓地开始了。本章及后面的几章会对课题的申报立项、开题流程、研究方法、研究过程、结题工作等操作策略做一介绍，给幼儿园、中小学教师提供参考，学习如何具体开展课题研究。

第一节　课题申报的原则、策略及程序

确立课题是开展教育研究的重要环节，课题的立项则表明单位或个人的研究课题已正式进入确定研究阶段，因而，课题的申报和立项工作对课题能否通过审批至关重要。可以说，课题在某一研究系统课题规划中的地位得以确认，显示单位或个人教育研究水平被认可。

一、申报的原则

申报的课题应有一定的权威性才能在以后的研究和成果鉴定上确立自己的地位，显示出课题的研究水平和层次。目前，各级各类课题研究鱼龙混杂，甚至某些机构为了各自的私利，把课题研究变成一种利益，随意立项、研究过程简化、东拼西凑草率结题。因而，选择正规渠道申报立项，避免所申报立项的课题成为无源之水、无根之木，得不到有关部门的认可，伤害到课题组的老师。

（一）按照课题指南申报

基础教育学校、教研人员申报的课题原则上应以各级教育科学规划小组、教育行政部门、教育学会及其各学科专业委员会等确定的课题指南为依据，开展有效的课题申报立项，也可以不参加申报，个人在学校针对某个问题进行自我研究。

（二）理论结合实际

申报的课题应以理论为指导，结合基础教育的实际需要，以教育行动研究的方法，

用理论指导教育实践，在教育实践中验证理论，坚持教育科研为教育发展和改革实践服务。要坚持理论联系实际的原则，把理论研究与应用研究结合起来，注意选择教育决策与教育实践中的重大课题，增强选题的现实性、针对性与实践性。

（三）课题研究的全面性

申报的选题既要突出重点、难点、热点问题，又要兼顾一般问题，并注意预见未来教育发展的趋势和要求。要对教育的未来发展和学科教学、学校教学管理等有帮助，避免假、大、空，理论性过强，脱离实际应用的课题研究。总之，要立足基础教育的实际来开展课题的申报。

二、申报的策略和程序

在科研管理部门发布的公告中一般都会对课题申报的办法做明确的说明。各级各类教育科研课题均应按照课题指南所提出的选题范围，采取自下而上申报与自上而下招标相结合的办法确定。有志于教育科研的教育理论工作者和实际工作者均可申报，具体办法和程序综合如下：[①]

（一）申请人应书面或口头向科研管理部门，即各级教育科学规划小组、教育行政部门、教育学会及其各学科专业委员会等，按照要求提出申请报告

（二）申请人到上述部门办理申报手续，索要"课题指南""课题申请书"和有关文件。可以通过有关部门的网站，下载相应的资料进行学习

（三）学习和研究"课题指南"（含说明）、"课题申报书"的项目内容和有关文件，领会其实质和要求，然后考虑申报课题的初步意向

选定课题既不像某些人想象的那么简单，随便从"课题指南"中选定一个完事，也不像某些人想象的那么神秘，几个月都定不下来。但一定要经过深思熟虑，它是一种脑力劳动，有一个发现问题、了解情况、深入思考、初步设想的思维过程，从形成选题意向发展到最后确定题目需要一定的时间。完全凭主观臆想确定的课题是不会有多大研究意义和价值的，一定要从客观的教育现实出发，去寻求亟待解决的理论问题和实际问题。选题时一般应从以下三个方面加以考虑：

第一，选题是否有一定的理论意义或实践意义？是否对教育科学理论或教育事业发展有一定的理论贡献或指导作用？根据自己的已有见闻了解他人对此内容有无研究，是否重复研究？

第二，选定的课题是否具备主观条件？个人的实践经验、专业知识、业务能力是否能承担下来？

第三，研究的客观条件如何？必要的信息资料、设施设备、人力财力、时间等问题可否得到解决？所选题目是否符合自己的志趣？是不是平时自己经常考虑的问题？不能

---

① 熊华生. 教育研究与实验 [M]. 武汉：华中科技大学出版社，2004：204-206.

单纯从兴趣出发，应考虑客观需要，还应综合考虑自己的兴趣和愿望，这样才能调动起更大的研究热情和积极性，有利于研究工作持之以恒的进行。此外，选择的课题宜小不宜大，要小题大做、小中见大。否则，题目写得过大，到时研究不下去，就会造成研究工作的被动。

（四）确定了初步的课题意向后，就要按照申报书的填写要求进行一些具体事宜的落实工作

第一，到图书馆、档案馆、文史馆等信息资料部门，通过"报刊索引""电脑资料"去查清与课题相关的资料，掌握初定课题的研究现状，确定其是否具有研究的价值。

第二，认清初定课题的研究意义和价值，即为什么要研究这个课题。在确定一个课题时，一定要客观地分析其理论价值和实践价值，切忌人为地夸大自己课题的研究价值，将其意义提到不切实际的高度，这种情况在过去的研究工作中时有发生，申报课题时一定要避免这种现象。一般来说，看不到自己课题的价值或缩小其价值的现象是少见的。实事求是地评估课题价值，关系到对课题研究的信心和决心，所以一定要客观、科学地做出分析。

第三，确定好研究目的，也就是说，这项研究打算解决几个问题，分别是一些什么问题。研究目的的思考是很有必要的，如果自己选定一项课题进行研究，其研究目的都不清楚，心中无数，是很难把研究工作搞好的，就会形成平时所说的"脚踩西瓜皮，滑到哪里算哪里"的状况，这是不符合教育研究的科学性要求的。研究目的要简明扼要、一目了然，以便激发科学研究的动力，唤起课题研究人员不达目的誓不罢休的斗志。研究目的要根据本课题的大小，制订具体、切实的计划，绝不可大而化之、笼统空泛，把它作为任何一个课题的研究目的都可以，规定这样的研究目的是没有实际意义的。

第四，确定课题研究的内容，即初选课题准备研究一些什么问题，这是很重要的环节。如果初定课题不知研究一些什么问题，就会影响研究工作的展开。填写到申请书中，他人看了也不知所云，就会影响课题评审的中标率。在以往的研究工作中，有些幼儿园、中小学的课题申请书就出现过这种情况，经不起专家的质疑，这样申报的课题就会被淘汰。

第五，预测分析初定课题的研究前景，有何突破，将取得什么样的科研成果，具有什么样的推广应用价值。这个问题要在查清资料的基础上进行分析，不能武断地做出估价判断，也要做出客观、公允的预测分析，让他人看了之后觉得可以取得预想的结果，突破的依据可信，研究的前景可观。

第六，客观地分析和陈述开展初定课题研究的保证条件，对研究工作条件，如设备设施、经费财力、人员素质、时间保证、领导和咨询指导力量等都要做出客观、充分的分析说明，以保证初定课题得以顺利实施。

第七，经过以上分析，填写出申报书草表等，也可复印留存。

（五）将上述申请书草表送给专家审阅，邀请专家进行咨询论证（后面会有介绍），专家初步通过以后，就可以填写正式的申请书

（六）申请人按申报办法规定，认真填写课题申报书，根据具体要求申报书应一式多份（一般一式三份），经申请人所在单位（学校）认真审核，对申请人的政治表现、业务水平、科研能力等签署意见，并承担信誉保证，加盖公章后，报主管部门（一般为教育科研管理部门）审核签章后，在规定的受理时间内，报送课题招标部

至此课题申报工作结束，等待专家组或学术委员会评审。

第二节　课题申报立项评审

课题的评审立项工作是一个复杂严谨的过程，在这个过程中，既有课题申请人和课题组成员、学校条件等基本条件，还要经过专家评议组的严格审核。

一、课题申请人的条件和资格

教育研究是一项艰苦的创新活动，各类级别的教育研究课题对申请人的条件和资格有不同的规定，但在主要的方面有一些基本要求。在申请人的基本素养方面要求如下：

第一，有科学的世界观和方法论，善于运用辩证唯物主义和历史唯物主义的观点和方法去观察、分析和解决问题，能把握教育研究的正确方向。

第二，有热爱真理、追求真理的科研精神，解放思想，实事求是，独立思考，勇于创新。

第三，有丰富、扎实的教育科学理论素养，善于将理论与教育实践结合起来，用科学的教育理论指导实践，并从丰富的、具体的教育实践活动中抽象出科学的理论，具有较强的科研能力。

同时，课题申请人应具备一定的学术职称和任职资格。根据国家和省、市有关文件的要求，幼儿园、中小学教师申报课题立项，其申请人原则上应有中学高级（或相当于中学高级）专业技术资格。如果不具备上述资格，则必须有具备中学高级（或相当于中学高级）专业技术资格的两名专业人员的书面推荐，或有县级以上教育行政部门的推荐函。课题申请人必须是课题的实际组织者，并具体承担相关内容的研究工作。

二、立项课题的种类和层次

课题有大有小，有的单一具体，有的复杂范围广。从我国的实际出发，一般来说，

国家级课题共分为三大类，可再分若干层。①

（一）全国哲学社会科学基金资助的项目

重大项目。

国家级重点课题。

国家级一般课题。

青年基金课题。

（二）教育部资助的项目

教育部部级重点课题。

国家教育部部级规划课题。

青年专项课题。

（三）各省、自治区、直辖市，国务院各部委，解放军系统资助的项目

国务院其他各部委、解放军系统资助的项目，其中也分为重点课题与一般课题。

各省、自治区、直辖市的课题一般只分重点课题与一般课题，有的也设有重大课题、规划课题等类别。重大课题或重点课题一般有经费资助，一般课题或规划课题则没有资助或少有资助。

此外，在重点课题中，还有层次之分，一般分为主课题、子课题、二级子课题、三级子课题等。这主要是因为课题较大、研究范围较广、需要的研究力量比较多，从而形成课题的逐层分解。

三、课题的评审

课题的评审要根据有关部门的规定来完成，其程序、制度各部门不尽相同，但其基本原则和基本要求都差不多。

（一）课题立项评审原则

1. 方向性原则

方向性是指研究课题是否有正确的导向，包括课题的指导思想是否正确，研究是否符合客观实际，研究的目的、意义是否明确等。

2. 科学性原则

科学性是指研究课题的客观真理性，具体涵盖研究内容、研究计划、研究方法以及理论基础等是否科学。

3. 创新性原则

创新性是指课题研究是否会有新的突破，如新的观点、理论、方法、视角等。

---

① 高尚刚，徐万山. 中小学教师课题研究指导［M］. 北京：中国轻工业出版社，2013：40，41.

4. 客观性原则

客观性是指在评审课题过程中立场公正，以科学理论为评判标准，择优汰劣。应把握论证是否合乎逻辑、条理清楚，语言是否准确、简练，是否有前期研究基础，是否进行了信息资料的查询和搜集。

（二）课题立项评审要求

第一，处理好历史经验总结、解决现实问题及把握未来发展三者之间的关系。全面衡量申请人的选题动机和论证情况。

第二，强调理论与实践的统一。基础教育阶段教师应当以应用研究课题为主，根据国家规定应用性研究课题立项，一般不少于立项总数的60%。

第三，对研究力量雄厚、条件充分、前期研究成果丰硕、选题新颖、价值大的单位和个人优先考虑。对中青年申请人和薄弱地区、学校的课题适当予以倾斜。

第四，评审应充分发扬学术民主、平等公正、秉公办事。

（三）课题立项的评审机构和程序

各类教育研究课题必须经过有关科研管理部门的资格审查和由其建立的学术委员会及其下设的专家组的评审，并报管理部门的领导机构批准，方可立项。教育研究课题立项评审一般要经过以下程序：

第一，各级教育科学规划领导小组办公室统一管理课题的申报，并负责分类登记，然后进行资格审查。

第二，课题申请书经资格审查合格后，分类送达各学科专家组进行评审。对跨学科的综合性课题，组成综合评审组进行评审。

第三，课题评审以会议方式进行，先由学科专家组成员分别审阅课题申请书，并提出个人初评意见，然后集体评议。

第四，在集体评议的基础上，评审组采取无记名投票方式予以表决，达到规定票数的课题，方可提名立项。

第五，所有课题由学科专家组组长和评审专家在课题申请书的评审意见栏内签署意见。

第六，将各学科专家组的初评提名和评审意见集中上报主管部门，由教育科学规划领导小组予以公布。

研究课题批准立项后，由科研管理部门下达批准立项通知书，申请人接通知后在规定时间内办理立项手续，签署"教育科学规划课题合同书"。至此，课题申报立项工作全部结束，研究工作就可以正式启动了。

四、申报技巧

课题申报立项工作反映出课题主持人的研究能力，如何在申报中能够被批准，申请书和课题实验方案的撰写也要关注技巧。

（一）选题新颖或视角新

题目一看就有一种冲撞力，能吸引评委的眼球。最重要的是课题设计论证。在初评进入复评后具体要根据管理部门的要求来定入选比例。选题尽量紧扣课题指南，不一定选原来的题目（指重点研究领域、申报范围与方向，非应用对策研究），因为范围比较大，大题小做一般做不好。可以将原来的题目化解为申请者要做的题目。有的教师看不懂，可以写一两句话指出是根据哪一类题目或范围演化而来。

（二）对课题国内外研究现状的述评

要求翔实、全面、充分，并进行适当的归类，同时提出申请者本人研究的独特视角或选题的价值。国内外研究现状的述评是衡量申请者学术水平的一个重要方面。如果申请者不能把握前人的研究成果，又怎么谈得上超越？可以上网查查，就能掌握50％左右的资料。对研究成果的表述要准确，重要人物与代表作一定要点出来。千万不要去贬低前人或别人的东西，如填补空白之类。也不要对别人的成果评价过低，如这方面不好、那方面不足，过于吹嘘自己。学术价值或应用价值不要泛泛而谈。资料性很强的东西可以做，一般的就不能算学术论文，如对素质教育的研究，最好侧重于具体问题来谈。预期价值体现在理论创新或实际价值之上。一般来说，联系实际就有价值。

（三）研究内容观点新颖，有创新性且注意重点突出、详略得当

分为几大部分或几大主题进行论述，最好不要搞成一本书的框架。有的教师在写研究内容时，附了一个详细提纲，这个提纲搞得好，有可能会对课题的申报立项加分，也有可能是画蛇添足，但一定要避免写成教科书。要把申请者的创新点写出来，如用黑体字区别开来，使人一眼就能看出，把闪光的文字凸显出来。

附录　课题申报立项书示例

编号	

全国教育科学规划课题

申请书

课题名称：_____

课题类别：_____

学科分类：_____

课题负责人：_____

责任单位：_____

填表日期：_____

全国教育科学规划领导小组办公室
2016 年 2 月修订

申请者的承诺与成果使用授权

一、本人自愿申报全国教育科学规划课题。认可所填写的《全国教育科学规划课题申请书》（以下简称《课题申请书》）为有约束力的协议，并承诺对所填写的《课题申请书》所涉及各项内容的真实性负责，保证没有知识产权争议。同意全国教育科学规划领导小组办公室有权使用《投标申请书》所有数据和资料。课题申请如获准立项，在研究工作中，接受全国教育科学规划领导小组办公室及其委托部门的管理，并对以下约定信守承诺：

1. 遵守相关法律法规。遵守我国《著作权法》和《专利法》等相关法律法规；遵守我国政府签署加入的相关国际知识产权规定。

2. 遵循学术研究的基本规范。科学设计研究方案，采用适当的研究方法，如期完成研究任务，取得预期研究成果。

3. 尊重他人的知识贡献。客观、公正、准确地介绍和评论已有学术成果。凡引用他人的观点、方案、资料、数据等，无论曾否发表，无论是纸质或电子版，均加以注释。凡转引文献资料，均如实说明。

4. 恪守学术道德。研究过程真实，不以任何方式抄袭、剽窃或侵吞他人学术成果，杜绝伪注、伪造、篡改文献和数据等学术不端行为。成果真实，不重复发表研究成果；对课题主持人和参与者的各自贡献均要在成果中以明确的方式标明。

5. 维护学术尊严。保持学者尊严，增强公共服务意识，维护社会公共利益。维护全国教育科学规划课题声誉，不以课题名义牟取不当利益。

6. 遵守课题管理规定。遵守《全国教育科学规划课题管理办法》及其实施细则的规定。

7. 明确课题研究的资助和立项部门。国家社科基金课题和教育部级课题研究成果发表时须在醒目位置独家标明"国家社科基金教育学×××年年度×××课题（课题批准号：××××）成果"和"全国教育科学规划×××年年度×××课题（课题批准号：××××）成果"字样，课题名称和类别与课题立项通知书相一致。凡涉及政治、宗教、军事、民族等问题的研究成果须经全国教育科学规划领导小组办公室同意后方可公开发表。

8. 标明课题研究的支持者。要以明确方式标明为课题研究做出重要贡献的非课题组个人和集体。

9. 正确表达科研成果。按照《国家通用语言文字法》规定，规范使用中国语言文字、标点符号、数字及外国语言文字。

10. 遵守财务规章制度。合理、有效地使用课题经费，不得滥用和挪用。课题结题时如实报告经费使用情况，不报假账。

11. 按照预期完成研究任务。课题立项获得批准的资助经费低于申请的资助经费时，同意承担课题并按预期完成研究任务，达到预期研究目标。

12. 成果达到约定要求。课题成果专著、论文、研究报告等公开发表，并在学术界和实践领域产生一定的影响。

二、作为课题研究者，本人完全了解全国教育科学规划领导小组办公室的有关管理规定，完全意识到本声明的法律后果由本人承担。特授权全国教育科学规划领导小组办公室：有权保留并向国家有关部门或机构报送课题成果的原件、复印件、摘要和电子版；有权公布课题研究成果的全部或部分内容，同意以影印、缩印、扫描、出版等形式复制、保存、汇编课题研究成果；允许课题研究成果被他人查阅和借阅；有权推广科研成果，允许将课题研究成果通过内部报告、学术会议、专业报刊、大众媒体、专门网站、评奖等形式进行宣传、试验和培训。

申请者（签章）：_____

年　　　月　　　日

填写数据表注意事项

1. **课题名称** 应准确、简明反映研究内容，最多不超过 40 个汉字（包括标点符号）。

2. **关键词** 按研究内容设立。最多不超过 3 个关键词，词与词之间空一格。

3. **学科分类** 系指课题研究所属学科范围。请选项填写，限报一项。

例如：

B	教育心理

A. 教育基本理论 B. 教育心理 C. 教育信息技术 D. 比较教育 E. 德育 F. 教育经济与管理 G. 教育发展战略 H. 基础教育 I. 高等教育 J. 职业技术教育 K. 成人教育 L. 体育卫生美育 M. 民族教育 N. 国防军事教育 O. 教育史

跨学科的课题，请选为主的学科填写。

4. **课题负责人** 系指真正承担课题研究和负责课题组织、指导的研究者。不能承担实质性研究工作的，不得申请。

5. **课题类别** 请选项填写，限报一项。例如：

B	国家一般

B. 国家一般课题 C. 国家青年基金课题 D. 教育部重点课题 E. 教育部青年专项课题

（不同类别结题成果要求详见我办网站《全国教育科学规划课题成果鉴定结题细则》）

6. **研究类型** 请选项填写，限报一项。例如：

C	综合研究

A. 基础研究 B. 应用研究 C. 综合研究 D. 其他研究

7. **担任导师** 系指申请人本人担任博士生导师或硕士生导师情况，请选项填写，限报一项。例如：

A	博士生导师

A. 博士生导师 B. 硕士生导师 C. 未担任导师

8. **工作单位** 按单位和部门公章全称填写。

9. **所在省（自治区、直辖市）** 请选项填写，限报一项。例如：

A	北京市

A. 北京市 B. 天津市 C. 上海市 D. 重庆市 E. 河北省 F. 山西省 G. 内蒙古自治区 H. 辽宁省 I. 吉林省 J. 黑龙江省 K. 江苏省 L. 浙江省 M. 安徽省 N. 福建省 O. 江西省 P. 山东省 Q. 河南省 R. 湖北省 S. 广东省 T. 湖南省 U. 海南省 V. 广西壮族自治区 W. 四川省 X. 贵州省 Y. 云南省 Z. 西藏自治区 1. 陕西省 2. 甘肃省 3. 青海省 4. 宁夏回族自治区 5. 新疆维吾尔自治区 6. 新疆生产建设兵团

10. 所属系统　系指申请人单位的属性。请选项填写，限报一项。

例如：

| A | 教育部直属高等院校 |

A. 教育部直属高等院校　B. 其他高等院校　C. 教育部直属单位　D. 其他科研机构　E. 中小学校（包括中等专业学校、技工学校、职业高中、幼儿园等）　F. 军事机关及院校　G. 教育部各司局　H. 国家部委机关　I. 地方教育行政部门　J. 其他

11. 联系电话　必须填写课题负责人的电话号码。

12. 主要参加者　必须真正参加本课题研究工作，不含课题负责人，不包括单位领导、科研管理、财务管理、后勤服务等人员。

13. 预期成果　系指公开发表的专著或研究论文。请根据申请的课题类别的成果要求填写。例如：

| A | 专著 | | D | 研究报告 |

A. 专著　B. 译著　C. 研究论文　D. 研究报告　E. 工具书　F. 电脑软件　G. 其他

14. 申请经费　以万元为单位，填写阿拉伯数字，注意小数点位置。

15. 页数不够可加页，页码做相应调整。

一、数据表

课题名称							
关键词							
课题类别		学科分类			研究类型		
负责人姓名		性　别		民　族		出生日期	
行政职务		专业职务			研究专长		
最后学历		最后学位			担任导师		
所在省（自治区、直辖市）			所属系统				
工作单位			电子信箱				
单位通信地址			邮政编码				
联系电话	（单位）（家庭）（手机）						
身份证号							

	姓　名	出生年月	专业职务	研究专长	学　历	学　位	工作单位	签　名
主要参加者								

预期最终成果	

申请资助经费（单位：万元）		预计完成时间	

注：国家和教育部青年专项的课题申报者年龄为35周岁以下，1981年4月25日之后出生。

二、负责人和课题组主要成员近五年来主持的相关重要研究课题

主持人	课题名称	课题类别	批准时间	批准单位	完成情况

注：此处只需要填写省级以上的立项课题相关信息。

三、相关证书、证明复印件粘贴处

注：证书复印件可缩放、可扫描粘贴。

四、课题设计论证

1. 选题依据：国内外相关研究的学术史梳理及研究动态；本课题相对已有研究的独到学术价值和应用价值等。
2. 研究内容：本课题的研究对象、总体框架、重点难点、主要目标等。
3. 思路方法：本课题研究的基本思路、具体研究方法、研究计划及其可行性等。
4. 创新之处：在学术思想、学术观点、研究方法等方面的特色和创新。
5. 预期成果：成果形式、使用去向及预期社会效益等。
6. 参考文献：开展本课题研究的主要中外参考文献。

五、研究基础和条件保障

1. 学术简历：课题负责人的主要学术简历、学术兼职，在相关研究领域的学术积累和贡献等。

2. 研究基础：课题负责人前期相关研究成果、核心观点及社会评价等。

3. 承担项目：负责人承担的各级各类科研项目情况，包括项目名称、资助机构、资助金额、结项情况、研究起止时间等。

4. 与已承担项目或博士论文的关系：凡以各级各类项目或博士学位论文（博士后出站报告）为基础申报的课题，须阐明已承担项目或学位论文（报告）与本课题的联系和区别。

5. 条件保障：完成本课题研究的时间保证、资料设备等科研条件。

说明：前期相关研究成果中的成果名称、形式（如论文、专著、研究报告等）须与《课题设计论证》活页相同，活页中不能填写的成果作者、发表刊物或出版社名称、发表或出版时间等信息要在本表中加以注明。与本课题无关的成果不能作为前期成果填写；合作者注明作者排序。

六、预期研究成果

序　号	完成时间	最终成果名称	成果形式	负责人
1				
2				
3				
4				
5				

注：

1. 国家一般课题应出版学术专著 1 部，并且在 CSSCI 上发表 3 篇系列论文。

2. 国家青年基金课题应出版学术专著 1 部，并且在 CSSCI 期刊上发表 2 篇系列论文。

3. 教育部重点课题应出版学术专著 1 部，或者在北京大学图书馆版核心期刊上发表 3 篇系列论文。

4. 教育部青年专项课题应出版专著 1 部，或者在北京大学图书馆版核心期刊上发表 2 篇系列论文。

七、经费预算

序　号	经费开支科目	金额（万元）	序　号	经费开支科目	金额（万元）
1	资料费		7	专家咨询费	
2	数据采集费		8	劳务费	
3	差旅费		9	印刷费	
4	会议费		10	管理费	
5	国际合作与交流		11	其　他	
6	设备费		合　计		
年度预算	年　份		年	年	年	年
	金额（万元）					

注：经费开支科目参见《国家社科基金项目经费管理办法》和《全国教育科学规划课题经费管理办法》。

八、经费管理

承诺遵守财务规章制度，如实填报，严格监督课题经费的合理有效使用，保证课题经费单独立户，专款专用，不挤占和挪用课题经费，在课题结题时提供课题经费使用明细单。

收款单位全称：

开户银行：

银行账号：

汇入地点（指所在城市名）：

财务联系电话：

财务部门公章：

财务负责人签章：

年　　月　　日

九、推荐人意见

不具有副高级以上（含）专业技术资格或博士学位的申请项目，须由两名具有正高级专业技术资格的同行专家推荐。推荐人须认真负责地介绍课题负责人的专业水平、科研能力、科研态度和科研条件，说明该项目取得预期成果的可能性，并承担信誉保证。

第一推荐人姓名：	专业职务：	研究专长：
工作单位：	填写日期：	推荐人签章：
意见：		

第一推荐人姓名：	专业职务：	研究专长：
工作单位：	填写日期：	推荐人签章：
意见：		

说明：符合申报资格的申请人不填写此表。本表须推荐者本人签字或盖章有效。

十、课题负责人所在单位意见

　　申请书所填写的内容属实；该课题负责人及参加者的政治和业务素质适合承担本课题的研究工作；本单位能提供完成本课题所需的时间和条件；本单位同意承担本项目的管理任务和信誉保证。

单位公章

年　　月　　日

说明：教育部直属单位、部委直属高校不填写此表。

十一、省级规划办、教育部直属单位、部委直属高校审核意见

　　本单位完全了解全国教育科学规划领导小组办公室的有关管理规定，完全意识到本声明的法律后果由本单位承担。保证课题申报的真实性，认可课题申报人及其所在单位的申报资格，同意上报全国教育科学规划领导小组办公室。

单位公章

年　　月　　日

第五章

课题开题报告与开题

在课题申报立项前，先要做好课题方案的设计，这有利于申报的正常通过。在经过有关部门审查确定立项后，接下来要做的重要工作就是开题报告的撰写。当报告完成后，就可以开题接受专家的指导，并进入几年的研究实验。因而开题工作之前的开题报告，就像申请立项前的课题方案一样重要。

第一节　开题报告的撰写

课题开题资料主要看开题报告，如果课题组成员有一些印证性的资料也可以提供给专家翻阅审读，包括在该项课题之前已发表的相关论文或宣读文章、研究报告等，都是很好的说明资料，可一并提供作为补充。

一、写好开题报告的技巧

写好开题报告是课题进入研究阶段的第一次检验，在开题报告会上，有关专家将针对主持人宣读的开题报告，对该课题进行评价，并提出修改意见。为了提高开题报告的说服力，应注意以下三个方面的内容：

（一）提出问题注意"层次"

选题是撰写学术论文的第一步，选题是否妥当直接关系到论文的质量，甚至关系到论文的成功与否。不同于政策研究报告，学术文章聚焦理论层面、解决理论问题。有些选题不具有新颖性，内容没有创新，仅仅是对前人工作的总结，或是对前人工作的重复。选题要坚持先进性、科学性、实用性及可行性的原则。提出的问题要用"内行"看得懂的术语和明确的逻辑来表述。选题来源包括：① 与自己实际工作或科研工作相关、较为

---

① 李艳，董良飞. 试论撰写研究生开题报告的技巧与方法 [J]. 江苏工业学院学报，2007 (2)：6.

熟悉的问题；自己从事的某专业问题发展迅速，需要综合评价；从掌握的大量文献中选择能反映本学科的新理论、新技术或新动向的题目。所选题目不宜过大，越具体越容易收集资料、容易深入。

（二）瞄准主流文献，随时整理

文献资料是写好学术论文的基础，文献越多就越好写。应选择本研究领域的核心期刊、经典著作等文献资料，要注意所选文献的代表性、可靠性及科学性；选择文献应先看近期（3～5年）的，再看更早的，广泛阅读资料；必要时还应阅读有关文献所引用的原文，注意做好读书卡片或读书笔记。整理资料时，要注意按照问题来组织文献资料，不是将看过的资料都罗列和陈述出来，而是要按照一定的思路将其重新提炼。只有这样，才能写出好的文献综述，也才能写出好的开题报告，进而为写出好的论文打下基础。

（三）研究目标具体而不死板

一般开题报告都要明确论文的研究目标，但研究目标不宜规定得太死板。这是因为目标是偏高还是偏低，往往难以准确判断，研究工作本身涉及各种因素，可能在研究的过程中又会生成一些新的目标。

二、开题报告的具体撰写

开题报告是当课题方向确定之后，课题负责人在调查研究的基础上撰写的报请上级批准的选题计划。它主要说明这个课题值得研究，有条件进行研究以及准备如何开展研究等问题，也可以说是对课题的论证和设计。开题报告一般包含课题名称、课题研究的目的意义、本课题国内外研究的历史和现状、课题研究的基本内容、课题研究方法和步骤、课题研究的成果形式、课题研究的组织机构和人员分工、课题研究的时间计划等内容。下面分开来进行论述。

（一）课题名称

课题名称就是确定要研究的课题的名字。对课题名称的要求如下：

1．名称要准确、规范

准确就是课题的名称要把课题研究的问题是什么、研究的对象是什么交代清楚，如"××区教育现代化进程研究""小学生心理健康教育实验研究""学科教学中德育渗透的研究""集中识字，口语突破"等。规范就是所用的词语、句型要规范科学，似是而非的词不能用，口号式、结论式的句型不要用，如类似"培养学生自主学习能力，提高课堂教学效率"这样的口号式句型就不适合作为研究课题的名称。

2．名称要简洁，不能太长。

不管是论文或者课题，名称都不能太长，能不要的字就尽量不要，一般不要超过20个字。

（二）课题研究的目的意义。

可分为理论目的意义和实践目的意义。

1. 理论目的意义

从理论层面阐述本课题研究的理论价值，解决哪些理论问题，如计划研究出哪些理论和方法、对哪些方面的理论进行补充等。例如：

理论意义：一是在课程改革的大背景，探索既适应时代要求又有利于国家教育发展的新理论，为农村初中教育探索新途径；二是为合作学习理论做新的开拓、发展，为合作学习理论做新的注解；三是探索出能有效提高学生学习效率的方式、方法。

2. 实践目的意义

开展本课题的研究准备解决哪些方面的实践问题（对基础教育来说就是具体的教育、教学方面的实际问题），取得哪些方面的成效。例如：

实践意义：我们认为，开展本课题的研究，起码有三个方面的实践意义：

（1）改善学生与学生、学生与教师之间的关系。合作学习可以密切学生与学生、学生与教师的相互关系，教师与学生之间形成了平等、合作和民主的关系，利用他们之间的相互作用来推动课堂教学的进程。

（2）有效提高学生的交际能力。通过教学交往，学生与教师、学生与学生等不同交往对象发生不同层次、不同类型的交往与沟通，合群性、利他性、社交意识和社交技能等都得以发展。

（3）培养学生的集体主义和爱心。在整个合作学习过程中，要完成任务，每个人都要互相合作、共同努力，关心每个成员的情况，从而有效地培养了学生的集体观和爱心。

（三）国内外同类课题研究状况

设立这个内容的目的，一是评价本课题组成员对与本课题相关研究工作及其成果的了解程度，本课题研究是否仍有研究价值；二是评价本课题组成员研究水平的高与低、知识面的广与窄。可从以下三点入手来思考：

1. 搜集资料

可以通过图书馆、书店、互联网等查找相关资料，寻找线索。

2. 整理资料（体现研究现状2～3项即可）

相关观点或做法；国家、单位、个人名称；本资料的出处。

3. 陈述方式

分国内与国外来陈述：国家、单位、个人名称——相关观点或做法——本资料的出处等。例如：

国内同类课题的研究现状：初中学生的辍学是当前影响我国义务教育成果巩固与提高、困扰基础教育发展的大问题。据专家分析，即使每年初中学生的辍学率控制在国家规定的3%，全国一年也有100多万人辍学，如果按照30%计，则高达1000多万人，数以百万计的没有接受义务教育的人进入劳动者行列，将对我国实施科教兴国战略、全面建设小康社会产生不容忽视的负面影响。南京大学张玉林教授调查后说："越来越多的农村孩子离开学校，不管出于什么原因，都是对教育公平的讽刺和否定。"高辍学率在农村的初中阶段已经很明显，有的地方甚至高达 20%～50%，这说明农村受教育者的权利受到严重损害。（见《中国中小学教育教学网》发布的《农村教育盛世危言》一文）。

国外同类课题的研究现状：初中学生的辍学是个世界性的问题，即使是像美国这样的发达国家，初中学生的辍学现象仍然较严重。《全美教育目标》这一报告中提出的迈向 21 世纪全美教育的六大目标中的第二个就是降低初中学生的辍学率（《外国教育研究》2002 年第 7 期《美国中小学课程述评》）。

（四）本课题研究的基本内容、重点、难点和创新点。

设立这个项目的目的是评价本课题组对本课题思考的深度和广度如何，对本课题研究内容、重点和难点的定位是否准确。

1. 基本内容

本课题需要研究的内容有哪几个方面（分点列出），如课题"合作学习理论在语文教学中的应用研究"是这样写的：

基本内容：本课题研究内容有以下几个方面：（1）合作学习理论在初中语文课堂教学中的运用；（2）合作学习理论在语文实践活动中的运用；（3）合作学习理论在初中作文教学中的运用；（4）合作学习理论在语文学习中的运用。

2. 研究重点

本课题研究内容中哪个方面是研究的重点（1～2 项即可）。例如：

研究重点：本课题研究的重点有两个方面：一是合作学习理论在初中语文课堂教学中的运用；二是合作学习理论在语文学习中的运用。

3. 研究难点

要开展本课题的研究，从研究内容、研究过程或研究者水平等看，困难比较大有哪几个方面（1～2 个方面即可），例如：

研究难点：本课题研究的难点有两个方面：一是在课堂教学的合作学习中，学生的水平差异如何照顾；二是如何让学生在语文学习中掌握合作学习的规律，尽快提高语文成绩。

4. 创新点

本课题的研究有哪些方面的创新之处（1～2 个方面即可），如课题"农村初中学生辍学现象分析及对策研究"中的创新点是这样写的：

创新点：

（1）本课题将学生的辍学调查研究与实施素质教育要求结合起来，对初中学生的辍学现象进行全面的调查分析。

（2）本课题将初中学生的调查研究与我县教育教学实际结合起来，研究解决当前我县初中教育面临的突出问题。

（3）本课题将初中学生辍学的调查研究与改进课堂教学结合起来，引导教师坚持面向全体学生，对每一位学生负责，加强对学习困难学生的辅导，激发他们的学习兴趣，使他们坚持完成学业。

（4）本课题将初中学生辍学的调查研究与建设美好的校园文化结合起，让美好和温馨的校园留住学生。

（5）本课题将初中学生辍学的调查研究与建立健全初中教育教学管理制度体合起来，出台切合我县实际的初中学生管理办法。

（五）本课题的研究思路和研究方法

设立这个项目的目的是评估课题组对开展本课题的研究是否有明确、准确的思路和基本的研究方法。

1．本课题的研究思路

提出本课题计划从哪些方面开展研究、研究的基本程序如何，如课题"农村初中毕业生去向调查分析与对策研究"中的研究思路是这样写的：

本课题研究的研究思路：

（1）根据当前农村毕业生的去向和我县初中教育的实际情况，成立课题研究工作领导小组，确立若干个子课题。

（2）有组织、有计划地进行课题研究，建立健全课题研究工作制度，确保课题研究工作顺利进行。

（3）编制适当的调查表和调查问卷，对部分毕业生、在校生、学生家长、社会人员、学校领导、班主任、任课老师进行问卷调查。

（4）研究如何改进和完善有关管理体制，使毕业生能进一步深造。

2．研究方法

可以用画图表来说明，以便一目了然。研究方法不要过于追求、坚持一些我们必须坚持的方法，即我们自己的话语体系来表述，但又不要过于墨守成规。主要指出有什么新见解，最好能回答理论与实践中某些问题，行文时要尽量避免出现引起歧义或误解，尤其是在涉及西方的理论时要注意。辩证唯物主义和历史唯物主义的研究方法是第一层面，其他研究方法可以是第二个层面。

（六）成果展示与预期

1．研究成果

要求有一定的前期基础，如有相关论文或著作做支撑。有什么成果就填上，没有可以不写（特别是基础教育课题，并不作特别要求）。

2．参考文献

代表人物的著作不可不提。所选的参考文献，近期的不要遗漏。

3．完成条件

负责人的成果可以倒排（指时间上），这样给人的印象会深刻些。主要成员的重要成果也要反映出来。

4. 预期成果

阶段性成果不要写太多，否则结项时太被动。可根据要求结合自己的实际量力而行。最重要的是最终成果，最好是专著，也可以是调研报告。千万不要是论文集，否则让人感觉是临时拼凑。

（七）课题实验时间与经费

1. 完成时间

一般是 2~3 年。在此期间课题组的活动时间；学习什么相关理论和知识；如何学习，要进行或参加哪些培训；如何保证研究工作的正常进行等。

2. 研究经费

按照规定要求做预算。如果有实地调研，经费可以适当增多。经费预算分配要根据本地区相关规定来制订。课题主持人还应思考课题经费的来源、筹集和分配等问题。

（八）课题研究的组织机构和人员分工

在方案中，要对课题组组长、副组长、成员进行分工。课题组组长就是本课题的负责人。一个课题组应该包括三个方面的人：权威之士、有识之士、有志之士。课题组的分工必须要明确、合理，让每个人都了解自己的工作和责任。主要参加者不要太多，也不要太少，依课题的内容在 3~5 人为合适，不要异地凑合，否则，沟通困难，但进行全国性调研则可以。课题组成员一般集中于本单位、本市。教学一线的教师最好多一些，与教学联系紧密的课题尤其应如此。成员搭配最好合理一些，如分工、专业特长、学科特长等。

（九）参考文献与附录

课题研究中不光有自己的想法，而且要有理论依据和最新研究成果相互印证。课题本身具有相当程度的学术性，正规的研究计划要求列出参考文献或参考书目，必要时也可将相关的资料作为附录。

第二节　开题论证

开题论证是指课题被批准立项后，进入实质性研究前对课题研究的整体设计再探索的论证活动。随着基础教育科研的广泛开展和进一步规范，开题论证越来越受到承担课题研究的教师和科研管理部门的重视。对教师来说，开题论证是加强课题研究前期准备、提高研究质量、扩大影响的重要步骤和方法。对科研管理部门来说，开题论证是加强课题研究全程管理的重要环节，是了解课题前期准备是否充分的有效手段和强化针对性指导的重要举措。

一、开题论证的含义

所谓开题论证是在课题被批准之后，开始实际研究工作之前的一个重要步骤，是对课题全面的分析、评价、预测和对课题设计做进一步优化的过程，也是课题组提出自己的观点与假设，由专家评审组来进行评审、指导、修改，将开题论证报告进一步完善的过程。开题论证环节侧重论证研究方案是否完整而有条理，研究的目标、内容和方法三者是否匹配，人员安排是否科学合理，完成研究的条件是否落实，实验方案是否合理可行等。

二、开题论证的现实意义

目前，中小学教育科研课题开题制度不完善、不规范，致使其应有功能得不到发挥，影响了研究成效。实际上，开题论证是立项后进一步通过对课题的研究目的、价值、依据，国内外研究动向，研究任务、方法、途径、步骤等做深入、系统的论证，描绘出整个课题研究的蓝图，以便更好地指导课题研究的实践活动。因此，它具有重要的现实意义。

（一）有利于吸收研究智慧

开题是相关专家对课题申报者的研究方案进行审核、论证的过程。在开题过程中，课题申报者不仅可以得到专家对课题研究的反馈意见，还可以当面提出研究的疑惑和问题，寻求专家的解答和智力援助。因此，开题可以理解为课题研究之开端，也可以认为是向相关专业人士公开自己的研究计划，寻求合理、有效的研究策略。学术上的公开与自由有助于教师从教学的主观自我意识中走出来，不断提升个人的理论素质，形成高效的合作群体，为教师做科研提供质量保证。

（二）促使课题组成员进入研究状态

幼儿园、中小学教师承担的大多数课题，在申报立项时往往由课题主持人撰写申报方案，对选题与研究思路考虑得较多，而对研究具体操作和课题组成员构成、安排等缺乏全面考虑，导致课题在申报立项时，课题组成员并未完全介入，对研究计划的了解和把握不全面。开题论证通过对课题相关问题的研讨，可以使课题组成员的思想融入课题研究，了解本研究的前人基础、可能的生长点、继承发展要求等，主动参与研究设计，并明确自己所担当的角色、分工责任与协作要求，迅速进入研究状态。

（三）集合智慧，激发思路

尽管课题在申报立项的方案中有了较为完整的研究设计，但借助开题论证重新审视，可以使研究设计更为科学、合理、可行。较规范的开题论证，一般有课题组成员、学校领导、科研管理者、专家等人员参与，可以汇集众人的智慧，使研究方向更明确，研究思路更清晰，研究方法和手段更适合、有效。通过与专家的对话以及各人思想观点的交流与碰撞，可以产生创新的火花，这对夯实课题研究的基础十分有益。特别是专家们对课题有关理论的阐述及研究设计中问题的分析，可以大大拓展研究者的视野。

（四）评估可行性，勾画蓝图

开题论证重在审视研究方案的明晰度与可行性，回答"怎样研究"的问题，通过开题论证中对相关问题的反复研讨、课题研究方案的再设计，对那些原本不太清晰的想法做具体化、操作化的处理，根据现有可用资源的状况，对研究活动的时空条件、人员安排和阶段目标达成要求做总体筹划，力求减少不确定因素的干扰，使研究活动建立在现实的基础上，保证研究活动的顺利进行，以达到预期的目标。这项工作实际上是在为今后的研究过程勾画蓝图，是课题研究能够得到落实的最重要保障。

（五）有利于课题研究的顺利展开

通过开题，赢得专家对课题研究意义的肯定，收获专家对研究设计的认同与批评，有利于研究者对课题研究的设计与实施进行深入思考。专家的认可可以提升研究自信，使对研究工作有帮助的信息得到强化或拓展。专家的批评，则有助于研究方案的进一步修改和完善，尽可能减少研究展开时的失误，保障研究的顺利进行。即使教师自定选题，没有通过官方科研的评审立项，也需要提倡"开题论证"。因为只有向他人公开，才会得到反馈，获得相关研究支持，保障研究顺利、有效的实施。这种公开不一定是对专家团队，可以对部分自己认为恰当的同行来公开。实际上，正是因为课题没有通过官方评审立项，少了专家的智力援助，才更需要通过公开以获取给养。

三、开题论证的程序

在课题管理过程中，许多课题主持人不知道如何开题，以为读读开题报告、说说课题方案或课题申报书，再请专家提些意见和建议，就算是开题了。其实，除前面讲到的课题开题的意义之外，开题程序中的任何环节都有其作用，应该认真对待。

（一）提交开题报告

课题立项后，课题主持人要尽快组织课题组成员进行相关的学习、研讨和培训。在课题组反复研讨的基础上，课题主持人进行系统整理，提交开题报告初稿。在会议召开前几天，课题主持人将开题报告送交到科研管理部门和专家手中，以便他们有较充足的时间进行认真审阅。提交的开题报告应有别于课题实验方案和课题申报书。开题报告应当在申报方案的基础上落实以下问题：

第一，相关的国内外研究新进展应比申报方案更广泛深入，必要时可单独写成文献综述。

第二，重点说明课题计划实施过程中具体的技术线路。

第三，充分考虑完成课题的有利条件、所遇困难及解决方法，并对完成课题的难度做出客观分析，争取得到专家或同行的帮助，提供解决问题的参考意见。

（二）召集开题论证会议

开题论证会议由课题组与学校组织或课题组与科研管理部门共同组织。参加者一般有课题组成员、科研管理部门人员、指导专家、学校领导、与课题研究有关的人员和兄弟学校同行等。开题论证会议不同于立项评审或结题鉴定会，主要不是对研究计划进行价值判断，而是完善方案，提出意见和建议、修改补充方案。

1. 开题论证会议的一般程序

（1）介绍与会人员。

（2）课题立项部门领导专家（或特邀专家）宣读立项通知书。

（3）课题主持人宣读课题开题报告。

（4）课题组其他成员做补充说明。

（5）与会专家、领导及课题组成员研讨课题实施方案。

（6）专家组闭会商议报告内容，提出修改意见。

（7）专家组宣读课题开题专家意见，并在意见表上签名。

（8）学校领导对课题研究的开展表态。

因为开题报告已经事先送交专家审阅，所以口头汇报应尽可能简略，重点是介绍研究思路和具体计划以及对报告中难以表述的问题进行补充性说明。选题的意义、前人的研究成果等内容则要简述。开题论证会议的核心是专家对课题研究计划的科学性与可行性进行评议和指导。开题论证会议上，有关专家就开题报告实施方案中主要问题进行质询、答辩、论证，对方案中不完善的地方进行修改补充。负责任的专家可能会毫不留情地提出许多挑剔的批评意见，这些意见可以避免课题研究在初始阶段就走弯路。但是课题组成员并非被动的听令者，而是主动的参与者，除听取专家的意见之外，也可将自己的不同观点表达出来，与专家一起研讨。

召集何种形式的开题论证会议，要从实际情况出发，视课题的性质、类型和经费等条件而定。如果课题较大，或是集体课题，则必须进行系统论证，采取较为规范的开题论证会议形式。如果课题较小，或是个人课题，可通过座谈会或个别咨询的形式，征求指导意见。也可采用通信形式，如信函交流，或利用电子邮件、QQ群、博客等网络技术进行。

2. 开题论证会议可从以下八个方面进行论证

（1）研究什么样的问题？（课题名称）

（2）为什么要研究此课题？（时代背景、理论依据、实践依据等）

（3）课题的内涵是什么？（课题界定）

（4）研究的目标是什么？（课题研究的目的）

（5）研究的内容是什么？（子课题）

（6）研究方法是什么？（要写清楚具体采取什么方法，不单单是提出一些方法，还要写清楚怎样使用这些方法）

（7）研究步骤过程。（时间、内容的分配）

（8）成果的呈现形式。

3．选择专家

在确定开题论证专家组成员名单时，有时科研指导部门会提出一些建议。即使如此，学校这时也应该主动提出自己的看法，以保证得到更符合学校需要的帮助。选择专家时应考虑以下四个方面：

（1）在课题内容某一方面有深入研究的专家。

（2）对学校实际工作比较了解的专家。

（3）兼顾多方面的需要，如研究学校与家庭合作的课题，最好既有学校教育方面的专家，又有家庭教育方面的专家。

（4）最好其中有的专家能有条件继续给予本课题一定的关注，如不是过于繁忙的专家、时间上有一定保证的专家，以便今后继续指导学校的课题研究。

（三）修改开题报告

开题论证会议后，课题组成员要汇总多方面人士的意见在组内研讨，并根据他们的意见及研究者自己对问题的认识，再次修改开题报告。课题组将修改后的开题报告送交到科研管理部门，便于他们以此为依据对课题进行全程管理。开题报告一旦形成，课题组原则上不再擅自修改研究计划（如改变研究内容或缩小研究范围等）。如确有特殊原因，需要对研究计划进行变动，课题组应向科研管理部门提出申请，待批准后再执行。开题报告的定稿就是一个操作性强、切实可行的课题研究行动方案，是保证课题研究的顺利进行并且取得预想研究成果的重要条件。

四、开题论证的注意事项

开题论证往往容易流于形式，起不到设想的效果。如何把开题论证会议开成有成效、有意义的研究会议，需要课题研究者做到以下六点：

（一）开题报告陈述

关键概念要界定清楚，表述要规范，尽量简洁、明晰，不拖泥带水。陈述时间30分钟左右比较合适。简要交代任务来源和背景，重点指出存在的问题，不必花太多时间细述发现这些问题的过程，对主攻方向要有比较充分的论证，详细论证研究内容、方法、方案及其可行性。

（二）提出拟解决的问题

研究需要解决的问题可能很多，通常情况下难以在课题研究期限中完全解决，因此要在拟分析的一大堆问题中找出能够解决的问题，即确定主攻方向。确定主攻方向的原则如下：

第一，针对关键问题，即这类问题的解决是完成设定研究任务的核心环节。

第二，针对有重要价值的问题。

第三，确定在现有条件下（经费、时间、设备、资料、知识基础等）能解决的问题，即具备解决的可行性。

第四，解决相对较容易的问题，即从更易于突破的方面着手。

（三）提出研究内容、研究方案和可行性分析

围绕拟解决的问题提出具体的研究内容，研究内容与待解决问题之间要有显著的关联，不要求多。研究方案要具体、可行，切忌空泛，并且要有必要的可行性分析。要高度重视研究内容和研究方案的确定性，要依托于前期的研究基础，不能另起炉灶。尤其是已经进行前期研究工作的教师，务必要对这些工作有所交代，反映对开题报告的研究内容和研究方案的指导作用。

（四）研究计划合理

对研究进度要有详细的支撑计划，确保计划的严肃性和可操作性，不能凭空想象，以免与真实的进度相差太远。

（五）不要拘泥于固定的格式

研究工作的性质千差万别，难以用一种格式进行最完善的表述，拘泥于格式有时会束缚思想，限制充分的表述。形式要适合内容，要选择最能充分展示表述内容的格式，如有的研究任务是在对文献的分析中提出来的，往往不需要再单列选题背景，而要在文献的评述中自然交代出来。

（六）虚心听取与会专家和学者的意见

专家组一般3～5人即可，一定是单数，以便投票表决。专家组成员最好是中级以上职称，组长必须是副高以上职称者担任。要认真聆听，做好记录，以便采纳他们的意见，使开题报告成为课题研究的重要开端。

附录　课题开题报告示例

广东省教育科学研究课题

开 题 报 告

课 题 名 称：　信息化时代小学生阅读与
习作能力培养研究①

课 题 类 别：　教育科研重点项目

所 属 学 科：　小学语文

课 题 承 担 人：　杨建国

所 在 单 位：　广东省教育研究院教研室

广东省教育科学规划领导小组办公室 制

2014 年 12 月

---

① 本课题为杨建国主持的广东省教育科学"十二五"规划 2013 年年度教育科研重点项目。

一、开题活动简况（开题时间、地点、评议专家、参与人员等）

　　1. 时间：2015 年 1 月 27 日

　　2. 地点：省教育研究院会议室

　　3. 评议专家：

　　华南师范大学公共管理学院赵敏教授

　　广东外语艺术职业学院中文系主任张燕教授

　　广州大学人文学院历史系李芳清副教授

　　广东省教育研究院基础教育研究室主任谢绍熺，中学正高级教师

　　广州市教育研究院政治科科长张云平，中学正高级教师

　　4. 参与人员：课题组成员

二、开题报告要点（题目、内容、方法、组织、分工、进度、经费分配、预期成果等，限 5000 字，可加页）

　　（一）本项目研究内容

　　1. 研究意义

　　（1）研究背景。2011 年 12 月，教育部正式颁布了《语文课程标准（2011 年版）》指出："语文课程应注重引导学生多读书、多积累，重视语言文字运用的实践。""要重视写作教学与阅读教学、口语交际教学之间的联系，善于将读与写、说与写有机结合，相互促进。"在分学段要求里强调，第一学段"在写话中乐于运用阅读和生活中学到的词语"。第二学段"尝试在习作中运用自己平时积累的语言资料，特别是有新鲜感的词句"。第三学段"扩展阅读面。课外阅读总量不少于 100 万字""懂得写作是为了自我表达和与人交流"。

　　（2）学术价值。传统阅读教学只注重知识传授，忽视内容挖掘；传统作文教学注重技巧，忽视语言原动力的作用，结果不利于学生素质的提高。针对读写分离带来的诸多写作基本功差、思维不清晰、思想不活跃以及知识不丰富等问题，其症结主要在于知识模块化教学破坏了阅读与写作的天然联系。无论在认知过程还是在课堂教学上都是密不可分、相互促进的。以读代写无法有效地解决学生的写作动力问题，而以写代读则难以快速提高学生的写作能力，读与写的教学本来就不应分割开来。阅读写作一体化可以有效地解决语文教学读写严重剥离和学生读死书、死读书，不会学以致用的陈旧教学观念和教学现象。它研究读写教学规律，构建和实施读写互动的教学新体系，有助于全面提高学生读写水平，真正教会学生懂阅读、会写作，从而培养学生终身受用的语文能力。特别是在信息化时代阅读与习作的研究更加有意义。

　　（3）应用价值。

　　① 重视学生良好的阅读写作学习习惯的养成，着力研究学生厌读、厌写心理的产生及教育、教学对策。更新教师语文教学心理及读写一体化教学意识。防止教师通过用划分段落、归纳中心等方式分解语文教学，或者贴标签贴得面目全非。

　　② 强化阅读写作能力相互迁移研究，有效提高语文教学质量。重视课程结构改革研究，进行与现行语文教材相配套的作文教学辅助教材研究，改革教材结构，使阅读写作能力培养达到协调发展的目标；重视阅读写作情感培养及阅读写作能力展示与研究交流平台建设研究；以学生阅读写作能力协调发展为中心，优化课堂教学内容和课堂教学结构，做到阅读与写作教学的有机结合；研究现代信息技术能更有效地为阅读写作教学的协调发展服务。

③ 对小学生阅读写作教学过程和完成学业时可能达到的阅读写作能力目标进行具体的研究。建立教师、学生在语文教学过程中对阅读写作教学的水平及学习能力自我认识与评价的机制。阅读写作能力向多学科学习能力的迁移研究。

2. 本项目的研究现状

目前，有关小学生阅读与习作能力的探究，尽管引起了各方面的关注，但还存在着许多问题亟待研究，所以有必要在课改实验中继续加强探究。

（1）阅读本位下的语文教学问题。

① 常态教学，阅读塞满课堂。据调查了解，在我们的常态语文教学中，90％以上的课堂是没有写作训练的。

② 公开教学，写作"挤"进课堂。在公开课中，我们一般都会看到写作环节，但细细观察就会发现，现场写作的时间很少。

③ 课程设置，阅读重于写作。在课程设置中，阅读、写作被硬生生地分成两块。

（2）写作本位下的语文教学问题。

① 人文让路于工具。强调写作本位，名之曰语文就应该学习语文方法，形成语文技能。

② 形式重于内容。在写作本位的语文课堂中，对于易于模仿创作的课文，教师一般很少引导学生体悟、朗读课文内容，而多是引导学生归纳方法，然后便进行仿写或创作。

3. 本项目的总体框架和基本内容、拟达到的目标

（1）年度目标。

2014 年，学生语文阅读和习作的现状调查与实验研究的理论研究阶段，定出切实可行的阅读与写作的研究思路；拟订研究设计方案。

2015 年，实施阶段，以教改思路为指导，研究阅读与习作，引导学生探究性阅读和模仿性写作，构筑阅读教学和习作作教学的共享空间，促进学生语文综合素养的提高。

2016 年，完善和总结学生语文阅读和习作的现状调查与实验研究，完成预期目标。

（2）总体目标。

① 学生目标：促使学生根据自己的目标选读经典名著和其他优秀读物，与文本展开对话，领悟其丰富内涵，探讨人生价值和时代精神，增强民族使命感和社会责任感；养成对语言、文学以及文化现象独立思考、质疑探究的习惯，发展思维品质，增强思维的深刻性和批判性。在此基础上，通过习作训练，触类旁通、举一反三，为独立写作打基础。

② 教师目标：提供一些在先进教学观念指导下的阅读教学和作文教学模式，推进课堂教学改革，在优化教学过程、实现高效课堂上，推进素质教育方面有新的突破。培养一批有较强研究意识和教科研能力的教师骨干。

4. 拟突破的重点、拟解决的关键问题及主要创新之处

（1）拟突破的重点。通过对信息化时代小学生阅读能力的提高研究，拟在阅读和习作两者的有效结合方面寻找突破，使平时的阅读积累能够运用到习作上，解决写作的难点。

（2）拟解决的关键问题。拟解决学生不喜欢阅读或不会阅读、怕写作文或写不好作文等问题。

（3）主要创新。拟从以下八个方面创新：

① 信息化时代该课题在不同年级的设计和运用。

② 如何找到信息化时代两者之间的有效结合？

③ 如何突出信息化时代课堂教学中学生的自主性？

④ 信息化时代如何与其他边缘内容相结合？

⑤ 信息化时代如何通过实验研究培养学生的创新能力？

⑥ 信息化时代如何对学生的学习能力进行评价？

⑦ 信息化时代如何提高教师的科研能力？

⑧ 信息化时代如何有效地进行网上阅读？

（二）本项目的研究方法

拟采用调查、听课、开座谈会、访问谈话、去外地学习、研讨论证、搜集资料、写论文、编写教材实验等方法研究。可分阶段完成，形成成果总结。具体研究方法如下：

1. 总体原则

（1）创造阅读条件。积极为学生创造阅读的条件，在日常的学校管理中，培养学生阅读的习惯。我们为学生开设了开放式阅览室，那是学生最感兴趣的地方，学生们在知识的海洋里畅游，阅读各种信息，丰富了他们的知识，也拓展了他们的视野。

（2）及时表扬鼓励。激发学生的阅读兴趣。在课堂教学中，当学生能把自己课外积累的知识在课堂中进行发表时，哪怕是一个词语、一句话，都要及时表扬鼓励，让学生感受到收获的喜悦。培养学生的观察能力，运用语言表达出来，对表现好的，立刻对他进行表扬，请他交流为什么表达得那么好，并随即鼓励大家要向这位同学学习，多读书、多积累。学生在获得表扬后，课外阅读的兴趣会更高，积极性和主动性会更强，而其他学生也会学有榜样。

（3）课内外结合，提高阅读水平。在阅读教学中，由于理解课本的需要，必要时就需要进行课外资源的有机链接，这样有助于学生加深对课本的理解。一方面，强化学生对课本的理解，激发起对大自然的兴趣；另一方面，将学生由课内引向课外、书内引向书外，开阔学生的阅读视野。

（4）广泛开展读书竞赛。小学生的好胜心理比较强，根据这一特点，教师可以利用读书竞赛活动来激发学生阅读课外书的兴趣。

2. 多种形式培养读书兴趣

（1）以讲诱导法。孩子不爱读课外书，从根本上说是对课外书缺乏了解。教师可以利用各种契机，用自身的语言描述给孩子建立一个有趣的课外书表象，让孩子对课外书产生一种向往。每星期三适当安排一定的时间，引读部分童话故事、成语故事、作文天地、经典名著，用生动的描述和精彩部分的戛然而止，激发学生强烈的看书欲望，激发孩子阅读类似书籍的兴趣。

（2）以身示范法。每次读书时间，教师与学生一起读书、记笔记；每次读书展示周，教师与学生一起撰写读后感、共编阅读小报。用自身阅读的状况、频率、习惯等潜移默化地感染学生，以师道的示范作用带动孩子，让孩子们在不知不觉中爱上课外阅读。

（3）赏识激趣法。为了让学生能保持读书的热度，在阅读教学的开展中，教师要以赏识的眼光关注每一个孩子的阅读过程，发现其闪光点，不失时机为孩子的某一做法进行激励、表扬、喝彩，激发孩子的内在动力。可以开展"读书小明星""课外知识小博士""书香小姐"等荣誉的评比活动。通过多种途径激发阅读愿望，培养学生的阅读兴趣。

3. 选择合适的课外读物

（1）教师要把好的阅读资料推荐给学生。小学生求知欲旺盛，接受新鲜事物的能力强，但缺乏辨别是非的能力，教师要根据学生的年龄特点、思想状况、阅读能力、兴趣爱好，认真地帮助他们选择思想健康、语言生动、活泼规范的图书。

（2）必须教给学生正确的阅读方法。在指导学生进行课外阅读时，要根据学生的年龄阶段，结合读物特点教给学生一些必要的阅读方法，加快阅读速度，加大阅读信息量。

（3）结合课文阅读。逐步引导学生学会朗读、默读和复述，学习精读、略读、浏览。可以精读与泛读相结合、动脑与动手相结合。

（4）学习利用图书室、阅览室、网络等查阅资料，培养初步的收集和处理信息的能力。

（5）指导学生阅读时做好阅读笔记、摘抄、批注等。

4．在阅读中积淀方法

（1）选读法。这种方法的运用一般是根据学生在课内学习或写作上的某种需要，有选择地阅读书报的有关篇章或有关部分，以便学以致用。

（2）精读法。对一本书中的重点篇章、段落集中精力、逐字逐句、由表及里、精思熟读地阅读的方法。教师指导学生地进行课外阅读的精读，要求学生全身心投入，调动多种感官，做到口到、眼到、心到、手到，边读、边想、边批注，逐渐养成认真读书的好习惯。

（3）速读法。对所读的书报不发音、不辨读、不转移视线，而是快速地观其概貌。这就要求学生在快速的浏览中集中注意力，做出快速的信息处理和消化。

（4）摘录批注法。在阅读过程中根据自己的需要将有关的词、句、段，乃至全篇原文摘抄下来，或对阅读的重点、难点部分画记号、作注释、写评语，做到读与思共、思与读随。

5．在评价中培养阅读情感

（1）鼓励学生在习作中运用积累的语言。对于学生作文中的好词、好句，教师在修改文章时，用红笔标出并加以好的评价，学生在教师的指导下慢慢体会到正确应用积累的语言的方法。

（2）鼓励学生在课外语言实践中运用语言并评价学生的语言。在辩论会上、小记者会、演讲会上，对学生在表达时应用的好词、好句要予以充分的肯定。在班级制度中，组织学生运用多种形式交流所积累的语言，积极进行展评，从而给学生一个舞台，让积累腾飞。

（三）本项目的组织、分工和进度

1．组织

（1）行动研究法。通过实验摸索探究性阅读能力形成和模仿性写作的规律，探究探究性阅读和模仿性写作教学的实施环节、实施过程、实施效果。

（2）个案研究法。抽取部分代表性的个人或班级重点研究、分析。

（3）比较分析法。通过问卷调查及小组讨论，比较在研究前、中、后的学生的探究性阅读能力及写作能力的提高程度。

（4）总结法。在研究的过程中力争做到有针对性和实效性，制作课件。

2．分工

具体分工：

一年级：黄丽华、陈惠莺等。

二年级：余坚、王淼彬、魏永新等。

三年级：姚淑华、党朝亮、张友菊等。

四年级：欧国明、陈燕等。

五年级：陈少宏、肖玩君等。

六年级：周莲清、刘成通、何秀钊等。

3. 研究进度

主要阶段性成果	序 号	研究阶段（起止时间）	阶段成果名称	成果形式
	1	2014 年 1 月至 2014 年 7 月	编写出主要的研究资料	图书
	2	2014 年 8 月至 2015 年 7 月	开展形式多样的研究活动	观摩、研讨
	3	2015 年 8 月至 2015 年 12 月	实验验证、小结	论文、研究报告
	4	2016 年 1 月至 2017 年 1 月	实验学校成果总结、展示	书面资料

（四）经费分配（单位：万元）

图书资料费	0.25
调研差旅费	0.5
小型会议费	0.5
咨询费	0.45
印刷费	0.5
复印费	0.2
成果打印费	0.6
合　计	3

（五）预期成果

完成时间	最终成果名称	成果形式	预计字数
2013 年至 2016 年 12 月	课题组成员约 15 篇相关论文	论文	45000
2017 年 1 月	信息化时代小学生阅读与习作能力的研究	研究报告	10000
2017 年 1 月	《小学生阅读与习作能力丛书》	图书	100000

课题主持人签名

年　月　日

三、专家评议要点（侧重于对课题组汇报要点逐项进行可行性评估，并提出建议，限 800 字）

本课题研究基于教育部颁布的《语文课程标准（2011 年版）》要求："语文课程应注重引导学生多读书、多积累，重视语言文字运用的实践。""要重视写作教学与阅读教学、口语交际教学之间的联系，善于将读与写、说与写有机结合，相互促进。""懂得写作是为了自我表达和与人交流。"根据分学段要求，具体研究信息化时代各年级阅读与习作问题，其理论与实践性意义较大。

课题研究设计着眼点能够重视学生良好的阅读写作学习习惯的养成，着力研究学生厌读、厌写心理的产生及教育、教学对策。强化阅读写作能力相互迁移研究，有效提高语文教学质量。重视课程结构改革研究，进行与现行语文教材相配套的作文教学辅助教材研究，改革教材结构，使阅读与写作能力培养达到协调发展的目标；重视阅读写作情感培养及阅读写作能力展示与研究交流平台建设研究；研究现代信息技术更有效地为阅读与写作教学的协调发展服务。对小学生阅读与写作教学过程和完成学业时可能达到的目标进行具体的研究。建立教师、学生在语文教学过程中对阅读与写作教学的水平及学习能力自我认识与评价的机制。课题还特别把信息化时代阅读与写作一体化作为研究的重点，构建和实施读写互动的教学新体系，同时，结合现代技术，研究网络阅读与习作问题，具有很强的现实意义。

课题在整体规划上比较符合实际。研究方法采用调查、听课、开座谈会、访问谈话、去外地学习、研讨论证、搜集资料、写论文、编写教材实验等方法研究。并分阶段完成，形成成果总结。组织、分工明确；研究进度较为合理，可操作性强。经费预算符合课题管理要求，预期成果能够体现重点课题所必需的条件，具有较好的科研价值。

从目前的开题报告来看还存在一些不足：在信息化时代有效阅读写作方面还要加强力度，在阅读的深度和广度上要着力研究，特别是写作中的假、大、空问题要多关注。针对信息化与阅读写作方面的结合要加强，还不够充分，要多吸收已有的成果。信息化时代如何合理选择阅读资料要多关注，注意让学生合理运用信息。正确处理好信息化与传统文化的关系、模仿与创作的关系、形式和内容的关系。

经专家组商议，一致通过开题。

评议专家组签名

年　月　日

四、重要变更（侧重说明对照课题申请书、根据评议专家意见所作的研究计划调整，限1000字，可加页）

课题主持人签名

年　月　日

五、所在单位科研管理部门意见

科研管理部门盖章

年　月　日

第六章

课题研究的方法

一般来说，教育研究包括经验研究、理论研究、分析研究、概念—哲学研究四大类别，而经验研究是教育研究的主要方法。经验研究包括量的研究和质的研究。量的研究指的是以数字方式呈现数据的经验研究；质的研究指的是以除数字之外的方式呈现数据的经验研究。量的研究与质的研究不是非此即彼的关系，采用哪一种研究途径取决于研究者所要研究的问题。根据研究目的和所要回答的问题，研究者可以分别采用量的研究或质的研究，也可以综合这两种研究范式，采用混合方法去回答所要研究的问题。目前，教育研究采用的主要研究途径是质的研究。质的研究是一个跨学科、超学科的领域，受到很多社会思潮、学术理论和研究方法的影响。质的研究非常适合教育研究，其平民性和互动性使"教师作为研究者"成为可能。①

第一节　教育观察法

观察是科学研究中较为常见的方法，其核心地位是由科学的性质决定的。科学研究过程的可重复性、科学知识的可积累性、科学理论的可证伪性决定了观察研究的优势。科学理论之所以经得起别人按照你的研究设计的步骤进行重复检验，是因为科学强调方法、操作步骤的规则性，但实质上强调的是观察的客观性、求真性。"设想如果所有的步骤所依据的不是客观的事实，而是研究者的感受或观念，那是无法重复和检验的，因为客观真实的东西只有一个，而虚假和错误的东西可以无穷多"。②

一、教育观察法概述

观察法是教育科学研究中较常用的研究方法之一，也是幼儿园教师、中小学教师最

---

① 陈岩. 中小学课题研究 [M]. 北京：北京师范大学出版社，2014：33，34.
② 张红霞. 教育科学研究方法 [M]. 北京：教育科学出版社，2014：86.

容易运用的一种方法。"观察法是指研究者通过感官和辅助仪器，有目的、有计划地对研究对象进行系统的观察和考察，获取事实资料的一种方法。在课题研究中，人们除借助自己的眼睛、耳朵去感知观察之外，还可以运用照相机、闭路电视装置、录像机等现代技术手段来进行观察"。① 观察是客观、全面、具体地了解教育现象，深入了解教育对象，发现问题的重要手段。它是一种有目的、有意识地搜集资料的活动。

二、教育观察法的特点

科学的观察具有明确的目的和计划。观察者按照事先制订的提纲和程序进行观察，而不是随意地观察。在与观察对象直接接触、联系时，获得的结果真实可信，准确有效。观察者往往容易受到个人感情色彩和"先入为主"成见的影响，容易影响观察的客观性。同时，重复观察可避免观察的表面化和片面化。具体来讲有以下四个特点：②

（一）优点

第一，观察是教育研究课题的重要来源。它在搜集资料数据方面起着其他方法所没有的独特作用。在教育课题研究中，第一手资料具有极其重要的意义，它是课题研究的开端。许多教师在选择课题时，往往是在对现象的观察中发现问题，从而形成教育研究课题。

第二，依靠观察法能够得到研究对象不能直接报告或不肯报告的资料。

第三，由于研究人员不干预研究对象的活动，从而能较客观真实地搜集到第一手资料，不会产生不良后果。教育课题研究的重要之处是搜集充足的第一手资料，而这一点离不开观察。同时，观察研究法是其他一切方法的基础。调查研究法中也有观察，实验研究法中也有观察，各种方法都与观察有密切的关系。

（二）局限性

主要是研究者观察时受到一定的时间和空间的限制，因为研究者不可能在任何时刻、任何情况下都能对研究对象进行观察。此外，如果观察的样本数小，观察得到的只是表面和感性的资料，那么也容易使观察结果带有片面性、偶然性。

（三）观察研究应遵循的基本原则

1. 观察的目的性

要按照研究课题的目的，撇开那些无关的内容和次要的过程，排除干扰因素，有目的、有计划、有中心和范围，对所研究的对象进行深入细致的研究，使研究的主要对象及其主要过程得到充分的暴露。

2. 观察的客观性

为保持观察的客观性，必须注意克服先入为主的偏见、无意过失、假象与错觉，绝

---

① 张晖. 幼儿园课题研究 [M]. 北京：高等教育出版社，2012：64.
② 彭小明. 语文研究性学习 [M]. 北京：浙江大学出版社，2012：98，99.

对不能影响被观察者的常态。

3．观察的自觉性

要在科学理论的指导下，提高搜集事实资料的可靠性，提高从事实资料中概括、提炼结论的可靠性。

4．观察的准确性

要有系统，由表及里，深入问题的本质。次数要多，避免资料的偶然性。要精密，要有数量、有统一的标准。观察时要及时、全面地做好记录。

（四）适用范围

第一，在教育研究的起始阶段，研究者希望利用相对简单的方法搜集关于研究对象的直接资料，并从中发现问题，确定研究课题的主攻方向时，可以选用此方法。

第二，当研究目的是描述对象在自然条件下的具体状态，或者需要对正在进行的某些过程做出描述，不允许研究人员干涉对象活动（干涉一旦发生，研究就失去真实），则需要观察法来搜集资料。

第三，当需要获得研究对象或事态变化过程的第一手资料时，观察就是获得这类资料的适合手段。

三、教育观察法的实施步骤

教育观察法在研究过程中，其具体的实施步骤可以通过以下七个方面来确定教育研究的方法运用。[1]

（一）确定观察的目的和内容

在观察前要根据课题研究的内容确定观察的目的，对观察中要了解哪些情况、搜集哪方面的事实资料都要事先做出明确的规定。合格的观察内容除要能准确地反映、体现或说明观察目的、确定观察对象之外，还要能够被操作，即观察者能观察到应该观察到的行为或事件。因此，要明确界定观察内容在具体场景中的实际表现，包括行为表现、事件发生发展的标志等操作性定义。

（二）确定观察对象

一是确定拟观察的总体范围；二是确定拟观察的个案对象；三是确定拟观察的具体项目。在研究中，是把全体幼儿作为观察对象，还是通过抽样的方法抽取个别幼儿作为观察对象，是对每个幼儿每个观察项目都观察，还是只观察某几项，都要确定好，以免混乱。

（三）制订观察计划

观察计划主要包括观察的目的、重点、范围，观察的地点、观察的方式，观察的技

---

① 张晖. 幼儿园课题研究 [M]. 北京：高等教育出版社，2012：66－70.

术手段，观察的项目和指标，观察结果记录的方式等。

（四）策划和准备观察手段

观察手段一般包括两个方面：一是获得观察资料的手段；二是保存观察资料的手段。获得观察资料的手段主要是人的感觉器官，但有时需要一些专门设置的仪器来帮助观察，如照相机和摄像机。在保存资料的手段中，人脑是天然器官，但这种与观察主体连在一起的保存手段缺乏精确性和持久性，不能实现资料的客体化。因此，人们先利用文字、图形等符号手段，进而又利用摄影、录音、录像等技术手段，把观察时瞬间发生的事、物、状况以永久的方式准确、全面地记录下来，供研究时反复观察和分析资料所用。

（五）编制观察记录表

观察记录是确保观察到的事实资料准确客观的重要一环。为使观察记录全面、系统和准确，就要编制观察记录表。一份好的观察记录表至少具有两个方面的功能：一是实施功能。观察者可依据观察记录表合理分配注意力，按要求实施观察，不致遗漏重要内容或与研究课题无关的内容。二是记录功能。观察者系统地记录下观察资料，便于研究者进一步分析与整理。观察记录是录音或录像所不能替代的。后者只是观察者研究查询的杂乱、最原始的资料，没有实施和记录功能。

（六）实施观察

实施观察是观察工作的核心，这个阶段应该把握以下五点：

1. 严格按计划、有步骤地进行观察

要围绕观察目的，把注意力集中于观察项目上，如果发现观察计划有不妥之处，可以随时调整，保证观察任务顺利完成。

2. 选择适当的观察位置

一方面，要保证观察项目全部处于观察者的观察范围之内；另一方面，要保证观察对象不受影响。

3. 要善于利用观察设备

在某些情况下，借助观察设备可使观察更为精确，会发现平时难以发现的现象。

4. 对复杂的观察任务要分组进行观察

小组观察要有统一的观察标准、记录表格和速记符号；要有明确的分工，做到既各有观察中心，又要全面观察。

5. 对同一事物要反复观察

对同一事物，在类似的情况下要反复观察，这样可以保证观察信度。在实施观察时，要做到一边观察一边记录，及时把观察资料记录下来。

（七）记录并收集资料

及时整理观察数据、图表、笔录、录音、录像、照片等资料，及时对有关资料进行统计处理，不断提高资料的信度。将获得的全部资料进行整理，用统计技术进行资料加工，得出观察结论。在整理观察资料时，要注意以下四个方面：

第一，要检查观察资料是不是严格遵循科学方法的程序获得的。

第二，如果资料是用多种方法收集的，则应把通过观察得到的资料和通过其他方法获得的资料进行比较，若发现问题，就应再去核实。

第三，当观察是以小组进行时，可将观察者之间所获得的资料进行比较，若有差异，小组要进行讨论和验证。

第四，对较重要的问题应注意时间的长短。一般来说，长时间的观察比短时间的观察要真实可靠。

四、教育日志

日志可为日记。它是教师对教育活动的记录，是教师把在教育实践中的做法、体会、感受、反思以及观察、认识和理解等内容转化为文字加以理解。教育日志不仅是教师观察、分析和记录教育现象、教育问题和教育实践的基本形式，也是教师积累教育、教学经验，增强文字水平，提高专业素养的有效途径。通过撰写日志，教师可以不断地总结、反思和提炼自己的教育实践，提高对教育现象的洞察力和判断力，加深对教育问题的认识和理解。从大多数名师成长的历程看，善于、勤于记教育日志是促进其专业进步的显著特征。

（一）教育日志的分类

根据教育日志记录的形式，可以把它分为备忘录、教育反思和随笔三种。[①]

1. 教育备忘录

备忘录本来是非正式的外交信件，特指政府部门或外交部致大使馆或公使馆的书面声明，尤其用于例行传达或询问，无需签署。在日常工作中，备忘录一般是用来备忘或保留准备将来用的非正式的记事录，或帮助唤起记忆的记录。

教育备忘录是研究者或即时或事后回忆，写下特定时段的经历，包含研究活动的说明，教育教学场景、情境的描述，教育事件以及阅读心得体会的记录等。

备忘录的类型有以下三种：

（1）阅读型备忘录。主要记录阅读过程中备忘的思想、观念、名言、警句以及所受的启示、思考、体会等。这类备忘录有两种记法：一是记读书笔记；二是摘录。

（2）记事型备忘录。通常是对教育现象、教育事件、教育场景或情境的描述。一是记录成功或失败的教育事例；二是记录观察或实验的过程；三是记录社会活动实况（包括和学生、家长以及其他人交流的情况）。这类备忘录要求如实反映真实情况，不能脱离实际情况搞再创作，不能人为拔高、深化。否则，就会失去其内容的客观真实性。

（3）解释型备忘录。主要记录对教育现象、事件的认识、理解和体悟，包括阅读过

---

① 袁玥. 教师微型课题研究指南 [M]. 上海：华东师范大学出版社，2015：154-174.

程中批注、点评和感受等。如果记事型备忘录只是对教育事件或教育现象的描述，那么解释型备忘录就是对教育事件或现象的解读和推论。当面对教育事件、教育现象时，我们往往会依据自身的理论水平和实践经验对人和事做出判断、推论，或进行议论、评价。把这些记录下来，不仅可以为处理实践中的矛盾和问题积累经验，也可以积累写作素材。

2. 教育反思

狭义的教育反思，主要是指教师以体会、感想、启示等形式对自身教育、教学行为进行的批判性思考，是在记录教育事实的基础上所进行的思考和评判。反思是教师为了成功实现教育目标，对已经或正在发生的教学活动以及支持这些教学活动的观念、假设进行积极、持续、周密、自我调节性的思考。作为研究方式，教育反思运用简便，可贯穿教育、教学过程的始终。作为研究成果的表达形式，教育反思写法灵活，可成为教师成长、发展的忠实记录和反映。

教育反思的范围广泛、形式多样、内容丰富，就教师个体的工作和反思特点来看，教育反思可以分为教育活动前反思、教育活动中反思和教育活动后反思。

（1）教育活动前反思。美国教育家布鲁巴赫从时间纬度把教师的反思性实践分为实践反思、实践中反思、为实践反思。所谓"为实践反思"就是教育活动前反思。其实，对尚未开展的教育活动和尚未发生的教育事实，是无所谓反思的，反思的对象和内容一般都是已经或正在发生的教育活动或教育事实。什么是教育活动前反思呢？教育活动前反思实际上是在新的教育、教学活动之前对以往经验的反思，应该说教育活动前反思是教育活动后反思的结晶，也就是说教育活动前反思是在教育活动后反思的基础上积累起来的经验。教育活动前反思的价值在于强调反思的目的是更好地开展教育教学活动，提示人们在行动之前必须慎思。所以教育活动前反思又被称作"为实践反思"。

（2）教育活动中反思。在教育活动中进行反思，就是及时主动地审视分析自己的教育、教学行为和形势的变化，适时监控自己的教育过程，及时发现问题，修正教学策略，及时观察教育活动中发生的变化并解决出现的问题。教育活动中反思有助于提高教师的教育调控能力和应变能力，及时调整教育方案、改变教育策略。这样做也许会将原来预先设计的思路打破，但如果过分追求教育活动设计的完整性，防止教育过程节外生枝或出现断裂，那只会使学生失去主动性，使教育、教学失去了生命的活力，为教而教，缺乏灵活机动的教育机制。因此，在教育活动中要经常进行反思，捕捉教育灵感，挖掘和拓展教育资源，使教育活动达到最佳效果。

（3）教育活动后反思。就是在教育、教学活动结束后，活动主体对自身行为和相关的意识活动的反思。一节课过去了，教师教法应用如何？是否达到预期目标？效果怎样？学生学习的积极性如何？与教学要求是否相符？这些都是实际操作中常出现的问题。教师应及时进行比较分析，找出问题的关键，把影响教与学的原因总结出来，记录在教学笔记中，不断丰富自己的教学经验。

3. 教育随笔

教育随笔，亦称"杂文"，是散文的一个分支、议论文的一种变体，兼有叙事、议论和抒情多种特性，通常篇幅短小、形式多样、灵活自由，是较为流行的一种文体。写随笔就像与邻居谈心般轻松，没有任何负担，没有严密的结构。随笔的形式可以不受体裁的限制，可以观景抒情，可以睹物谈看法，可以读书谈感想，可以一事一议，也可以对同类事进行综合议论。随笔也不受字数的限制，短的几十字，长的几百字，篇幅长短皆由内容而定。

随笔没有固定的格式，通常有以下三种形式：

（1）叙事性随笔。这类随笔大多取材于日常生活中的片断或研究者的偶然经历，基本内容是叙事写人。随笔的主旨是写情见性，它的抒写往往融入作者的主观感受，有时直截了当地说出，有时是隐藏在文字背后；它描写的往往是教育实践中平凡的小事，但经过仔细体味后，会让你察觉教育的真情实感、感悟人生道理。

（2）议论性随笔。这类随笔又叫"随感"或"杂感"。所谓"随"，有"随手记下而非刻意为文"之义；所谓"杂"，是指内容包括教育的方方面面，大到教育的宏观问题，小至身边的日常教育琐事，无可不写。但随笔的重点还是"感"字，作者要有感而发，哪怕是一点思考、一点感受、一点闪光的意念都可带到文章中去，不摆做文章的架子，保持一种随意漫谈的风格。

（3）说明性随笔。这类随笔不同于纯粹的说明文，它看重的是事物中的意趣，带有鉴赏的性质，有时则借事说理、借物抒怀、另有寄托。叙事说人，往往以片断的文字把千变万化的教育现象、教育实践准确、形象地描绘出来。练习这类随笔，要以精细而敏锐的观察力捕捉到事物特色的生命，笔调轻灵，不刻意为文。

（二）教育日志的形式

根据一定时间的观察，记录课题研究中的具体问题，并对观察对象进行分析、总结，可以有效而较为准确地得到结论。因而，采用教育日志的方式进行观察、记录，在观察法中较为常用。其形式主要有以下五种：

1．日记描述法

日记描述法是以日记的方式记录观察对象行为表现的一种观察方法，通常是在同一时间内重复观察同一观察对象。日记描述法又分为综合性日记描述法和主题性日记描述法。综合性日记描述法常记录观察对象各方面发展过程中具有重要意义的行为。主题性日记描述法只记录观察对象的某一方面或某几个方面的行为表现。

2．轶事记录法

"轶事"就是零散的事件。轶事记录法是把观察者认为有价值、有意义或感兴趣的事件完整地记录下来。这些问题比较零散，但记录的内容必须是研究者亲自观察到的。轶事记录法所获取的资料可作为其他观察的补充，或作为系统观察研究的起点。

3．行为标记法

观察者把观察对象的行为项目预先排列成清单式的表格，在这些行为的旁边标明是否出现的两种选择，当某种现象出现时，就在这个现象的框内画"√"标记。这种方法只针对这些行为项目是否出现、不提供行动性质的资料。

4．等级评定法

在观察的同时，观察者要对观察对象的行为表现程度在一定时间段内做出等级评定，如对小学低年级儿童课堂纪律行为进行观察，把小学生的课堂纪律分为 5 级，用数字"1~5"表示：用数字"1"表示捣乱、破坏课堂纪律，用数字"5"表示自觉遵守课堂纪律，以此类推。观察后，给每一个儿童确定一个数字，也就是评定一个等级。观察者可在规定时间内对班上儿童进行多次观察，然后求出观察的儿童纪律行为的平均数。

5．实况详录法

实况详录法，也称"持续记录法"，指在某段时间内持续而详细地记录观察对象的行为表现。可采用录音机、录像机等把观察到的行为表现摄录下来，然后再转记到笔记本上。

第二节　教育调查法

在课题研究中，以提问的方式收集资料以确定各种事实间的联系或关系，借以发现存在的问题，探索教育规律，并采取有计划、有系统的研究。这种教育调查研究方法对课题的深入开展十分有用。

一、教育调查法概述

关于调查方法，有学者认为，[①]"调查方法"一词在中文语境里词义比较复杂，有广义与狭义之分。广义的是指有别于思辨研究的重证据的"调查研究"方法，有人简称为"调研"，可以包括问卷调查、访谈调查、自然观察，也可以包括文献研究（document analysis）。狭义的专指问卷调查方法，即 survey。笔者认为，"文献研究"是一种静态的查阅资料性质的研究方式，不应归入调查研究中。至于所谓狭义的问卷调查方法不应该属于调查方法的全部，访谈法肯定不能被排斥在调查方法中。因而，教育研究的调查法是研究者从一定的研究目的出发，深入教育实际，有计划、有系统地向有关人员收集关于研究对象的资料，从而达到了解事实、发现问题，并揭示有关现象的发展趋势或提出解决问题的措施的一种方法。

---

① 张红霞. 教育科学研究方法［M］. 北京：教育科学出版社，2014：229.

二、教育调查法的特点

教育调查法不同于其他行业的调查研究方法，它是根据教育学科的自身特点而进行的研究。其特点有以下六个方面：

（一）基本上不受时间和空间的条件限制，而是间接地研究某一教育问题

在教育实践中，不可能直接观察到全部教育现象，也不可能全都用实验法进行研究，如研究学生的思想道德状况、师生关系、家长对孩子的教育以及学校教育如何为社会服务、社会如何参与学校教育等。一般均可采用调查法，通过间接地掌握实际情况或资料去研究、解决这些问题或现象。

（二）可以通过多种手段收集资料

采用调查法收集资料的手段多、速度快，涉及人数和问题的范围广。它可以通过访问、座谈、问卷调查、测验等多种手段向熟悉研究对象的第三者或当事人了解情况，也可以通过测验、收集书面资料等途径了解情况，掌握教育现状。

（三）它是一种间接观察

它不是研究者自己直接去观察研究对象，而是通过他人间接地了解关于研究对象的情况，是利用他人对研究对象的观察，是一种间接观察。

（四）研究方法简便、易行

教育调查法是在自然状态中进行的，它主要通过考察现状、收集资料进行研究，而不是像实验法那样通过控制实验因素的方法进行研究，所以调查法比较简便、易行。

（五）采用调查法可以对客观的教育现象或现实进行描述和解释

教育作为一种社会现象是无所不有、复杂多变的，要研究它，就得进行调查研究，变复杂为有序，变模糊为清晰，在头脑里形成一个整体概况，以便进行正确的评价与判断。

（六）教育调查法的局限性

第一，需要花费较多的人力、物力和时间。

第二，调查的结果对证明某种因果关系有较大的局限性。被调查者限于认识水平，不能准确把握问题实质，做出恰当的回答，甚至采取不合作的态度，故意做出虚假的回答。尤其是对一些涉及隐私性的问题，由于缺乏对调查者的保密性承诺，使调查的结果失去信度。

三、调查研究的一般步骤

调查研究法尽管有各种不同的类别，程序上虽也各有所侧重，但都基本上要遵循以下七个步骤：

（一）确定调查对象

根据研究课题的性质、目的、任务确定调查对象、调查地点，选择相应的调查类型和调查方式。

（二）拟订调查计划

在拟订调查计划时主要考虑以下三个方面：

1. 确定所采用的调查方法

调查方法视所要搜集的资料种类而定。态度方面的资料可用问卷调查法，行为方面的资料可用观察法，智力以及学业表现方面的资料可用测量法。有的研究采用单一的调查方法，有的研究可能同时采用几种调查方法。

2. 确定调查项目

先从几个大的方面确定调查项目，并检验调查项目能否有效反映所要研究的问题，再由此逐层分解成具体的小项目。最后分出的小项目要具有可操作性，即调查获得的资料能进行统计处理。

3. 确定调查进程

（三）进行试探性调查

调查的目的不是得到关于调查对象的详细资料，而是得到一些一般性的了解，从而考察调查项目和调查程序的合宜性，对调查项目和程序做出相应的调整或修改。

（四）选择和编制调查工具

制订调查表格、观察记录表、问卷、访谈提纲和编制测验题目。在编制中要遵循一定的技术要求，以保证调查工具的科学性、实用性。

（五）实施调查

用编制好的调查工具，根据各种调查方法的具体要求开展调查。

（六）整理调查资料

对收集的调查资料进行统计、整理、分析，得出结论性的意见。

（七）撰写调查报告

对所研究的问题做出解释，提出问题的意见和建议。

四、问卷调查法

问卷调查法通常是指对较多人群样本采取提问的方式获取数据资料，从而对所关心问题的现状进行统计性的描述、评价、解释和预测的一种研究方法。问卷调查法与实验法是两种最常见的采用定量手段收集资料的研究方法。从实验思想来看，问卷调查法实际上是在没有前测、没有干预的情况下进行多因素实验的后测，并通过后测工具中包含一系列用于检测各种可能干扰因素的问题，对多因素及其相互关系进行分析。①

（一）问卷编制的程序

第一步，明确问卷调查的关键概念及目的，确定调查范围。

第二步，将所研究的内容分解为若干指标，构成研究指标体系。

第三步，依据问题指标体系，将每个指标细化成一系列的具体要素。

第四步，将问题排列，草拟指导语，向专家、同事广泛征求意见，进行初步修订。

第五步，在一定的范围内进行初试调研，检测问卷的信度和效度，进一步发现并修订问卷中的问题，保证问卷调查的准确性。

第六步，根据测试结果，进行再次修订。

第七步，正式测试。

（二）问卷结构

一份完整的问卷一般包括以下五个部分：

1. 标题

一般为课题名称。

2. 指导语

写在问卷的开始，简述调查的目的、重要性以及填写的规格要求。语言表述应通俗易懂，语气亲切，以解除答题者的思想、心理顾虑，从而获得真实、准确、可靠的资料。

3. 被调查者的基本情况

视研究课题要求而定，与主题无关的内容不要出现。

4. 调查题

问卷的主体部分，问题设计是否科学、合理决定着一份问卷是否有效度和信度。

5. 结束语

写在问卷的最后，对被调查者的合作再次表示感谢以及提示不要漏填，请复核。

（三）问卷题目类型

根据不同的调查需要，调查题的类型一般有三种：封闭式、开放式、混合式。

1. 封闭式题目

在问题后面提供若干答案让被调查者选择。封闭式回答的选择往往是强迫的，即在两个或多个选项中选择其中一个或几个答案。封闭式回答有以下一些类型：

（1）选择式。从提供的答案中挑选最适合被调查者个人实际情况的答案，要求选择多个答案的须在题后注明。

例如：您喜欢以下哪几门学科？（最多可选择四项答案）

A. 语文　　　　B. 数学　　　　C. 英语　　　　D. 物理　　　　E. 化学

---

① 张红霞. 教育科学研究方法［M］. 北京：教育科学出版社，2014：229.

F.　政治　　　　G.　历史　　　　H.　地理　　　　I.　地理

（2）是否式。只提供两个答案，从中选择一个。

例如：您是否写过有关教学管理方面的论文？（　　　）

A.　是　　　　　B.　否

（3）等级式。对两个以上分成等级的答案的选择方式。等级式的回答只能从中选择一个答案。

例如：你对学校的常规管理是否满意？

☐十分满意　　☐比较满意　　☐一般　　☐不太满意　　☐很不满意

（4）排序式。把答案按照先后顺序进行排列。有两种方式：一是把所有答案排序；二是将选出的答案排序。

例如：将下列能力按对教学主任重要的程度做排列（从高到低，只写序号）：

A.　终身学习能力　　　　　　B.　决策规划能力

C.　组织执行能力　　　　　　D.　业务指导能力

E.　团队建设能力　　　　　　F.　反思提升能力

G.　绩效管理能力　　　　　　H.　变革创新能力

I.　沟通协调能力　　　　　　J.　资源管理能力

（5）表格式。

例如：调查教师每天阅读的时间。

内　容　＼　时　间	平　时	节假日
阅读报纸		
阅读杂志		
阅读教材		
阅读专业书籍		
阅读文艺类书籍		
网上阅读		
其　他		

（6）量表式。用直观的尺度标示主观选择的结果。

例如：你觉得食堂人员的服务态度（　　　）

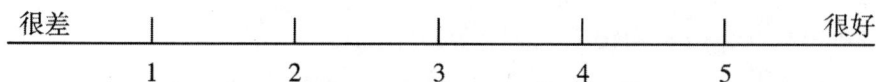

很差　　｜　　｜　　｜　　｜　　｜　　很好
　　　　1　　2　　3　　4　　5

（7）矩阵式。一般矩阵式填答，主项为横栏，在左边；次项为纵栏，在右边。

例如：　　　　　　　　　　　读书　　　　画画　　　　上网　　　　运动

你的业余爱好：　　　　（　　）　　（　　）　　（　　）　　（　　）

你父亲的业余爱好：　　（　　）　　（　　）　　（　　）　　（　　）

你母亲的业余爱好：　　（　　）　　（　　）　　（　　）　　（　　）

（8）后续式。对选择某一种答案的人们再次提供备择答案的填答方式。

例如：考试前你是否紧张？

（　　）不　（　　）是（如是的话，请回答原因，可多选）

（　　）学习成绩不好

（　　）复习不够充分

（　　）父母期望过高

（　　）老师要求严格

（　　）同学之间攀比

（　　）其他

2．开放式题目

只提出问题，对如何回答不做具体规定。

（1）填空式。

例如：您的学历是＿＿＿＿＿＿＿＿＿＿。

（2）问答式。

例如：请您结合个人实际情况，谈谈如何增强校长的职业幸福感。

3．混合式题目

开放式题目与封闭式题目的结合。

例如：您在学历提升过程中最大的困难是：

A．外语　　　　B．工学矛盾　　　　C．其他

（四）问卷题目编制技巧

第一，不能使用双重否定的句子。

例如：您是否对现在的工作状况感到不满意？

第二，避免使用大量的术语或行话。

第三，问题要明确具体，不要含糊、抽象、空泛。

例如：你的学习态度怎样？你是否赞成改革？你是否喜欢政治学习？

第四，一题一问，避免双问。

例如：你经常在周末看电视或上网玩游戏吗？

第五，避免使用不恰当的假设及容易被误解的词。

例如：作为中层干部，你觉得领导支持你的工作吗？

第六，当反应项目属于类别项目时，答案应该尽可能列举完整。

例如：你每学期（半年）上课外班（包括家教、网校学习）的花费是（　　　）

A．0～2000元　　　B．2000～5000元　　　C．5000～8000元　　　D．8000元以上

第七，避免启发回答或暗示回答，所有问题都应是价值中立的，不具有倾向性。

例如：你考试作弊吗？你是否重视学生创新能力的培养？

（五）问卷的发放

1．当面发放，集中填答

如对参加某次会议的成员当场发放、回收，这种方式回收率高，对不理解的地方可当场解答，但由于调查对象过于集中，取样范围窄且答案容易失真。

2．有组织地集体发放

如在学校可以对学生以年级、班级为单位发放、回收。

3．邮局投递

这种方式是对特定的调查对象进行调查，能够保证问卷回答的针对性，但是不易控制，回收率较低。

4．网络发放

这种方式发放面大，适合大众性、普及性的调查，但要注意保密。

（六）问卷的回收

一般情况下，问卷的回收率不得低于70％。当回收率在30％时，只能做参考资料；当回收率在50％以上时，可以采纳建议；当回收率在70％以上时，方可作为研究结论的依据。

回收率较低时，要调查、了解原因，并可适当进行补测。

（七）回收问卷的审查

对回收的问卷必须进行严格的审查，回答不完整、不按要求回答、回答不正确等无效问卷不在统计分析之列，以确保调查结果与分析的可靠性和科学性，为下一步数据统计与分析做准备。

五、访谈法

访谈调查法，又称"访问法"或"谈话法"，是指研究者与被调查的对象进行直接、面对面的口头交流，从而了解事实的真相或被访问者的各种心理、行为倾向。访谈法的优点是可以做深入、细致的调查，获得大量真实、详尽的感性资料，并且可以根据调查对象的状况灵活调整，但这种方法需要花费大量的人力、物力。搜集资料慢，对调查者的素质要求也很高，不适合于大规模的调查。

访谈调查是以口头提问形式来收集资料的，在整个访谈过程中调查者与被调查者直接见面，相互作用，形成互动。以书面提问形式来收集资料的问卷调查法却不需要调查

者与被调查者的直接接触，由此也形成了两种方法各自的特点与优势。①

（一）访谈前的准备

1. 设计访谈提纲

根据研究的目的和理论假设，设计和准备访谈提纲，并将其具体化为一个个访谈问题。访谈的问题既要能涵盖研究主题所涉及的范畴，又要有层次性，提问的方式、用词的选择、问题的范围要适合被访者的知识水平和习惯，简单明了，通俗易懂。问题编制完成后，最好请有经验的研究者或同行提修改意见。

2. 了解被访者

访谈前尽可能收集有关被访者的资料，对其经历、个性、地位、职业、专长、兴趣等进行了解，了解得越清楚，访谈时就会越有针对性。要分析被访者能否提供有价值的资料，要考虑如何取得被访者的信任和合作。

3. 确定访谈的方式与程序

为了使访谈规范，能获得实效，须事先安排访谈行程，将访谈人员、被访者、访问日期及时间做适当安排。访谈时间最好是被访者工作、学习不太繁忙，并且愿意见面的时候。访谈的地点和场合的选择要从被访者方便的角度考虑，要有利于被访者准确地回答问题和畅所欲言的访谈气氛。有关个人或家庭的问题，以在家里访谈为宜；有关工作方面的问题，以在工作地点访谈为宜。也可以根据受访者的意愿选择其他合适的场所进行访谈。

4. 准备访谈所需的资料与工具

访谈前要对访谈内容所涉及领域的相关知识有充分的了解，对有关资料做充分的准备，如访谈记录表、各种证明资料、证件、录音机、录音笔、摄像机等。

（二）进行访谈

1. 做自我介绍与访谈介绍

访谈者在接近访问者时，先要做自我介绍，必要时可出示身份证明，然后要说明来访的目的以及为什么进行这项研究，进而强调本研究的重要性，寻求访谈者的支持与合作。

2. 提问要清楚、明确

所提问题要口语化，语气要委婉，要让被访者一听就明白。

3. 要耐心听取回答

在提出访谈问题后，访谈人员要有礼貌、耐心地倾听被访者的陈述，边听边记录，一般不要给予任何评价。

4. 积极维持被访者的访谈动机

被访者的合作是访谈得以成功的必要条件。当访谈双方的关系趋向紧张，被访者回

---

① 张晖. 幼儿园课题研究 [M]. 北京：高等教育出版社，2012：80－84.

答情绪低落，开始厌倦回答问题时，访谈人员必须设法缓解紧张气氛，可以转换一个被访者感兴趣的话题，也可暂停交谈休息放松一下，借此维持访谈动机。

5．注意非语言交流

访谈是通过语言交流传递信息的，但是除语言之外，服饰、语气、目光、动作、姿态等也能表达某种意义。

6．结束语

访谈结束时，不要忘了对被访者的支持与合作表示感谢。

（三）访谈记录

访谈记录从记载的时间上来分，有现场记录和事后记录两种；从手段上分，有纸笔记录手段和辅助记录手段。

1．现场纸笔记录

它是边访谈边用纸笔进行记录，这需要征得被访者的同意，其优点是资料完整、不带偏见，但可能会影响访谈的进行。

2．事后记录

在访谈之后靠记忆来补记访谈的内容，当被访者不希望现场记录，或当场记录会使谈话显得过于正式、拘谨，会影响被访者回答的情绪时，可采用这种方式。

3．辅助记录手段的使用

纸笔记录往往难以获得完整的谈话资料。为了获得更完整的访谈资料，可利用录音、录像的方法来辅助访谈，但这必须征得被访者的同意。

4．整理访谈

访谈结束后访谈者事后会整理记录稿件，在正式公布或发表文章、出版图书前，必须送给被访者审阅，以免与被访者产生矛盾，甚至冲突。

第三节　文献研究法

文献是从事科学研究的基础，积累文献资料，养成文献意识，是科学工作者必须具备的素质，它为教育科学研究提供可以借鉴的论证依据和研究方法。文献研究含文献检索、文献阅读和文献综述三个要素。这种研究有助于研究者全面了解所要研究问题的情况，熟悉此研究领域已有的成果。文献研究可以为解释研究结果提供参考资料，同时避免重复劳动，提高研究效益。

一、文献研究法概述

人类知识是经过一代又一代积累起来的。千百年来积累的各种知识几乎全部汇集在文献资料中，因此，文献资料是人类智慧的结晶，是人类知识的海洋。教育科学研究者要想有所创新，就必须先从已有的有关文献资料中汲取营养，合理地继承已有的研究成果，从而开阔眼界、扩展思路。当研究者查阅有关某一研究课题的适量文献之后，就了解到前人对本问题已经做了哪些研究、解决了哪些问题、还有哪些问题没有解决。这样就可在前人研究的基础上进行新的研究。

（一）什么是文献

"文献"一词最早见于《论语·八佾》。朱熹注："文，典籍也；献，贤也。"古人以"文"为典籍记录，"献"就是贤者及其学识，后来发展为专指著述。文献是把人类的知识用文字、图形、符号、音像等手段记录下来的有价值的典籍，包括各种手稿、书籍、报刊、文物、影片、录音、录像、磁带、幻灯片及缩微胶片等。文献检索则是从文献中迅速、准确地查找出所需情报的一种方法和程序。《中华人民共和国国家标准文献著录总则（GB 3792.1-83）》对文献的定义如下："记录有关知识的一切载体。"所以，文献可以简要地理解为那些记录已发表过的或虽未发表但已被整理、报道过的知识及其他信息的一切载体。

教育文献就是指用各种符号形式保存下来、对教育研究有一定历史价值和参考价值的一切载体。

（二）教育文献有哪些类型

根据不同的划分标准，可以把文献分为不同类型。比如，依据不同载体，文献可分为印刷版文献、音像版文献与电子版文献；依据不同流通范围，文献可分为公开文献、内部文献与机密文献；根据语言类型，文献可分为中文文献与外文文献；等等。一般来说，依据对原始信息的加工程度，人们把文献分成以下三类：①

1. 一次文献

一次文献，也称"原始文献"，一般指直接记录事件经过、研究成果、新知识、新技术的专著、论文、调查报告等，只要是著者根据自己的研究成果撰写的原始创作都属于一次文献。因此，一次文献具有原创性，有很高的参考价值，但却储存分散、不够系统，如教师根据自己的研究撰写的各种论文、案例、教育日志、对亲身经历的某个教育事件的描述或调查报告等。

2. 二次文献

二次文献，又称"检索性文献"，是人们把大量分散、无序的一次文献收集起来，按照一定的方法进行加工整理（包括摘录其内容要点、描述其特征），使之系统化，便

于查找而形成的文献。二次文献中的信息是对一次文献信息进行加工重组而成的，不是新的信息。它主要包括各种文摘、书目、索引等。二次文献具有汇集性、系统性与简明性。

3. 三次文献

三次文献，也称"参考性文献"。它是在利用二次文献的基础上，选用大量相关的文献，经过比较、分析、综合而形成的文献。三次文献通常是围绕某个专题利用二次文献搜索到的有关的一次文献，采用科学的方法对一次文献进行系统的整理并概括论述的文献，如各种综述、述评、数据手册、进展报告、专题研究报告等。此类文献信息量大、覆盖面宽、浓缩度高，具有综合性、实用性和针对性。

一次文献是最基本的信息源，是文献搜集和利用的主要对象；二次文献是一次文献的集中提炼和有序化，是文献信息积累的工具；三次文献是把分散的一次文献、二次文献按照主题或知识的门类进行综合分析、加工而成的成果，它既是文献检索和利用的对象，又可作为文献信息检索的工具。

二、文献研究法的特点

在教育研究中，教育文献是对教育活动信息的反映。研究教育文献对课题研究的深入十分重要。文献资料里有前人研究的成果，这些经验总结将直接影响我们开展的研究少走弯路，并将启发课题研究的思路朝正确的方向深入下去。因而，文献研究法在课题研究中起着重要作用。

（一）开阔视野，拓宽研究思路

人类所拥有的知识是一代又一代积累起来的。在浩如烟海的人类文明历程中，人类的许多聪明才智都汇集在文献资料上，文献资料是人类智慧的结晶，也是历史发展的缩影。教育科学研究者要想有所创新，就必须先从已有的有关文献资料中汲取营养，继承他人已有的研究成果，从而拓展思路、启发心智。在进行课题研究时，查阅有关某一研究课题的适量文献，可以了解到前人对本问题已经做了哪些研究、解决了哪些问题、还有哪些问题没有解决，以便在课题研究中把握方向。

（二）区分完成和需要完成的研究

在需要完成的问题中，必须查阅有关文献以免发生重复，并做好承前启后的工作，后者依赖并扩展前者。仔细查阅有关领域中的相关研究成果，有助于解释以往的研究，发现未研究的问题，确定研究方向。例如，许多研究报告或论文在结束语中，最后写上一些建议或指明进一步研究的问题，这些对从事研究的人员是至关重要的。

（三）为教育研究提供科学的论证论据和研究方法

文献资料是跟踪和吸收国内外研究学术思想和最新成就，了解研究动向并获得新情报信息的有效途径。开展教育研究，应该了解国内外最新的理论、手段和研究方法。通过查阅文献资料，从过去和现在的有关研究成果中得到启发，不仅可以找到获得科学回答的线索，使研究范围内的概念、理论具体化，而且为更科学地论证自己的论点提供有说服力、丰富的事实和数据资料，使研究结论建立在可靠的资料基础上。

（四）文献研究法和实证研究方法相得益彰

文献研究法和实证研究方法相辅相成，对研究者都是不可或缺的。研究者通过查阅文献有助于构建理论假说，而通过实证研究能验证、完善和发展理论假说，从而最终能够丰富文献，而且这样研究出来的文献更有价值。我们在教育研究中提倡使用实证研究方法，但不排斥思辨，更不排斥使用文献研究法。相反，我们鼓励综合运用各种研究方法，科学运用各种研究手段，以推动教育事业的蓬勃发展。"闭门造车""断章取义"的思辨是我们要坚决反对的。

三、文献研究法的实施步骤与方法

在进行文献研究的过程中，文献检索是获取文献资料的关键，在实施步骤和方法上有必要加以认真对待。

（一）文献检索的步骤

在众多的文献中，从中准确而又迅速地查找出符合特定需要的文献，一般需要遵照如下三个步骤：①

1. 分析和准备阶段

包括分析研究课题，明确检索要求与范围，标明检查标志，确定所需文献的作者、文献类号，表达主题内容（或关键词语）和所属类目，进而选定检索工具，确定检索途径。

2. 搜索阶段

先搜索与所研究问题有关的文献，然后从中选择重要和确实可用的资料，分别按照适当的顺序阅读，并以文章摘录、资料卡片、读书笔记、电脑下载等方式记录搜集资料。

3. 加工阶段

要从搜集到的大量文献中摄取有用的情报资料，就必须对文献做一番去粗取精、去伪存真、由表及里的加工工作。主要包括剔除无关资料，去掉相互重复、较陈旧、过时的资料；从研究任务的观点评价资料的适用性，保留那些全面、完整、深刻和正确地阐明所要研究问题的一切有关资料以及含有新观点的资料。在资料数量和类型很多的情况下，应对这些资料进行分类编排，并编制题目索引或目录索引。对准备利用的文献资料，必须对其可靠性进行鉴别和评价；对那些不完全可靠或有待进一步明确的资料，则不予采用。

（二）搜集文献的基本方法

搜集文献的方法是多种多样的，不同的方法有着不同的特点和适用范围，其中主要

---

① 王工一. 中小学教育科研方法 [M]. 北京：中国水利水电出版社，2005：98，99.

有以下四种方法：

1. 顺查法

按时间范围，以所检索课题研究的发生时间为检索的始点，按事件发生、发展时序，由远及近、由旧到新的顺序查找，一般可以查全。查时可以随时比较、筛选，查出的结果基本上反映事物发展的全貌。此法多用于范围较广泛，项目较复杂，所需文献较系统、全面的研究课题以及学术文献的普查。

2. 倒查法

以课题研究的时间为检索的始点，按照由近及远、由新到旧的顺序查找。这种方法多用于新文献的收集、新课题的研究，因为这种课题大多需要最近一段时期的论文与著作，不太关注历史渊源和全面性、系统性。

3. 抽查法

选择某课题领域发展迅速、研究成果较多的时期进行重点抽查检索，以节省时间。该方法多用于时间紧张的小型项目研究，不太关注历史渊源和全面性、系统性，容易漏检。

4. 引文查找法

又称"跟踪法"，是以已掌握的文献中所列的引用文献、附录的参考文献作为线索查找有关主题的文献。这种方法的优点是文献涉及范围比较集中，获取文献资料方便、迅速，并可不断扩大线索。这种回溯过程往往会找出有关研究领域中重要、丰富的原始资料。缺点在于查得的文献资料受原作者引用资料的局限性和主观随意性影响，资料往往比较杂乱，没有时代特点。因此，要注意文献的可靠性。

（三）文献研究法的主要分布

由于创造、记录与传播的方式不同，教育文献资料的分布极为广泛且形式多样。

1. 书籍

包括名著要籍、教育专著、教科书、资料性工具书（如教育辞书和百科全书）及科普通俗读物。它是教育科学文献中品种最多、数量最大、历史最长的一种情报源。

（1）名著要籍。指一个时代、一个学科、一个流派最有影响的权威著作，如中外古今著名教育家、哲学家的教育名著等。它们是人类文化的瑰宝，是治学和研究的基石，因而大都作为必读书、必备书收入各种导读书目。

（2）专著（包括论文集）。指就教育领域某一学科、某一专门问题进行系统全面、深入的论述，内容专深，大多是作者多年研究成果的结晶。专著一般就某个问题发展的历史和现状、研究方法和成果、不同学派的观点和争论以及存在的问题和发展趋势加以论述，并附有大量的参考文献和书目。专著中阐明了作者自己的独到见解，介绍。论文集往往是汇集了许多学者的学术论文，问题集中，论点鲜明，情报容量大，学术价值高。

（3）教科书。指专业性书籍，具有严格的科学性、系统性和逻辑性。内容一般包括教育科学的基本理论、基础知识、学科领域内的科研成果以及讨论的问题。要求学术的稳定性，名词术语规范，结构系统严谨。

（4）手册。指汇集了经常需要参考的文献资料，就某一分支学科有关问题的历史和现状、方法和结果以及各种争论观点做广泛客观的叙述，不涉及作者本人见解。手册具有类例分明、资料具体、叙述简练、小型实用、查阅方便等特色。

（5）教育辞书和百科全书。这些都属于资料性工具书。教育辞书主要是提供教育科学名词术语的资料，规范、精确、准确，以条目形式出现。辞书有一定的格式，第一句破题，后面是基本论点。百科全书则是对人类一切门类或某一门类知识的完备概述。

2. 报刊

报纸和期刊均属连续出版物。

（1）报纸。以刊登新闻和评论为主的定期连续出版物，如《中国教育报》《光明日报》《文汇报》等大报的教育科学版。报纸发行广泛，传递信息迅速，但资料分散不系统且不易保存。

（2）期刊。指定期或不定期的连续出版物，有周刊、旬刊、月刊、双月刊、季刊等。可分为学术理论性期刊，情报性期刊，技术、事业性期刊和普及性期刊。教育科学范围内的期刊主要有三类：

第一类是杂志，杂志刊载有关科学论文、研究报告、文摘、综述、评述与动态，兼容性强。

第二类是汇报、集刊、丛刊、汇刊及高等院校的学报。

第三类是文摘及复印资料，这是一种资料性及情报索引刊物。如中国人民大学分科的报刊复印资料，经过专门人员精心选编成册定期出版。

3. 教育档案类

档案资料是人类在各种社会实践活动中直接形成的，并且具有保存价值的原始文献资料。教育档案类包括教育年鉴、教育法令集、教育统计、教育调查报告、学术会议文件、资料汇编、名录、表谱以及地方志（我国特有的地方百科全书）、墓志、碑刻等。

4. 电子资源

随着科技的不断进步、计算机网络的迅速发展，通过电子手段和途径获取文献变得轻而易举。网上的资料丰富多彩，通过网络查阅、传递文件，可以获得最新信息。电子资源具有速度快、效率高、范围广、数量大、操作方便、搜集文献时不受时间和空间限制等特点，它已经成为研究者获取教育文献的重要手段之一。如今，许多政府教育管理部门、教育研究机构和教育团体在互联网上建立网站，及时发布相关新闻、研究信息与成果、提供教育信息的查询服务等。

然而，由于目前的网络电子资源比较混乱，一些信息发布不够严肃，错漏百出，造成研究者在引用资料上出现不实或不准确的引证。特别是对高质量学术研究、课题研究，网络资料不应该成为引用的佐证，不建议研究者引证其网络资料，应该以正规出版物作为引证资料才比较科学、可信。

5. 非文字资料

包括校舍、遗迹、绘画、出土文物、歌谣等。在教育科学研究资料分布中主要指以声音、图像等方式记录有知识的载体，通过视听觉传递知识，更直接、精炼、形象。非文字资料同样有一个如何分类、著录、编目、储存、检索和使用的问题，一般以科学分类为分类体系，注意科学性、实用性和可指定性。

第四节 个案研究法

"案例"，这个 21 世纪初在幼儿园、中小学教育中还不太为人所熟知的词语，现在已成为广大教师的"通用语言"。教育案例研究与开发可以说是近年来在教师研究及教师教育领域中新的动向中突出的表现。案例正在越来越密切地与教师教育研究结为一体，在教师的职业生涯中扮演着越来越重要的角色。

一、个案研究法概述

个案研究最早起源于医学和法学领域。在医学领域，医生依赖案例研究方法来诊断病症，以形成经验。在法学领域，法官详细了解犯罪嫌疑人的家庭状况、生活环境、个人经历、社会关系等，以探寻独特的犯罪动因。今天，个案研究已在我国的教育领域流行起来，并成为重要的教育课题研究方法。

（一）个案研究的起源

严格的个案教学或案例教学产生于 19 世纪下半叶。[①]

1870 年，哈佛大学法学院开始使用案例教学对学生进行职业训练。时任法学院院长兰德尔认为，一般性的法律原则可以从法院的判决中推导而出，为此他于 1871 年出版了一本合同法判例教科书，并将其应用于教学。为使这种基于法院判例的教学更富有成效，他采用问答式的教学方法，即通过对一系列判例的分析和师生之间的问答，让学生理解法律的概念和原则。在这种"苏格拉底式教学法"中，上课前学生要阅读教师布置的判例，并写出案件摘要，准备上课时讨论。在课堂上，教师会随机点出一些学生进行提问。他不是直接告诉学生什么是法律，而是通过一系列的提问将学生引向相关法律规则。

针对医学院的学生没有机会接触病员也可以获得大学毕业证书的现状，19 世纪末，哈佛大学霍普金斯医学院开始在医学教育中实施案例教学。在医学院的附属医院病房中设立"临床职位"，让医学院的学员在教学人员和临床医生的监护下进行检查、诊断、

---

① 陈大伟. 教育案例写作与研究 [M]. 北京：教育科学出版社，2014：6，7.

记录，临床实践场合成为科学观察和探究的场合，成为医学院学员研究的案例。实施案例教学的第二种形式是病理学家、临床医生、教学人员、医学院学员共同参与研究病人的医疗记录（即病历）。第三种形式是模拟实验，如让健康人模拟患者去描述患者的病史和身体检查情况。霍普金斯医学院案例教学的方法获得了显著的效果，受其影响，美国大部分医学院在20世纪30年代都采用了案例教学法。

哈佛大学工商管理学院在实施案例教学中取得了令人瞩目的成就。首任院长盖伊仿效了法学院的问题教学法。第一次上课时，每一位商人要向学员报告自己所遭遇的问题，并解答学员们所提出的询问。第二次上课时，每一位学员必须携带分析及解决这些问题的书面报告。第三次上课时，由商人和学员一起共同讨论这些报告。这些报告成了哈佛商学院最早的教学案例。第二任院长华莱士·B·唐哈姆开始组织专门从事收集、整理和制作案例的工作，并在1920年成立案例开发中心，次年出版了第一本案例集，开始正式推行案例教学。此后，案例教学得到了飞速发展，哈佛大学工商管理学院运用案例教学法培养了一大批企业管理人才，赢得了社会的广泛认可。该学院现规定，凡是取得硕士学位的研究生，除各门课程及格之外，每人必须分析几百个案例。

在西方国家[1]，从20世纪70年代开始，教育界中教师写作案例，并将案例运用于教师培训。当时，有感于教育理论与教育实践之间存在的鸿沟现象，有感于抽象的教育理论与丰富的教育实践之间的巨大差异，不少理论工作者鼓噪教师要成为研究者，教师要能够把行动和研究紧密地结合在一起。在这种情境中，教师如何去从事研究、用什么样的方式来展示自身的研究就成了一个问题。显然，长篇大论的理论探讨并非教师所长，生动、鲜活的事例又是教师宝贵的资源，认识到这点，以发生在教师身边的事件为研究对象的案例就逐渐进入了研究者以及教师的视野。另外，在教师培训领域，西方教育界遇到的突出问题就是培训效率低下，不能适应教师的实际需求，不能真正培养教师解决实际问题的能力，并且教师培训的教学场景与实际的工作场景之间差异悬殊，在培训中所教的东西不能真正运用到实际的课堂中。由此，案例研究也就逐渐纳入教育工作者的视野，成为教师培训中重要的工具和手段。

20世纪80年代，案例教学逐渐为我国工商管理培训界接受和使用。随着我国教师教育事业的发展及行动研究、校本培训等一系列新观念走向实践，案例教学作为教师培训的新方法越来越引起人们的关注。目前，在全国各地的教师教育实践中，案例教学以其特有的价值逐渐成为一种普遍运用的教学方式，发挥着越来越明显的作用。

（二）个案研究法的含义

教育研究从研究对象的数量上可分为个案研究和成组研究。研究者可以对一个或几个对象进行个案研究，也可以把一组或许多被试当成一个组群进行研究，如教育调查和教育实验都属于成组研究。在教育统计学上，30个被试以下属于小样本组，30个被试以上属于大样本组。因为成组研究取样较多，可以做统计处理，所以成组研究的科学性比

---

① 郑金洲. 教师如何做研究 [M]. 上海：华东师范大学出版社，2005：159，160.

较大、代表性也强，但不便于做个别深入研究。在教育研究中，有时需要对个别对象进行全面深入的考察，而不需要大面积的成组研究。这时，个案研究便是常用的一种方法。

个案研究法就是对单一的研究对象进行深入而具体的研究的方法。个案研究的对象可以是个人，也可以是个别团体或机构。前者如对一个或几个优生或差生进行个案研究，后者如对某先进班级或学校进行个案研究。个案研究一般对研究对象的一些典型特征做全面、深入的考察和分析，也就是所谓"解剖麻雀"的方法。同时，个案研究不能停留在对个案的研究和认识的水平上，需要认识教育与发展之间的因果关系，提出一些积极的教育对策，以便因材施教。

二、个案研究法的特点

个案研究与教育叙事研究在很多方面比较相近。两者最大的不同如下：个案研究针对一个案例来讲述和研究；教育叙事研究是在多个案例中分析、论述问题，讲故事。归纳起来，个案研究法有以下四个特点：

（一）研究对象的个别性

个案研究法的对象是个别的，但不是完全孤立的，是整体中的个别，是与其他个体相联系的。个案研究法中的研究对象的个别性具有以下三个显著特征：

第一，在某方面是否有显著的行为表现？

第二，与这方面有关的某些评价指标是否与众不同？

第三，教师、家长等主要关系人是否都有类似的印象和评价？

（二）研究方法的综合性

个案研究法是多元的方法，包括观察、访谈、心理测试问卷调查等。因为研究的内容涉及思想观念、道德标准、心理冲突等，又没有进行抽样调查，无法真正代表同类案例的特征，不易以数字表达。大多数只能用文字描述，所以个案研究法是一种定性的质的分析方法。

（三）研究内容的详尽、深入性

个案研究法不仅可以考察研究对象的现在，而且可以考察研究对象的过去，还可追踪研究对象的未来，不仅可以做静态分析，而且可以做动态跟踪；不仅要表面观察，而且还要有深层的质的研究，彻底把握研究对象的全貌，并且具有抽样方法无法做到的实在性。

（四）重于诊断和补救的研究

个案研究法所研究的对象多是特殊、非正常的个体或群体，怎样才能使这种非正常的特殊个体或群体能够在正常的社会环境中生活，那就需要诊断行为的原因、结果，加以补救，这是一项非常重要的研究工作。

三、个案研究法的基本步骤

个案研究法的主要步骤有选择研究的个案、搜集资料、整理与分析资料和撰写研究报告四个基本环节。

（一）选择研究的个案

无论什么样的研究，确定所要研究的问题和选择合适的研究对象都是研究的起点。一般来说，许多教师所开展的个案研究都来自实践。个案是否适合决定研究的成败，因此，不能随心所欲地找一个对象来研究。怎样选择个案？首先，研究者要确定研究的问题。其次，研究者要根据自己研究的目的和内容，精心挑选几个预案，预案挑选出后，要对这几个预案进行"预扫描"，即通过实地查看、调查访问、查阅资料等方式，粗略了解预案的大致情况，从中挑选一个适合、有研究价值、可行的个案。

（二）搜集资料

个案的资料来源主要有以下三种方式：

1. 文件资料

文件资料包括学校的成绩记载、教学日志、校历、会议记录、图片资料、录音、录像等，对个案研究有很大的价值。但使用这些文件资料时，有些文件资料不应作为发生过的事件的原始记录，只能为其他资料提供佐证。

2. 个人档案资料

个人档案资料主要包括姓名、性别、出生年月日、身体健康状况。还包括日记、信件、自传、回忆录、行事历、作业、作品、鉴定、考试成绩等。这类纪实性资料是事件发生的有形线索，它能帮助研究人员重现事件中的一些情况。

3. 实地调查资料

实地调查是指在现场或现场附近寻找、收集有关事件的信息。一般采用参与性观察、直接访问和文献研究的方法来搜集个案资料。

（三）整理与分析资料

1. 整理个案资料

通过实地调查、查阅个人档案和文件等途径搜集到的一大堆原始资料，常常会让人感到难以下手，可采用逐步缩减法、索引法、归类法等整理个案资料。

2. 分析资料

详细分析与描写研究对象的发展过程，它的内在、外在的各种因素之间的相互关系。分析时，要特别注意对研究的对象进行具体、详细的描述；注重对研究对象的形成过程、发展历史的追溯和探讨，彻底弄清问题的来龙去脉；做好研究对象社会文化背景的分析。再把研究的个案与其他的类似个案做一个相互比较分析，然后将研究的结果进行归纳，做出结论。

3．拟定指导方案，追踪研究

（四）撰写研究报告

把自己的研究过程、研究结果进行分析整理成文。注意讨论研究结果的重要性，使理论更加完整、成熟，更具有普遍意义。

四、个案研究的具体方法及其实施

基础教育个案研究可以根据研究目的、对象、内容的不同，采用追踪法、追因法、临床法、产品分析法等具体的个案研究方法。[①]

（一）追踪法

追踪法就是在一个较长时间内连续跟踪研究单个的人或事，搜集各种资料，揭示其发展变化的情况和趋势的研究方法。追踪研究短则数月，长达几年或更长的时间。个案追踪研究的实施一般分为以下四个步骤：

1．确定追踪研究的课题

研究者首先要明确追踪研究的对象、目的。也就是说，确定追踪研究对象是个人还是团体或机构，要追踪研究对象的哪些方面，追踪旨在了解哪些情况，研究者都需要心中有数。作为教师，在日常教学和教育工作中要善于发现某一方面具有典型特征的学生或事例作为追踪研究对象，并明确要对学生或事件的哪些方面进行了解。

2．实施追踪研究

追踪研究一定要紧紧围绕课题确立的内容进行，要运用规定的手段搜集有关的资料，不能让重要的信息遗漏，也不能被表面的现象迷惑。追踪研究需要较长时间，研究者一定要持之以恒，不能半途而废。

3．整理和分析搜集到的各种资料

对搜集到的各种个案资料，要进行细心的整理和分析，做出合理判断，揭示出个案发展变化的特征和规律，必要时还要继续追踪研究。

4．提出改进个案的建议

研究者要根据对个案追踪研究的结果，进一步提出改进个案的建议，指导和促进个案的发展，实施因材施教。

（二）追因法

实验法是先确立原因，然后根据原因去探究产生的结果。追因法则是先见结果，然后根据发现的结果去追究其发生的原因，如某学生的学习成绩突然下降，我们去追寻他学习成绩下降的原因，这就是追因法。追因法正好是把实验法颠倒过来，在实际研究中究竟采用哪种方法须视客观情况而定。个案追因研究的实施可以分为以下五个步骤：

---

① 彭小明．语文研究性学习 [M]．杭州：浙江大学出版社，2012：130 - 134.

1. 确定结果和研究的问题

第一步工作是确立研究的问题，先把某一结果搞确实。如果这一步搞得不够确实，那么在后面的研究中找出的原因也很难说是确实的，如某校某班级某学科的教学质量特别高；某学习后进生最近有较大变化，学科成绩提高很快等，这些都是已形成的事实，我们可以把它们确立为研究的问题。

2. 假设导致这一结果的可能原因

明确了事实发生后的结果，接着就要寻找导致这一结果可能的原因。这些原因最初是假设的，还没有经过验证。假设导致结果的原因应尽可能全面，只要合理就不怕数目多。对已成事实的各种原因之间的关系也要进行假设。这一步骤对后面工作的进展具有决定意义。

3. 设置比较对象

为了追寻导致结果的原因，研究者可以采取两种途径设置比较对象：一种是设置结果相同的若干比较对象，从中找出共同的因素，即前面假设的原因。另一种是设置结果相反的若干比较对象，找出相反的因素，从反面找出真正的原因。例如，我们研究某学生品德不良形成的原因，可以找出若干个品德不良学生，从中找出他们品德不良形成的共同因素；也可以找出几个品德优良学生与品德不良学生对比，探究两者成长过程中的不同之处，从而找到学生品德不良形成的真实原因。

4. 查阅有关资料进行对比

研究者可以从研究对象的有关资料中看看是否具有前面假设的原因。这一步骤非常重要，要做得特别细致，因为教育现象是复杂的，导致某项结果的原因往往是多方面的。对这些可能的原因又不能等量齐观，它们所产生的作用在程度上有差别。而且，有时在单个考虑某一原因的情况下，原因所表现的作用是一回事；而在把几个原因综合加以考虑的情况下，这个原因所形成的综合作用就会是另一回事。这种综合作用可能要比原来的两个或两个以上原因单独的力量之和大得多。这时就可以看出，在深入研究一些复杂的教育现象的过程中，有时还需要找出原因之间的关系。

5. 检验

找出的原因尚有待于进一步检验。最好的检验办法是看有同样原因存在的其他许多事例中是否有同样的结果发生。如果没有的话，这个假定仍然不能成立；如果有的话，两者因果关系的信度就大了。经过初步检验，就可能把那些假的原因淘汰，而导致此项结果的某个或某几个真正的原因就可以呈现出来。这时为了慎重起见，还可以多举一些事例反复验证。为了进一步验证得出的结论，还可把这一结论当成假设，有计划地组织新的实验。这样把追因法和实验法结合起来研究，所得结论的可靠性与学术价值就更大了。

（三）临床法

临床法往往通过谈话的形式进行，故又称"临床谈话法"。这一方法既适用于陷入困境学生的研究，也适用于正常学生的研究。前者旨在解决个案的问题，后者旨在由特殊个案发现学生发展的一般规律。临床法的方式可以是口头谈话，即面对面地交谈，也可以是书面谈话，即问卷谈话。口头谈话是会谈双方的一种互动过程，特别适合教师对学生的谈话。临床法应用的一般过程如下：

第一，由教师、父母或学生本人提出具体的行为问题或所需要帮助的学习问题，然后观察他的行为。

第二，根据学生的学习成绩、教育测量情况、同伴评价、家庭情况以及该学生在各种环境中的表现，明确当前的情况。

第三，根据这个学生的发展史、学校记录和家庭历史等资料，了解其过去的历史，找出其行为的一贯性，如学生的问题行为是在所有情境中发生，还是只在一定的情境中发生？找出行为的模式，即使行为前后有不一致，也可能是一种有意义的模式，找出可能的动机。

第四，根据可能的假设设置处理方案。

第五，根据初步处理的结果判别假设是否正确，是否需要修改或必须完全推翻。

第六，为了提高研究的科学性，宜用实验法加以检验。

（四）产品分析法

产品分析法，又称"活动产品分析"，也是个案研究的一种方法。它是通过分析学生的活动产品，如日记、作文、书信、自传、绘画、工艺作品等，以了解学生的能力、倾向、技能、熟练程度、情感状态和知识范围。运用这种方法时，不仅要研究人的活动产品，而且还要研究产品制造过程本身以及有关的各种心理活动状况。例如，我们对儿童绘画作品的研究，可以反映出他们的许多心理特征。儿童绘画作品可以反映他们的知觉特征和学生对所绘的物体形成的表象特征。通过儿童绘画作品还可以在一定程度上判断其智力水平。研究表明，智力落后的学龄儿童所画的图画，其内容通常是原始的，而且惊人的千篇一律。在儿童绘画作品中，还鲜明地表现出儿童对周围环境的态度，他们的态度既影响主题的选择，也影响绘画方式，特别影响对物体和人物的着色，儿童往往把"坏人"和动物涂上黑色。

作为个案研究的一种方法，产品分析法往往需要实验法相结合，设置对照组，观察儿童创造产品的实际过程，这样可以获得更加科学的结论。

第五节　教育叙事法

教育叙事研究给教师提供了"发出声音"的机会。目前，这种研究方法已引起国内教育界的广泛关注，逐渐运用于教师的教育、教学研究中。同时，也出现了教育叙事研究本土化的现象，对教师成长具有突出意义。教育叙事研究开辟了一个独特的视角，真正让教育问题的学术研究回归到鲜活的现实中，使理论研究回归到教学生活中。

一、教育叙事法概述

叙事研究的兴起是 20 世纪 70 年代西方比较教育研究范式向质的研究方法与多元化主义视角的研究方法转型的结果之一。其中有两种主要力量起到了推动作用：一种是全球化的影响，在此背景下，人们认识到那种追求同一性和普遍性的研究方式无法涵盖多元化文化的价值取向。另一种是后现代主义思潮的兴起。真实的社会现象一旦脱离情境就变得虚幻，对某一问题的研究也并非是对事实的精确描述，而是一种态度的表达，是研究与世界交往的一种方式。

（一）教育叙事研究的起源与发展①

教育叙事研究的兴起也是 20 世纪 70 年代西方教师职业研究发展的结果。一方面，它受到人文社会科学研究领域中后现代主义、结构主义提倡的向"解释学转向""语言学转向""叙事研究转向"的影响。另一方面，它受到心理学和社会学对教师职业研究的影响。社会学与心理学在对职业生活的研究中存在交叉之处，由此产生了整合各方面的研究以适应推动职业研究发展的需要，问题的关键不是哪种学科研究占主导，也不是整合什么类型的学科框架，而是应从哲学立场或"认识论"立场去考察。由此导致了社会科学研究中以关注实践的叙事研究方式的兴起，并运用到职业研究中，随后教师的职业叙事研究也以此为基础发展起来。

叙事作为一种研究方法被引入教育领域，在国外不过是近 30 年的事情，在国内的时间就更短。教育叙事研究最初于 20 世纪 80 年代由加拿大的范梅南等几位课程学者所倡导的。他们认为，教师从事实践性研究的最好方法是说出和不断说出一个个"真实的故事"。西方国家对教育叙事的研究大体上从 20 世纪 80 年代开始，以加拿大和美国学者为主要研究群体，其中加拿大学者康纳利和克莱丁宁的成就较为显著。此外，美国从事概念重建的一批有影响的课程学者也积极地参与到这种研究中来。

国内开始关注并介绍国外教育叙事的相关研究成果主要是在 20 世纪 90 年代末，特别是 2000 年以后。《全球教育展望》杂志曾在 2003 年第三期和第四期开辟专栏刊登了这方面的文章。丁钢教授主编的《中国教育：研究与评论》也开辟了专栏探讨这一问题，并陆续推出了加拿大著名教育学者许美德的《现代中国精神：知名教育家的生活故事》等教育叙事力作，使教育叙事研究在中国日益受到关注。

伴随着学术界对教师成为研究者的呼声日益高涨，很多基础教育教师，特别是中小学教师走上了科研的前台，开展科学研究工作。这在一定程度上提高了教师的科研水平。然而让教师完全像科研人员一样去从事教育研究是不现实的。教师要更多地关注、反思其教育实践，进而不断提高教师的水平。

---

① 胡中锋. 中小学教师教育科研导论 [M]. 广州：广东高等教育出版社，2006：219 - 221.

（二）教育叙事研究的含义

《韦伯在线辞典》（*Merriam-Webster Online Dictionary*）认为，"叙事"就是"讲故事或类似讲故事之类的事件或行为，用来描述前后连续发生的系列性事件"。美国学者阿波特（H. Porter Abbott）给"叙事"下了个简单的定义："简单说，叙事就是讲述一个事件或一系列事件。这里的'事件'（有学者习惯用'行为'）是一个关键词。没有'事件'，即使有描述、诠释或评论等，都不能称作是叙事。例如，没有事件的发生。而'我的狗被跳蚤咬了'就是叙事，因为它讲述了一个事件。虽然讲述的这个事件很小，但足以构成一个叙事。"由此可见，叙事包含两个部分："事件"和"讲述"。[①]

具体来讲，叙事就是陈述人、动物、宇宙空间各种生命事物身上已发生或正在发生的事情。它是人们将各种经验组织成有现实意义的事件的基本方式。这种方式向我们提供了了解世界和向别人讲述我们对世界的了解的途径。叙事普遍地存在于文学艺术作品和我们的日常生活、工作当中，是人们表达思想的有力方式。因此，叙事学一直受到文学、艺术和文化研究者的关注。社会科学研究中的"叙事研究"就借鉴了文艺理论中的"叙事学"。叙事研究，又称"故事研究"，是一种研究人类体验世界的方式。

教育叙事研究是研究者以叙事或讲故事的方式对教育、教学事件进行描述、分析、论证和反思的研究方法。其目的是从发生在自己身边的有研究意义和研究价值的教育、教学事件中发掘隐藏其中的教育思想、教育理论和教育信念，从而解释、发现或揭示教育的本质和规律。其特征是通过故事叙事来描述人们在自然状况下的教育经验、教育行为、个体化的实践知识，促进对教育的理解和解释。

二、教育叙事法的特点

教育叙事研究是以质的研究为基础的，即是一种质的研究方法。它是一种事实性、情境性、过程性的研究，是行动者直接融入并成为主体的研究，是一种反思性的研究。教育叙事研究除具有质的研究的一般特征之外，还具有以下四个特点：[②]

第一，教育叙事研究所叙述的内容是已经过去的教育事件，而不是对未来的展望。它所报告的内容是实际发生的教育事件，而不是教育者的主观想象。教育叙事研究十分重视叙事者的处境和地位，尤其肯定叙事者的个人生活史和个人生活实践的重要意义。在教育叙事研究中，叙述者既是说故事的人，也是他们自己故事或别人故事中的角色。

第二，叙述的故事中必然有与所叙述的教育事件相关的具体人物。教育叙事研究特别关注叙述者的亲身经历，不仅把作者自己摆进去，而且把写作的对象从知识事件转换为人的事件。同时采用心理分析技术，对某个人或某个群体的行为做出解释和合理想象。

第三，教育叙事研究所报告的内容具有一定的"情节性"。叙事谈论的是特别的人和特别的冲突、问题或使生活变得复杂的任何东西，教育叙事研究不是记流水账，而是

---

① 李臣之. 教师做科研［M］. 深圳：海天出版社，2010：130.

② 邱瑜. 教育科研方法的新取向——教育叙事研究［J］. 中小学管理，2003（9）.

记述有情节、有意义、相对完整的故事。比如，教师在某个教育问题或事件中遭遇困境时，就要思考和谋划解决问题、摆脱困境的出路，这里面就会涉及很多曲折的情节。

第四，教育叙事研究获得某种教育理论或教育信念的方式是归纳而不是演绎。也就是说，教育是从过去的具体教育事件及其情节中归纳出来的。

三、教育叙事法的步骤

虽然学者们对研究过程有不同的看法，研究步骤需要展现一种反复探索的过程，不见得完全遵循固定的顺序，但教育叙事研究仍然有章可循。对一线教师来说，教育叙事研究主要围绕五个步骤展开，如下图所示。①

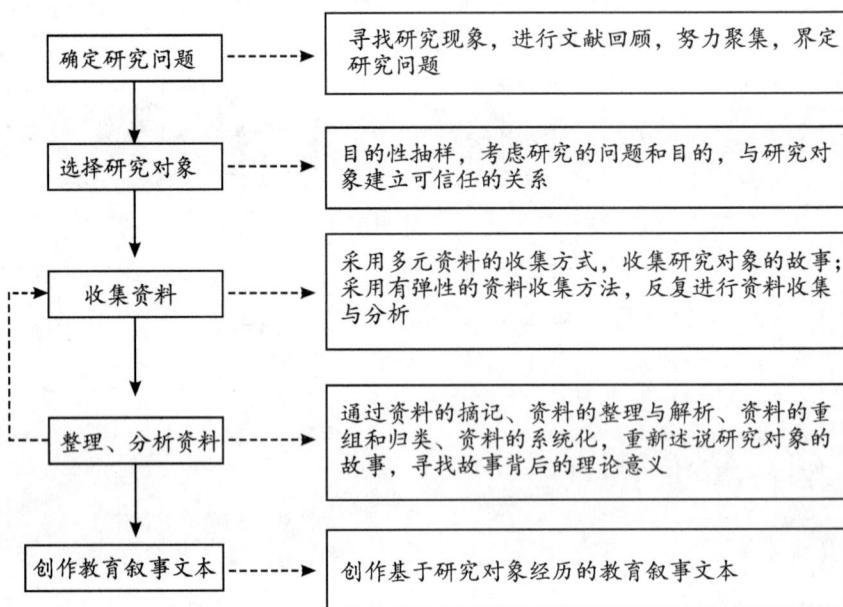

确定研究问题	--→	寻找研究现象，进行文献回顾，努力聚集，界定研究问题
选择研究对象	--→	目的性抽样，考虑研究的问题和目的，与研究对象建立可信任的关系
收集资料	--→	采用多元资料的收集方式，收集研究对象的故事；采用有弹性的资料收集方法，反复进行资料收集与分析
整理、分析资料	--→	通过资料的摘记、资料的整理与解析、资料的重组和归类、资料的系统化，重新述说研究对象的故事，寻找故事背后的理论意义
创作教育叙事文本	--→	创作基于研究对象经历的教育叙事文本

这些步骤虽然可以区分开，并有先后顺序，但在进行实际研究时，各步骤之间可能还有循环关系，并非总按直线向前推进。研究的过程包括很多重要的方面，需要我们进行认真细致的思考和安排。

（一）确定研究问题

在开始进行教育叙事研究时，研究者必须确定要探讨的研究问题是什么。尽管教育叙事研究感兴趣的现象是故事，但故事本身必须包含某一需要关注和探究的问题。研究者必须靠清楚的方向与清晰的焦点加以依循，才能系统地搜集资料、回答问题。否则，只可能搜集到一堆无关紧要的资料。因此，聚焦一个值得探究的教育问题是教育叙事研究的出发点。

---

① 李臣之. 教师做科研［M］. 深圳：海天出版社，2010：137 - 147.

（二）选择研究对象

研究对象不仅包括人，即被研究者，而且包括被研究的时间、地点、事件等。因此，在研究开始之前，我们就应该问自己：我希望到什么地方、在什么时间、向什么人收集这方面的资料？我为什么要选择这个地方、这个时间和这些人？这些对象可以为我提供什么信息？这些信息可以如何回答我的研究问题？教育叙事研究一般都采用目的性抽样，即按照研究的目的抽取能为研究问题提供最大信息量的研究对象，这也是质的研究最常用的抽样方法。同时抽样的过程还应考虑到研究的问题、目的、范围、时间、地点、经费等相关因素。

（三）收集资料

教育叙事研究通常采用多元方法收集资料，资料来源广泛时，还可以互相印证，较少有一己之见，有较高的可靠性。最常见的收集资料的方法有访谈、观察和实物收集。

1. 访谈

访谈可细分为开放性访谈与半开放性访谈。开放性访谈通常没有固定的访谈问题，受访者可以畅所欲言。例如，课外时间对一些教师、学生和家长就一些问题进行随意的交谈。这类访谈的目的是了解受访者自己认为重要的问题、他们看待问题的角度以及对问题所做的解释。在半开放性访谈中，研究者会准备一份访谈提纲，根据访谈提纲的内容展开谈话，获取自己想要的信息。

2. 观察

观察是叙事研究者最常用的收集资料的方法，一般分为参与观察与非参与观察两种。在参与观察中，研究者会置身于被观察者的活动场所中，可能与被观察者进行互动，如研究者融入研究对象的生活世界，一起学习、交流对某个问题的看法等。在非参与观察中，观察者是一位旁观者，通常以不介入的方式进行观察，如采用非参与性观察的方式进行课堂观察。初步观察前，依据研究问题制订课堂观察指南。实地观察时，研究者一般都坐在不起眼的地方，以免打扰常态课堂。

3. 实物收集

实物包括所有与研究问题有关的文字、图片、音像、物品等。这些资料可以是历史文献（如传记、史记），也可以是现实的记录（如信件、作息时间表、学生作业）；可以是文字资料（如文件、教科书、学生成绩单、课表、日记），也可以是影像资料（如照片、录像、电影、广告）；可以是平面的资料（如书面资料），也可以是立体作品（如教具、陶器、植物、路标）。此外，也可以在被研究者同意的情况下，浏览其个人博客，阅读私人信件或日记。

（四）整理、分析资料

资料的分析是教育叙事研究的核心，也是最难说清楚的部分。如何从厚厚的资料中，抽丝剥茧，获得有创意的结论，的确不是一件简单的事。教育叙事研究的资料整理、分析包括以下四个步骤：

1．资料的摘录

主要指访谈、观察笔记等资料的誊写与摘记。研究者应在每次访谈之后，马上把访谈录音逐字逐句地整理成文字稿。对观察到的资料，除有现场发生的事情的记录之外，还包括随后发生事件的记录，包括当时的体验、感受、理解等。对收集来的文本资料，也应先浏览，再做相应的标记，以便以后做详细的分析。

2．资料的整理与解析

在整理资料之前，要先为每一份资料进行编号，然后在此基础上建立一个编号系统。编号系统通常包括如下几个方面的信息：资料的类型（如访谈、观察、实物），资料提供者的姓名、性别、职业等相关信息，收集资料的时间、地点、情境，研究者的姓名、性别和职业等相关信息，资料的排列序号（如对××的第一次访谈）。

3．资料的重组与归类

对资料进行整体解读架构以后，一方面，参照叙事结构，按编码重组资料，接着我们可以对隐含的各类关系进行探讨。如什么是主要事件？什么是次要事件？他们彼此之间的联系是什么？这些事件是如何系统地组织起来的？另一方面，将段落中分析出的小单位，依据内容与性质的相近程度加以整理，形成自然类别。仔细思考类别与类别之间的可能关系，把表示相同主题的内容联系在一起，依据可能的逻辑关系排列出来。同时，还应审视资料与主题的契合与矛盾，对不合逻辑的地方予以修正。

4．资料的系统化

对重组和归类后的资料，一方面，以一定的内在逻辑线索组织资料、搭建故事，用一个完整的叙事结构呈现出来。整体的各个部分之间应该具有内在的联系，可以是时间、空间上的联系，也可以是意义、结构上的关联。简单说，就是每个故事都表达相应的教育主题，故事间又存在一定的内在联系。另一方面，进一步挖掘故事背后的理论意义，对主题间的关系进行多方面、多角度的分析。在一个更高的层次上将其系统整合起来，并探索性地建构理论。

（五）创作教育叙事文本

教育叙事文本的创作迄今仍是一个见仁见智的问题，尚未形成统一的标准格式。这是因为教育叙事研究关注的是教育实践经验的复杂性、丰富性与多样性。同时，在研究者和读者之间开放教育理论的思考空间，引申出教育理论视域的复杂性、丰富性与多样性。可见，教育叙事研究的开放性决定了教育叙事文本创作风格的多样性。然而，对一线教师来说，这种文本创作的多样性往往没有起到指导作用。因此，从学术角度出发，教师们还应掌握教育叙事文本创作的基本规范，在此基础上发挥特长，创作高质量、具有独特风格的教育叙事文本。

第六节 教育实验法

尽管实验研究方法在教育研究实践中应用不多，但任何一本课题理论著作都不可不谈实验法。实验思想是近代科学的一大支柱，实验方法与其他方法相比，最具科学方法的特点，即重事实、可重复、可积累、可证伪。因此，实验思想已经渗透到其他许多社会科学研究方法中。

一、教育实验法概述

实验研究在教育研究中有着悠久的历史。教育实验从其产生至 20 世纪末，经历了三个发展阶段：第一阶段是从 1423 年意大利人文教育家维多利诺创办的"快乐之家"为开端，一直持续到梅伊曼、拉伊等的实验教育学产生之前，为定性实验研究阶段；第二阶段是从 19 世纪末 20 世纪初开始，为定量实验研究阶段；第三阶段是定性—定量实验研究阶段，这是在教育实验中将定性与定量结合运用，在定性基础上进行量的研究。[①]

（一）教育实验法的起源[②]

1901 年，冯特的学生、德国心理学家梅伊曼（Ernst Meumann）通过实验全面研究学生身心发展的特点及其差异，开创了"实验教育学"之先河；德国另一名心理学家拉伊（Wilhelm August Lay）首创《实验教育学》；在美国，桑代克（Edward Lee Thorndike）、麦考尔（Mecall. W. A）也竞相响应。20 世纪 60 年代，美国的坎贝尔（Donald Thomas Campbell）和斯坦利（Stanley. I. C）提出了真实验、准实验和前实验界说，揭示了教育实验的本质属性——"控制性"及"与教育实践的不可分离性"，把教育实验的研究水平推向一个新高度。所以真正意义上的教育实验法形成于 20 世纪初，发展于 20 世纪 60 年代。

我国教育实验研究的发展可以追溯到 20 世纪二三十年代，这一时期，中国现代教育史上第一次颇有影响的教学改革实验法诞生。20 世纪 80 年代掀起了中国现代教育史上第二次教学改革实验法的浪潮。时至今日，值得一提的是，随着教育研究的不断深入，许多有识之士都认识到，只有掌握科学的研究手段、正确运用研究方法，才能认识和揭示教育规律，建立和完善教育学说。有关专家和学者多次呼吁在教育研究中要注重实证研究方法，而不能单一地运用思辨。有关杂志开辟了"调查与实验"专栏，这些均为推动我国教育实验法的发展起到了积极作用。

---

① 丁念金. 研究方法的新进展 [M]. 北京：教育科学出版社，2004：103.
② 王工一. 中小学教育科研方法 [M]. 北京：中国水利水电出版社，2005：74，75.

（二）教育实验法的含义

实验法就是研究人员根据研究目的，运用一定人为手段，主动干预和控制研究对象的发生、发展过程，并通过把有干预情况下所获得的事实和没有干预情况下同类对象变化的事实进行比较，确认事物间的因果关系的方法。在教育研究中，往往需要通过对研究中变量的控制来揭示事物间的因果关系，这就需要运用教育实验法。在自然环境下进行实验，称为"自然实验法"。在实验室进行实验，称为"实验室实验法"。

（三）教育实验变量的控制

1. 变量的识别

按照与研究目的的关系进行分类，变量可以分为两大类：实验因子和无关因子。实验因子是实验要揭示其相互关系的两个或多个变量。无关因子是指那些不是该实验所要研究的变量。

实验因子可分为自变量和因变量。自变量是在实验中由研究者操纵其变化的量。因变量是实验中随自变量变化而变化的变量。在形成研究假设时，就应该确定研究的自变量和因变量，如在课题"合作训练对小学生合作水平影响的实验研究中"，自变量为合作训练，因变量为小学生合作水平。

2. 自变量的操纵设计

自变量并非实验过程中任其自然变化的变量。所谓"自变"，只是相对"因变"而言，对研究者来说，自变量是由他操纵的，所以在实验中必须考虑如何操纵自变量的变化。

在教育实验中，实验变量往往是综合的，因此，教育实验中自变量远不如自然科学实验（包括心理实验）那样简便。单纯变量的情况是比较理想化的实验，因为任何教育效果都不可能是由单一变量引起的。

为了操纵自变量的变化，对实验对象所采取的措施和施加的条件，又称"实验处理"。它是由研究者创设和操纵的，用它能促使实验对象产生反应和变化。通过实验处理，研究者可以观察自变量的介入会引起实验对象发生什么变化和反应。

3. 无关变量的控制

为了提高实验的内部效度和外部效度，需要对除自变量和因变量之外的无关变量进行控制。无关变量一般通过以下三种方法来控制：

（1）消除法。通过采取一定的措施，设法将影响结果的无关变量排除在实验之外，不让它参与到实验的过程中来。这是控制无关变量的最主要、最理想、最基本的方法。

（2）恒定法。对一些无法排除在实验之外，但可由实验者改变的无关变量，采取一定的措施，使这些变量在实验中保持恒定不变的方法，即把变量变为常量加以控制，使无关变量的影响在实验前后保持不变。这是控制无关变量的基本方法。

（3）均衡法。对某些既不能消除又不能保持恒定的无关变量，在实验组与控制组或几个不同的组内，将无关变量保持基本相同的状态，使它们在不同组内对实验因子的影响基本一致，不影响自变量与因变量关系的显现，从而达到控制的目的。

二、教育实验法的基本特点

因为实验研究在本质上是科学实验，所以教育实验法具有以下三个特点：

（一）教育实验法的重点是论证因果关系

其他研究方法只是回答"是什么""怎么样"的问题。教育实验法则是揭示变量间的因果关系，回答"为什么"这一深层次的问题。因此，教育实验法把在一定条件下将产生什么样的因果关系作为重点。

（二）研究者可有目的地操纵自变量

实验研究的精髓在于控制。教育实验法最重要的特征是采取一系列控制手段，如主动地突出并操纵某些变量，排除一些无关因素的干扰，突出所要研究的实验因素，从而比较准确地探索出事物的因果关系。

（三）教育实验具有可重复性

在相同条件下，研究者本人或其他人可重复实验、主动实验，使某种现象重复出现，验证其结果的可靠性和有效性。教育实验法比采用观察法、调查法等能更加确切地研究某一现象。

三、教育实验法的操作步骤

教育实验同其他实验一样，具有可操作性。具体有以下六个步骤：

（一）定题

定题，即提出实验课题。定题要遵循有价值、有创造性和可行性等原则。

（二）建立实验假说

所谓假说就是实验者对自变量（实验变量）与因变量（反应变量）之间关系的推测与判断。它是自己的教育经验、科学理论、他人经验综合加工的结果。实验假说具有三个特征：假说应当设想出实验变量与反应变量之间的关系；假说要用表述或条件句的形式明确、毫不含糊地展述出来；假说应当是可以检验的。

（三）实验设计

实验设计是指实验者在实际着手验证假说之前制订的实验计划。它的目的是更科学、经济地验证假说。实验设计的问答主要有以下六个方面：

第一，实验变量的操作与控制。确保实验者依据实验要求操作不走样（自变量）。

第二，反应变量的观测方法。（因变量）测量手段：通过制表、绘图等进行比较分析。

第三，无关变量的控制措施（消除法、恒定法）。

第四，实验对象的选择（被式的选择）。

第五，实验的组织形式（单组或等组）。

第六，实验数据处理方法的确定。

（四）实验的实施

实验的实施就是实验工作者按照设计的实验方案，操作实验变量，控制无关变量，观察、记录、测量反应变量，搜集实验信息的过程，是将实验方案物质化、现实化的过程。实验的实施必须做以下两个方面的工作：一是实验进程的控制，保持实验过程按实验设计的要求、程序进行。二是经常、有重点、客观地搜集实验信息与资料，观测反应变量，为因果推论提供事实和依据。

（五）资料的统计处理

将在实验过程中积累起来的资料采用科学的统计方法进行统计分析。一般是先用描述的方法把反应结果的原始资料加以列表、图示或计算该资料的平均数、标准差和相关数等，然后再用推断统计的方法来检验自变量与因变量之间的关系。在教育实验中常用的推断统计方法有 z 检验、t 检验、f 检验等。

（六）实验报告

实验报告是反应一项实验的过程及结果并将其公布于世的文字资料，是教育科研成果的一种重要形式。

四、教育实验的基本形式

教育实验有三种基本形式：单组实验、等组实验和循环组实验。

（一）单组实验

单组实验是指同一组被试先后两次接受不同实验因素的影响，在实验过程中，保持其他条件的恒定，然后对实验因素产生的结果进行观察和比较。这种方式的优点是比较简便，实验因素容易控制，但是，由于先后两次接受实验的影响，两种实验因素就可能产生交互作用，使得不同实验条件下的被试不同质（学习基础等不相同），从而影响实验结果的精度。比如，要对某项课堂教学改革进行实验，看它是否有利于提高教学质量，则其单组实验设计如下图所示。

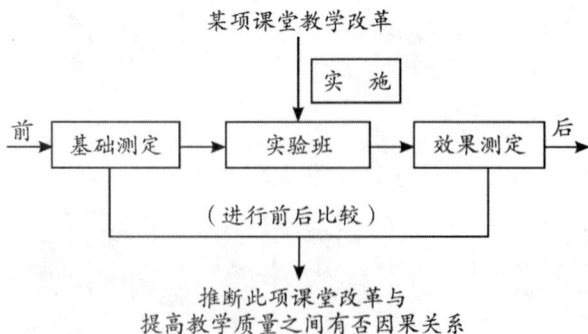

（二）等组实验

等组实验是根据实验条件将被试分成条件相同的组进行实验研究，如研究文章中生字密度对阅读理解的影响，生字密度为自变量，有高、中、低三个水平，这样可将被试分成三个相等的组进行实验。在教育心理学的研究中，经常采用实验组与控制组相对照的方法，将被试分成实验组和控制组，实验组接受实验影响，控制组不接受实验影响。在实验过程中，两组被试其他条件保持相同，最后对实验因素所产生的结果进行观测和比较，考察差异的显著性，从而判断实验因素的作用效果。等组实验的要点是保证各实验组的同质（基础相同）。比如，要开展"有计划的学法指导"实验，看其是否有利于提高学生学业成绩，则其等组实验设计如下图所示。

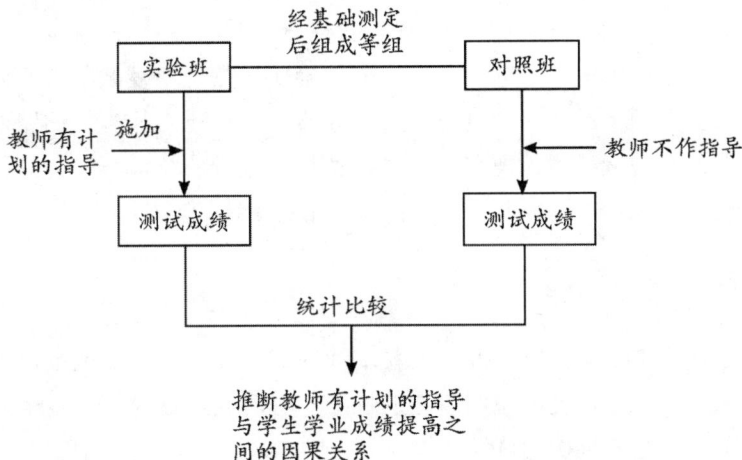

（三）循环组实验

循环组实验是单组实验与等组实验相结合的一种形式，各实验因素在各组中轮流施行。由于采用循环的形式，各组条件可不必完全相同，同一时间内各组分别接受不同实验因素的影响，比较实验结果后，再进行下一轮的循环实验。这种形式兼具前两种形式的优点，但组织运用的难度较大，实验较为复杂。比如，对高中生物学科电化教学进行实验，看其是否有利于提高学生的生物实验水平，则其循环组实验设计如下图所示。①

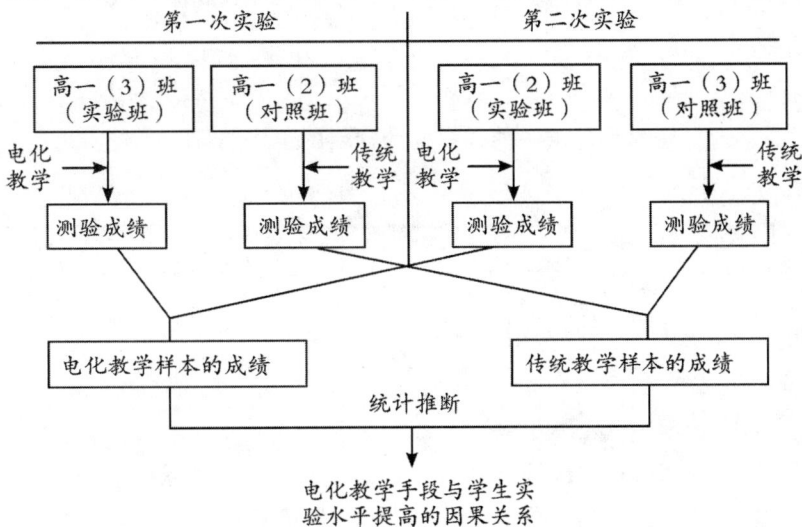

① 张民生，金宝成. 现代教师：走进教育科研［M］. 北京：教育科学出版社，2002：117，124，129.

第七节　教育统计法

基础教育学校进行课题研究，数据统计常常成为障碍。从学校教育课题研究今后发展的趋势看，如何使用统计方法是一个不能回避的现实问题。学校应该下工夫培养教师探寻一种恰当的方法解决这个难题。教育现象的确比自然现象复杂，教育研究要想成功地运用数学，像其他领域那样达到真正完善的地步，恐怕还有相当长的路要走。在许多教育规律没有搞清楚的情况下，现在有的研究就想以过细的统计来标榜其科学性，实在不可取。针对这种情况，需要强调不能盲目地滥用量化统计方法。

一、教育统计法概述

在教育科学研究中，我们要把握好教育统计法的尺度，不应当把定性和定量的研究对立起来。数量是从一个角度来说明事物的性质。有时候用数量和度量来表述一些教育现象，能给人非常清晰、准确的认识。

（一）教育统计的含义

教育统计有三方面的含义，即教育统计学、教育统计工作、教育统计资料。

1. 教育统计学

教育统计学是运用数理统计的原理和方法研究教育问题的一门应用科学。它的主要任务是研究如何搜集、整理、分析由教育调查和教育实验等途径获得的数字资料，并以此为依据进行科学推断，从而揭示蕴含在教育现象中的客观规律。

2. 教育统计工作

教育统计工作是教育统计的实践活动。它是运用一切科学的方法（主要是教育统计方法）收集、整理、研究和提供各种教育统计资料的工作总称。

3. 教育统计资料

教育统计资料是教育统计工作中取得的数字资料及其相联系的其他资料的总称，包括原始数据资料和经过整理、分析、研究所形成的统计资料。教育统计资料指的是教育统计工作的成果。统计的目的就是获得统计资料。统计资料的基本形式是数字资料，即数据。

（二）数据的种类

对不同类型的数据进行统计处理的方法是不同的，这就要求我们先弄清楚数据的种类，因为统计软件是不可能知道数据的种类的，它不可能知道表示性别的"1"和表示大小的"1"到底有什么区别。采用不同的分类标准对数据的分类也是不同的。这里我们按照数据的精确性程度将数据分为以下四种类型：

1. 类别变量

类别变量的取值仅仅表示不同的类别，不具有大小关系，更不能进行代数运算。比如，用"0"表示男生，用"1"表示女生，这里的0、1没有大小关系，仅仅表示不同的性别。在进行统计分析时，用数字表示类别变量是必要的，只要清楚哪些是类别变量就可以了。

2. 等级变量

等级变量的数据具有大小关系，但不具有相同的单位。理论上说也是不能进行代数运算的。比如，你不能把等级"优"（用"1"表示）和等级"良"（用"2"表示）加起来求平均得到"1.5"，就像不能把一个人和一个苹果加起来得到两样东西一样。因为单位不同的数据是不能直接进行加减运算的。要注意的是通常考试的原始分数是等级变量，从理论上来说，我们是不能直接把原始分数相加求和的。

3. 等距变量

等距变量除具有大小之外，还具有相同的单位，但零点是相对的，因此可以进行"加减运算"，但不能进行乘除运算。比如，标准分数、摄氏温度等就是等距变量。所谓的"零点"是指计算的起点，它有两种类型：一是相对的零点，"0"不一定表示"无"。比如，零摄氏度不表示没有温度；标准分数为"0"也不表示对所考内容一无所知。另一种零点是绝对零点，"0"表示"无"。在物理测量中的多数零点都是绝对的，但教育与心理测量中的零点多数则是相对的。

4. 比率变量

对一些变量进行测量时，变量值（测量数据）既有相等的单位，又有绝对零点，这类变量称为"比率变量"，其相应的变量值称为"比率数据"，如身高、体重、时间等。比率变量具有大小关系、相同单位以及绝对零点，可进行代数四则运算。

（三）普通教师能看懂的统计资料

教师在学习他人科研成果的时候，需要把一些主要的统计符号弄明白。

1. P

当我们总结自己的实验成果或学习别人的实验成果的时候，常常注意一个统计数字——P 值。统计上把 $P \leqslant 0.05$（图表中用 * 表示）的差异叫"显著差异"；把 $P \leqslant 0.01$（图表中用 * * 表示）的差异叫"非常显著差异"。一般来说，当实验结果是实验班高于对比班，而且有显著差异或非常显著差异时，才能说明实验基本成功。

在教育实验中，实验者即使再小心，也难免受到干扰，出现一些误差，掩盖了实验的真正效果。为了对实验效果进行分辨，统计方法上采用了差异显著性检验方法。

2. Z（检验）

Z 检验是差异显著性检验中最常用的方法。它适用于30个样本以上的大样本（如学校的调查往往多达100人、1000人）。

3. t（检验）

t检验是差异显著性检验中最常用的方法。它适用于 30 个样本以下的小样本（如一个小班）。

4. 卡方（X^2）（检验）

Z 检验和 t 检验等统计方法处理的是测量出来的数据。而教育实验中常常要用性质、品质，而不是数量分类来说明实验结果（如性别中的男、女，品德中的好、中、差，态度中的同意、不同意、不了解），然后计算出每类的人数或次数。这种计数数据（所谓计数数据，就是中间不能插入数据。如 3 人和 4 人之间不能有 3.2 人），则要用 X^2 来进行差异显著性检验。

下面这个例子就是用"态度"来进行分类，然后根据计数数据用 X^2 来进行差异显著性检验。

回答"你是否经常对自己有新的要求"

	是	没　有	教师、家长让做什么就做什么	总　计	差异检验
实验班	304（77%）	22（6%）	69（17%）	395	$X^2 = 21.06687$ $df = 2$ $P < 0.01$ 差异极其显著
对照班	190（61%）	26（8%）	95（31%）	311	

5. S（标准差）

标准差表示一组分数的离散程度（即分数之间彼此差异的程度）。

甲组四个人的分数分别为 100，51，49，0，我们很容易计算出甲组的平均分是 50 分；乙组四个人的分数分别为 52，51，49，48，我们也很容易计算出乙组的平均分也是 50 分。这两组的平均分虽然一样，但是我们认为甲组的两极分化更为严重。也就是说，甲组分数的离散程度（分数彼此之间差异的程度）更大——表示这个离散程度的叫标准差，一般以 S 表示（也有记作 SD）。

6. r（相关系数）

相关就是指两组数据之间的相互关系。比如，学生的学习成绩和品德有没有关系？数学成绩和物理成绩有没有关系？这些都是教师经常关心的问题。相关系数就是用来表示相关程度的量的指标，用 r 来表示。相关有以下三种情况：

（1）正相关。两组数据变动方向一致，即一种数据变动时，另外一种数据也发生相同方向的变动，如身体越高，体重越重。

（2）负相关。两组数据变动方向相反，即一种数据变动时，另外一种数据发生相反方向的变动，如小学生观看电视节目的时间越长，阅读能力越低。

（3）零相关。两组数据变动方向无关，学生身高与学习成绩无关。

二、教育统计法的基本特点

教育统计是通过样本的信息来推断总体的信息，采用的是不完全归纳法抽取样本，因而其统计学的结论不一定完全正确。然而，凡涉及抽样的问题，都得采用统计学的方法来推断总体的信息。因而，统计学的功用很强大，几乎是教育量化研究的唯一方法和工具。总体来说，它有以下两个主要特点：

（一）数量性

教育统计是通过数字资料，即数据来说明教育规律和特征的，因而要达到一定的量，否则，将影响结论的可靠性。

（二）工具性

教育统计学是对教育问题进行定量分析的重要科学工具，无论是教育调查，还是教育实验，都需要用统计方法进行处理和分析。

三、统计学的内容

一般而言，统计学包括三方面的内容，即描述统计、推断统计、实验设计。这其中实验设计的过程必须考虑采用什么统计方法来处理实验的数据，因此，实验设计过去也包括在统计学的内容之中。不过，后来实验设计慢慢从统计学中分离出去，有了专门的教育实验学和心理实验学，但统计学始终是其基础学科。下面重点论述描述统计和推断统计。

（一）描述统计[①]

描述统计是指通过对实验或调查所获得的数据的整理、制表、绘图，计算各种代表量，如集中量（如平均数）、差异量（如标准差）、相关量（如相关系数）等，将大量零散、杂乱无章的资料简缩、概括，使其分布的特征清晰、明确地显现出来。数据的描述统计包括很多方面，这里主要介绍计算各种统计量数。

1. 集中量数

集中量数是表示数据集中趋势或典型水平的量数。常用的有算术平均数、中数、众数等。

算术平均数（Mean）＝所有数据之和/数据的总频数＝$\dfrac{\sum X}{N}$，用$\overline{X}$表示。

平均数是使用最为广泛的一种集中量数，它简明易懂、适合代数运算，但易受极端值影响。所以，有时取平均数的时候"去掉一个最高分、一个最低分"，实际上就是删除极端值，特别是在主观性评价的过程中一定要这样做。

---

① 胡中锋. 中小学教师教育科研导论 ［M］. 广州：广东高等教育出版社，2006：68－71.

2. 差异量数

差异量数是表示数据差异程度或分散程度、离散程度的量数。常用的有方差、标准差、平均差等。

最常用的是方差与标准差（std. deviation）。

方差等于离差平方的算术平均数。可用 S^2、σ^2 表示；标准差等于方差的平方根，可用 S、σ 表示。方差的计算公式如下：

$$S^2 = \frac{\sum (X - \bar{X})^2}{N}$$

从方差的计算公式可以看出，方差是用每个数据与平均数求差，将这些差的平方求和，再除以数据的总频数，得到的商。我们可以直观地想象一下，如果数据很集中，那么每个数据与平均数的差的平方就小，从而方差就小；相反，方差就大。也就是说，数据集中的时候方差小，分散的时候方差大。因此，方差越大，数据越分散；方差越小，数据越集中。所以方差的大小表示了数据的离散程度。由于方差把原来数据的单位平方了，所以采用标准差将其还原。因此，标准差是最常用的表示数据离散程度的数量指标。

3. 相关量数

（1）相关的含义。两个随机变量之间不精确、不稳定的变化关系称为"相关关系"。它与函数关系的区别就在于两个变量值不是一一对应得那样精确、稳定。相关关系是对随机现象而言的，确定性现象之间的关系是因果关系而不是相关关系；同样，也不能把相关关系误解为因果关系。比如，数学成绩与物理成绩从来都是非常高的正相关，但并不能解释为"因为某生数学成绩好，所以其物理成绩也好"，这是一种误解。

从两个变量的变化方向来看，相关关系有三种，即正相关、负相关、零相关。从密切程度来看，有强相关或高度相关、中度相关、弱相关或低度相关，过去我们有相对的数量指标，但现在利用统计软件计算相关系数的时候，相关的强度就同时显示出来了。

（2）相关系数。用来描述两个变量之间变化方向及密切程度的数字特征量称为"相关系数"，用 r 表示。相关系数的取值范围为 $[-1，1]$。要注意的是，相关系数的值，仅仅是一个比值，不能进行加减乘除运算。

（3）积差相关。相关系数有很多种，相应的计算公式也不同。这里只介绍其中的一种：积差相关。

当两个变量都是正态连续变量，而且两者之间呈线性关系，表示这两个变量之间的相关称为"积差相关"。正态连续变量指的是变量服从正态分布且其取值是连续的。

要计算积差相关，必须满足以下条件：

① 两个变量都是由测量获得的连续性数据。

② 两个变量的总体都呈正态分布。

③ 必须是成对的数据，而且每对数据之间是相互独立的。

④ 两个变量之间呈线性关系。可由相关散布图的形状来决定。

⑤ 要排除共变因素的影响。

⑥ 样本容量 $n \geqslant 30$，计算出的积差相关系数才具有有效意义。

积差相关系数的公式如下：

$$r = \frac{\overline{XY} - \overline{X}\overline{Y}}{\sigma x \quad \sigma y}$$

等式左边是相关系数，右边分子是"积的平均数与平均数之积的差"，分母是标准差之积。

（二）推断统计①

推断统计是根据样本所提供的信息，在一定的可靠性程度上，对总体的分布特征进行估计、推断。推断统计的内容包括总体参数的估计和假设检验两部分。

1. 显著性检验的基本思想

显著性检验是统计推断的方法，它是确定一个具有已知统计量的样本是不是从已知对应参数的总体中抽出来的。换句话说，样本统计量与总体参数的差异究竟是由于抽样所引起的随机误差，还是本质上的差异，这些需要经过检验才能加以判定，这种检验就是显著性检验。

2. 显著性检验的一般步骤

（1）建立零假设（或称"原假设""虚无假设"）。

（2）选择和计算统计量——t 值、x^2 等。

（3）确定 p 值。

（4）判断结果。

3. 概率（p）

当实验次数达到无穷时，事件出现的频率与某一个常数相等，我们就把这个常数作为事件的概率。在实际中，我们是把在大量的观测情况下获得的事件发生的频率作为事件的概率的近似值。

4. 统计推断的基本原理

如果某一事件的概率很小，即在多次重复实验的情况下，发生的频率很小，则称其为"小概率事件"。小概率事件在一次实验中几乎是不可能发生的，这是推断统计的基本原理。一般常用以下两种水平：一种是把概率（p）等于或小于 0.05 的事件作为小概率事件；另一种是把概率（p）等于或小于 0.01 的事件作为小概率事件。

5. 几种常用的显著性检验（T 检验、x^2 检验、相关检验）

（1）T 检验。对来自正态总体的两个样本进行平均值比较常使用 T 检验的方法。T 检验分为三种类型：单个样本的 T 检验、独立样本的 T 检验和配对样本的 T 检验。

① 单一样本的 T 检验。就是样本平均数与总体平均数的比较。使用范围如下：

A. 检验单个变量的均值是否与给定常数的均值存在差异。

---

① 陈岩. 中小学课程研究［M］. 北京：北京师范大学出版社，2014：100 - 105.

B. 若已知总体平均数，可检验样本平均数与总体平均数之间存在的差异。

② 独立样本的 T 检验。就是两个独立样本平均数的比较。使用条件如下：

A. 两个样本没有配对关系。

B. 两个样本均来自正态总体。

③ 配对样本/相关样本的 T 检验。就是两个相关样本平均数的比较。使用条件如下：

A. 两个样本有配对关系。

B. 两个样本均来自正态总体。

T 检验的类型：双尾 T 检验、右尾 T 检验、左尾 T 检验。

实例：（单一样本的 T 检验）某市高中入学考试，数学平均成绩为 75 分，从某校考生中随机抽取 26 名学生的数学成绩，其平均数为 76.6 分，标准差为 15.1 分，该校的数学成绩与全市的平均成绩有无显著性差异？

检验的步骤：

第一步，提出假设：H_0：$\overline{X} = \mu$，即该校的数学成绩与全市的数学成绩无差别。

第二步，选择统计量并计算其值。

$$t = \frac{|\overline{X} - \mu|}{\frac{S}{\sqrt{n-1}}}$$

其中，X = 样本平均数，μ = 总体平均数，S = 样本标准差，n = 样本总量。

第三步，确定 p 值：$t = \dfrac{|\overline{X} - \mu|}{\dfrac{S}{\sqrt{n-1}}} = \dfrac{|76.6 - 75|}{\dfrac{15.1}{\sqrt{26-1}}} = \dfrac{1.6}{3.02} = 0.53$。

若 $a = 0.05$，再计算出 $df = n - 1 = 26 - 1 = 25$。

可从 t 值表中查出 $t_{0.05}$（25）= 2.060（双侧检验）。

因为 $t < t_{0.05}$（25），所以 $p > 0.05$。

第四步，因为 $p > 0.05$，差异不显著，故接受检验假设 H_0，即认为该校的数学成绩与全市的数学成绩无差异。

（三）χ^2（卡方）检验

1. χ^2（卡方）检验（CHi-square test）

χ^2 检验是对样本的频数分布所来自的总体分布是否服从某种理论分布或某种假设分布所作的假设检验，即根据样本的频数分布来推断总体的分布。

这是一种用途较广的显著性检验方法，常用作比较计数资料差异是否显著的检验。换句话说，对于计数数据，分析检验变量的类别之间的差异，主要用 χ^2 检验。

χ^2 检验可以同时处理一个因素分为多种类别或多种因素各有多种类别的资料。

χ^2 检验与测量数据的假设检验的不同点有以下三个：

第一，测量数据的假设检验，其数据属于连续变量，而 χ^2 检验的数据属于点计数据。

第二，测量数据所来自的总体要求呈正态分布，而 χ^2 检验的数据所来自的总体分布是未知的。

第三，测量数据的假设检验是对总体参数或几个总体参数之差所进行的假设检验；χ^2 检验在多数情况下不是对总体参数的检验，而是对总体分布的假设检验。它属于自由分布的非参数检验。

2. χ^2 的计算

$$\chi^2 = \sum \frac{(f_0 - f_e)^2}{f_e}$$

若实际观察次数与理论次数完全相同，则 χ^2 为 0。

若实际观察次数与理论次数差异越大，即实际观察次数与理论次数相吻合的程度越低，则 χ^2 值越大。

若实际观察次数与理论次数差异越小，即实际观察次数与理论次数相吻合的程度越高，则 χ^2 值越小。

实例：某校进行体能测试，54 名老年教师中，良好的有 15 人，中等的有 23 人，差的有 16 人，该校老年教师体能好、中、差的人数比例是否为 1：2：1？

检验的步骤：

第一步，提出假设：

H_0：体能好、中、差的人数比例为 1：2：1；

H_1：体能好、中、差的人数比例不是 1：2：1。

第二步，计算 χ^2 值。根据零假设，体能好、中、差的理论频数分别为 $54 \times \frac{1}{4} = 13.5$，$54 \times \frac{2}{4} = 27$，$54 \times \frac{1}{4} = 13.5$。然后根据公式，求出 χ^2 值。

$$\chi^2 = \frac{(15 - 13.5)^2}{13.5} + \frac{(23 - 27)^2}{27} + \frac{(16 - 13.5)^2}{13.5} = 1.22$$

第三步，统计决断。先决定自由度。单向表的 χ^2 的自由度一般等于组数减 1，即 $df = k - 1 = 3 - 1 = 2$，查 $\chi^2_{(2)0.05} = 5.99$，然后将实际计算出的 χ^2 值与之比较，由于 $\chi^2 = 1.22 < 5.99 = \chi^2_{(2)0.05}$，则 $p > 0.05$，按照表中 χ^2 检验统计决断的规则，应保留 H_0 拒绝 H_1。其结论为该校老年教师的体能好、中、差的人数比例为 1：2：1。

χ^2 检验统计决断规则

χ^2 值与临界值的比较	p 值	检验结果	显著性
$\chi^2 < \chi^2_{(df)0.05}$	$p > 0.05$	保留 H_0 拒绝 H_1	不显著
$\chi^2_{(df)0.05} \leqslant \chi^2 < \chi^2_{(df)0.01}$	$0.01 < p \leqslant 0.05$	在 0.05 显著水平上 拒绝 H_0 保留 H_1	显著（＊）
$\chi^2 \geqslant \chi^2_{(df)0.01}$	$p \leqslant 0.01$	在 0.01 显著水平上拒绝 H_0 保留 H_1	极其显著（＊＊）

（四）相关系数的显著性检验

计算出的相关系数一般都是样本相关系数，只是表示了变量的样本的相关程度。但是相关分析的目的却是要分析两个变量的总体之间是否相关。

实例：45名学生跳高与跳远成绩（达标及未达标）如下表所示。同跳高与跳远成绩从总体上说，两者是否存在相关？

跳　高	跳　远		总　和
	达　标	未达标	
达　标	$a = 8$	$b = 6$	$14 = a + b$
未达标	$c = 11$	$d = 20$	$31 = c + d$
总　和	$a + c = 19$	$b + d = 26$	$45 = a + b + c + d$

根据计算结果，跳高与跳远成绩的相关系数为0.34。若考察两者在总体上是否相关，需要进行检验。

检验的步骤：

第一步，提出假设：H_0：$\rho = 0$；H_1：$\rho \neq 0$。

检验统计量为

$$Z = \frac{r_1}{\dfrac{1}{Y_1 Y_2} \sqrt{\dfrac{p_1 q_1 p_2 q_2}{N}}}$$

在这里，p_1 和 p_2 分别表示两个变量中某一类别的人数比率，

q_1 和 q_2 分别表示两个变量中另一类别的人数比率，

Y_1 和 Y_2 分别表示与 p_1 和 p_2 相对应的正态曲线的高度，

N 表示样本的总容量。

根据表中跳高达标的人数比率为 $p_1 = (a + b) / N = 14/45 = 0.311$，$q_1 = 1 - p_1 = 1 - 0.311 = 0.689$。

跳远达标的人数比率为 $p_2 = (a + c) / N = 19/45 = 0.422$，$q_2 = 1 - p_2 = 1 - 0.422 = 0.578$。

然后根据 p_1 和 p_2 分别于0.5之差，即 $0.5 - 0.311 = 0.189$，$0.5 - 0.422 = 0.078$，在正态曲线面积和纵线表 p 列中寻找与之最接近的值，其相对应的 $Y_1 = 0.35381$，$Y_2 = 0.39104$，将有关数据代入上式，则

$$Z = \frac{0.34}{\dfrac{1}{0.35381 \times 0.39104} \sqrt{\dfrac{0.311 \times 0.689 \times 0.422 \times 0.578}{45}}} = 1.38$$

第三步，统计决断。由于实际计算出的 $|Z| = 1.38 < 1.96 = Z_{0.05}$，则 $p > 0.05$，根据双 Z 检验决断规则，保留 H_0 拒绝 H_1。其结论为跳高与跳远的成绩从总体上说不存在相关。

相关系数检验统计决断规则

结 论	与临界值比较	表示方法	符 号
相关不显著	$|r| < r_{0.05}$	$p > 0.05$	无
相关显著	$r_{0.05}|r| < r_{0.01}$	$p < 0.05$	$*$
相关高度显著	$r_{0.01} < |r| < r_{0.001}$	$p < 0.01$	$* *$
相关极高度显著	$|r| > r_{0.001}$	$p < 0.001$	$* * *$

四、教师常用统计图表

统计图表是对一批杂乱无章的原始数据进行的初步加工整理。它使我们能够直观、形象地看到数据整体的一些特征和规律。教师学会制作或者看懂统计图表，对工作和研究都很有帮助。统计图表有以下五种类型：

（一）按照特征进行归类的表格

一个班获得小红花的分类统计表（共35人）

分 类	一 朵	二 朵	三 朵	四 朵	五 朵
人 数	2	5	8	15	5

（二）按照频数（出现次数）制作分布表

一个班语文分数的频数分布表（35人）

分数段	频数（人数）
$45 \sim 55$	2
$56 \sim 66$	7
$67 \sim 77$	10
$78 \sim 88$	11
$89 \sim 10$	5

一般50人以上分成8~20组，50人以下分成5~6组。

（三）条形图（竖放时叫直方图）

一个班获得小红花的分类统计图（35 人）

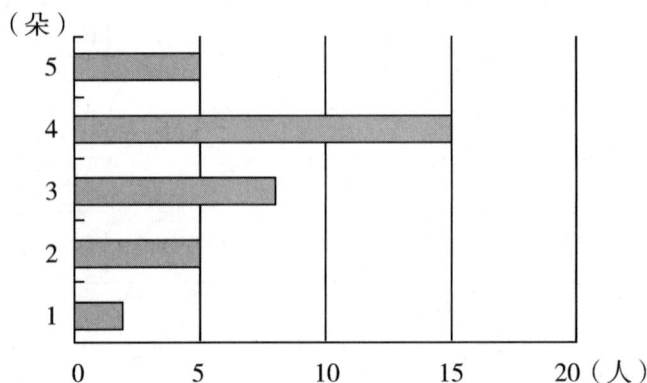

（四）圆形图

一个班获得小红花的分类统计图（35 人）

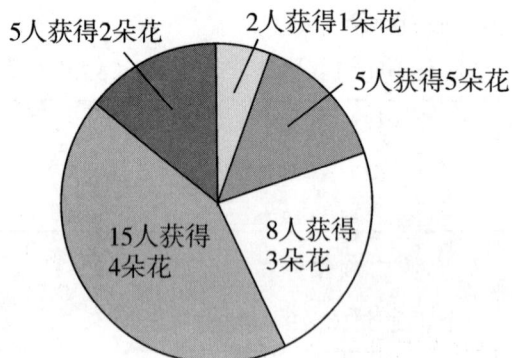

（五）曲线图

一个班获得小红花的分类统计图（35 人）

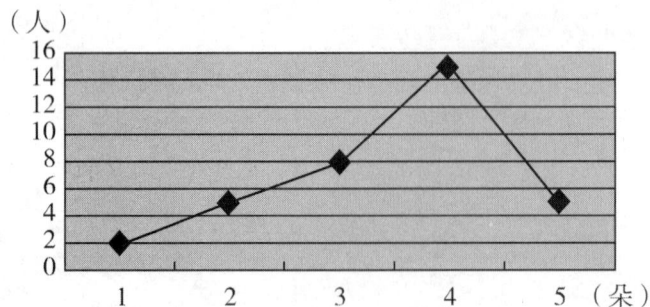

五、SPSS 简介

SPSS 是 Statistical Product and Service Solutions 的英文缩写，即统计产品与服务解决方

案，其网站为 http：//www. spss. com。它是当今世界上公认和流行的综合统计分析软件，与另一种统计分析软件 SAS 并称为当今最权威的两大统计软件。

（一）SPSS 软件的发展

SPSS 软件最初全称为"社会科学统计软件包"（Solutions Statistical Package for the Social Sciences），但是随着 SPSS 产品服务领域的扩大和服务深度的增加，SPSS 公司已于 2000 年正式将英文全称更改为"统计产品与服务解决方案"，标志着 SPSS 的战略方向正在做出重大调整。

1984 年，SPSS 总部首先推出了世界上第一个统计分析软件微机版本 SPSS/PC ＋，开创了 SPSS 微机系列产品的开发方向，极大地扩充了它的应用范围，并使其能很快地应用于自然科学、技术科学、社会科学的各个领域。世界上许多有影响的报纸、杂志纷纷就 SPSS 的自动统计绘图、数据的深入分析、使用方便、功能齐全等方面给予了高度的评价。

SPSS 提供了功能强大的图形环境统计分析和数据管理系统，用户可以使用描述性菜单和简单的对话框进行大部分操作。大多数任务只要通过点击鼠标就可以完成。

SPSS 被广泛应用于经济管理、医疗卫生、自然科学等各个方面。目前，SPSS 软件使用已经成为许多大专院校统计学专业和财经类、管理类专业本科学生的必修课程。

在教育领域，首先，SPSS 被用来统计分析学生考试成绩，如数学学科错误率高的题型有哪些；其次，可被用来为教师改进教学提供更加科学客观的分析结果；最后，可以为学校科研、教研服务。

在我国，SPSS 以其强大的统计分析功能、方便的用户操作界面、良好的软件交互性、灵活的表格式分析报告及其精美的图形展现，受到了社会各界统计分析人员的喜爱。

（二）SPSS 软件的操作与应用统计分析①

1. 数据的分析与变量的命名

在 SPSS 的数据框中输入数据是非常简单的，要注意的就是把你的变量"数据化"，因为 SPSS 不接受非数字的变量。比如，性别变量不能用中文字"男、女"输入，得把它数字化，用"0"表示"男生"、"1"表示"女生"（当然具体用什么数字自己清楚就行了），而且还要知道这里的性别变量属于类别变量，千万不要和其他变量混淆。

变量的命名需要点击 SPSS 数据框左下方的"variable view"，在表的第一列给每个变量命名，不能超过四个汉字，否则，数据框显示不出来。命名的原则是方便自己记忆和解释。当变量很多的时候，一定要区分开不同的变量，最好是按类来命名。

建议确定一个变量："被试"，从"1"到"n"为其取值；如果是问卷的话，每个题是一个变量。比如，焦虑的第 1 题可以用"a_1"来命名，态度的第 2 题可以用"b_2"来命名。

---

① 胡中锋. 中小学教师教育科研导论［M］. 广州：广东高等教育出版社，2006：78 － 80.

数据输入以及命名之后，就要将数据保存在自己的文件里。为了避免遗失或电脑出现问题，可以将重要数据保存在多个安全的地方，如 U 盘、邮件或其他电脑等。

（三）统计分析

有了数据就可以进行相应的统计分析了。SPSS 几乎所有的分析功能都在子目录 Analyze（第 1 行第 6 列）里面，点击它就可以看见其子目录（从上到下）：Reports/Descriptive Statistics/Compare Means/General Linear Model/Correlate/Regression/Classify/Data Reduction/Scale/Nonparametric Tests/Multiple Response。不同的版本这里的子目录不完全一样，每个子目录下面还有一级子目录，把鼠标放在上面就可显示出来，点击它就进到里面的分析程序。下面对上述的研究问题进行实际的操作。

研究问题 1：Analyze 的第二个子目录 Descriptive 就是进行描述统计分析的，在这个子目录下的第二个子目录里面就可以计算平均数和标准差。

研究问题 2：积差相关和等级相关系数的计算都在 Analyze 的第五个子目录 Correlation 里，点击 Correlation 的第一个子目录 Bivariate（双变量的相关），进入后把要求相关的变量选到方框右边，然后选择 Correlation coefficients 下面的 Pearson 就是计算积差相关系数，选择 Spearman 就是计算等级相关系数。

研究问题 3：独立样本 t 检验在 Analyze 的第三个子目录 Compare means 里，点击其第三个子目录 Independent-Samples T Test（独立样本 T 检验）就可以进去进行检验，要把被检验的变量选到右边的方框里面，再按"OK"键就可以得到检验结果。

研究问题 4：多组独立样本单因子变异数分析（One-Way ANOVA）也在 Analyze 的第三个子目录 Compare means 里，点击其第五个子目录 One-Way ANOVA 进去就可以进行检验了。这里，Dependent 是数学成绩，Factor 是家庭状况。

研究问题 5：多元回归在 Analyze 的第六个子目录 Regression 里，点击其第一个子目录 Linear 进去就可以进行回归分析。这里，Dependent 是数学成绩，Independent（s）是数学焦虑、数学态度和数学动机。

研究问题 6：一般线性模型在 Analyze 的第四个子目录 General Linear Model 里，点击其子目录 univariate 进去就可以进行统计处理。这里，Dependent 是数学成绩，Fixed Factors 是性别和家庭状况变量。

研究问题 7：与研究问题 5 类似，只不过需要进行二次回归分析。

建议读者对上面的统计问题亲自操作一遍，熟能生巧。只要大家把数据做了备份，怎么按键都没有问题的，电脑是不会给按坏的。

当然，SPSS 的功能是非常强大的，而且也在不断更新。有兴趣的读者尽量掌握其主要功能，特别是学校的理科教师及电脑教师更应该掌握，如果周围有了熟悉它的人请教就方便多了，实际上很多问题一点就通。

附录1　教育调查法研究示例

高中生古典文学阅读状况调查（有删节）①

安徽省宣城中学　邓　彤

一、前言

新课标规定高中生在必修阶段（一年半内）课外自读文学名著五部以上。这是多年来中学语文教育经验考试的一个总结，也是为提高学生中学语文素养而提出的基本要求。

但是，在目前形势下，广大高中生能在多大程度上达到新课标规定的基本要求？他们对文学名著到底有多大兴趣？他们的阅读水平究竟如何？他们在阅读文学名著时会遇到什么样的困难？他们最需要得到什么样的帮助呢？

为了解以上情况，我们进行了一次问卷调查，由于《红楼梦》在中国古典文学中的特殊地位，我们设计了"高中生与《红楼梦》"调查问卷，想借以了解高中生对古典文学的阅读兴趣、阅读能力和阅读的基本环境，为中学语文教学提供参考。

二、调查方法

（一）问卷设计

本次调查我们侧重了解以下三个方面的问题：一是高中生阅读《红楼梦》的动机；二是高中生实际具备的阅读水平及其面临的主要困难；三是高中生课外阅读的背景。

问卷由封闭式的结构性问题及开放性的非结构性问题构成。其中，结构性问卷又分为两部分：阅读调查、阅读背景调查。

我们先结合高中生的实际情况列出了具体的调查项目，又召集了部分学生进行座谈，列出了基本问题，然后又选择高中二年级一个班进行了测试，在此基础上编制出正式的调配问卷。

为防止问卷回答中出现明显的偏斜现象，我们还在问卷中设置了几道问题用以验证答卷人有无偏斜倾向，凡是有明显偏斜倾向的答卷我们一律视为无效答卷。

（二）样本选择

为了使调查结论更符合实际，我们选择了450名高中生（高中一年级学生100名，

---

①　邓彤. 高中生古典文学阅读状况调查 [J]. 语文建设，2004（5）.

高中二年级学生 200 名，高中三年级学生 150 名）作为调查对象，并请同行中学语文教师帮助发放、回收问卷。由于有关中学语文教师的大力协助，所有问卷全部收回，其中有效问卷共 374 份，有效率达 83.1％。

三、调查分析

（一）高中生是否喜爱《红楼梦》等古典名著

调查表明，绝大多数高中生对阅读《红楼梦》有强烈的兴趣和愿望。

有 82.7％的高中生曾经尝试过阅读《红楼梦》；有 63.78％的学生明确表示如果学校开设《红楼梦》选修课，他们愿意选修；有的学生甚至还在"愿意"前面加上"非常""百分之百"等加以强调。

在回答"你认为高中生是否应该阅读《红楼梦》"这一问题时，有 48.91％的学生认为"非常必要"，有 22.16％的学生认为文科学生必须读，只有 5.4％的学生认为"没有必要"。

由此可见，尽管目前学生的学习压力很大，尽管"快餐文化"在不断冲击着学生对古典文学的阅读，但学生仍然对《红楼梦》等古典文学作品一往情深。

（二）高中生阅读《红楼梦》的现状如何

如上统计，尽管绝大多数高中生表示愿意阅读《红楼梦》，但有 37.9％的学生属于那种"愿意读"但"读了几章却看不下去"之列。这说明，相当数量的高中生虽有阅读名著的强烈愿望却不具备相应的能力水平，因此，才会有 63.78％的学生表示愿意选修《红楼梦》导读课。这说明学生迫切需要中学语文教师的引导帮助。

中学语文教师在这方面做得怎样？

先让我们看看中学生是如何走近《红楼梦》的。

在读过《红楼梦》的学生中，有 21％的学生阅读《红楼梦》是因为受了同学的影响，有 23.78％的学生是受了书报上有关评介文字的影响，有 43.21％的学生完全是个人主动阅读《红楼梦》的，中学语文教师的推荐介绍只占了 13.24％。

下面的数据更加令人触目惊心：

在问到"你的中学语文教师向你推荐或指导过你阅读《红楼梦》或其他古典名著吗"时，学生回答"经常"的只有 7.8％（相当于一个 20 人的中学语文教研组只有一两位中学语文教师对学生进行过文学名著的阅读指导），回答"很少"和"几乎没有"的居然占了 90％！

也就是说，面对 82.7％渴望走进《红楼梦》或其他古典名著的高中生，绝大多数中学语文教师始终毫无作为，没有督促，没有指导。这可不可以说是中学语文教师的失职？广大中学语文教师的精力主要放在了什么地方？无非是备课、上课、考试、批改作业、批改试卷，但这些真的就是中学语文教师全部的工作吗？除此之外，中学语文教师还能不能再为学生做些什么？

没有中学语文教师引导的学生是怎样阅读《红楼梦》的呢？

有 40％的学生表示是通过电影、电视这些渠道了解《红楼梦》的，只有 39.72％的学生是通过阅读原著了解作品的。看来，影视技术已经在悄然取代传统的文本阅读方式。中学语文的命脉恰恰在于文本的读写，对此，中学语文教师该有何作为？我以为，引导学生学会阅读、愿意阅读，使学生体味到文本阅读的无限乐趣，应该是中学语文教师最基本的职责。

我们中学语文教师一面指责学生不读书，一面却对众多渴望读书、渴望得到指导的学生无动于衷，这不是很反常的事吗？

（三）高中生阅读的条件如何

如今的高中生，其父母都出生于 20 世纪五六十年代。由于时代的原因，他们父母的学历普遍不高：初、高中文化程度的占 65.39％，有大学学历的只占 14.3％，其余的就只是小学以下的文化程度。与家长文化程度密切相关的是家庭的藏书量。调查表明，27.3％的家庭几乎没有任何藏书，近半数的家庭（42.97％）只有 50 本左右的藏书。在这样的环境下，学生的阅读能力几乎不可能得到什么提高。由此也说明了学校图书馆的重要性（它几乎成了学生课外阅读的唯一来源），说明了中学语文教师指导的重要性。

在对孩子的阅读指导方面，家长和中学语文教师一样没有发挥应有的作用。

有 32.97％的学生说自己的家长"从来不"与自己交流读书体会，51.62％的学生说家长"偶尔会"与自己交流。其原因可能是许多家长没有这种意识，但更主要的可能是大多数家长不具备这种能力。由此看来，能够给学生提供阅读指导的中学语文教师未能发挥相应的作用，最适宜熏陶学生阅读能力的家庭未能提供相应的环境。于是，学生们只好随意发展。其中不乏佼佼者，但那通常只是学生个人的禀赋、悟性使然。中学语文教师的作用究竟体现在哪里？

在时间方面，学生的课外阅读也得不到充分的保障。有 30％的学生每个星期课外阅读时间居然还不到 1 小时，这几乎等于没有进行任何阅读。有 30.8％的学生每个星期只有 3 小时的课外阅读时间，平均每天只有 20 分钟。大多数以上的学生没有足够的时间阅读，他们就注定无法真正提高自己的阅读水平。根据这样的阅读时间来看，有一大半高中生根本无法完成高中阶段阅读任务。

从另一方面看，家长对孩子进行课外阅读的态度较以前有了很大的改观。大多数家长已经开始认识到课外阅读的重要性。

由调查可知，"反对孩子进行课外阅读"的家长只有 7.8％，"允许孩子在假期进行阅读"的家长占 43.24％。这表明，有相当多的家长已经开始在孩子繁重的课业负担和课外自由发展之间，寻找"契合点"了。另外，"鼓励孩子多多阅读"的家长有 16.48％，至于 25.13％的"对孩子的课外阅读不过问"的父母，实际上也等于允许孩子看课外书（当然，前提是不影响学习成绩）。因此，高中生课外阅读的家庭动力固然还没有，但阻力已经变得很小，这与五六年前的情形大不相同，应该说是近年来的中学语文教育改革取得成效的一个有力证据。

四、结论与建议

（一）结论

第一，调查表明，绝大多数的高中生高度重视古典文学名著，对《红楼梦》这类极富文化内涵的经典名著，他们有着极其强烈的阅读愿望。这是我们搞好中学语文教育的重要前提。这一调查结论与以往人们关于当前中学生"远离经典"、属于"读图时代"等看法大相径庭。

第二，高中生中确实存在着"远离经典"的现象，不过，这主要是因为学生和经典作品之间有着较大的距离。学生在知识、语言、阅读能力等方面都存在较大的障碍，迫切需要得到中学语文教师的帮助、指导，但中学语文教师在这方面做得还很不够，学生基本上处于自然发展的状态。

第三，现阶段，高中生阅读文学名著的条件已基本具备：家长支持、学生积极、社会呼吁、任务明确（有了"课标"及"书目"），主要的障碍是没有足够的阅读时间和阅读指导。这似乎是制约中学语文教学进一步发展的两个新的"瓶颈"，前者需要教育行政部门的干预，后者则是中学语文教师的本分。

（二）建议

第一，虽然说课堂是教学的主阵地，但是具体到中学语文学科，由于母语学习的特殊性，单纯的中学语文课堂教学改革似乎难以发挥作用。中学语文学习从本质上是立足于生活的，课堂教学只能起到示范、释疑、推动作用，永远无法代替学生的自我学习、自我发展。但是，学生的课外时间有限，开展大规模的课外活动不切实际，所以，中学语文教师应该将中学语文教学的重点定位在阅读策略、阅读方法的指导上。

第二，有必要改革中学语文教学结构，应该将多种课型加以融合：以"方法策略"为教学目标，以"课堂示范"为入门之径，以"阅览课"（在中学语文教师指导下由学生自由阅读，旨在历练"方法策略"和"课堂示范"上习得的内容）为"实验室"，以"研究性学习"为巩固提高之手段，借助"社会实践活动"印证所学，磨炼学生的才识、品性。

第三，从目前情形看，学生们的知识面可能比较广泛，但大多只停留在一个较低的层次上，学生们很容易成为只有广度而没有深度的"平面人"。因此，有必要引导学生扎扎实实地读透一部经典之作，向纵深发展，然后以此为"据点"延伸拓展，使之融会贯通、举一反三，进而促成中学语文水平的全面提高。

第四，文学名著阅读应提倡"素读"，中学语文教师主要是引导学生认真阅读文本。在阅读过程中，侧重"点"出作品中的要害，引导学生体会、思考；消除阅读障碍，帮助学生深入钻研；提供策略方法，促使学生"自能读书"。应该以读写为基本活动方式，辅以一定的"师生讨论"。总之，以"读懂、领会"为宗旨，切忌大搞表面的花哨。因为读书在本质上主要是一种内在的心智活动，实在没有必要去追求那些表面上的热闹。

附录2　教育叙事法研究示例

真　诚①
——沟通心灵的桥梁

湖北省武汉市青山区建九路小学　刘　晶

一颗孤独的心需要爱的甘泉滋润。

一颗冰冷的心需要友谊的温暖。

一颗绝望的心需要力量抚慰。

一颗苍白的心需要真诚的帮助。

一颗充满戒备关闭的心，是多么需要真诚这把钥匙去打开。

有人说："孩子和老师之间有一条沟，他们是管理和被管理的关系，他们是指挥和被指挥的关系，他们是高与低的关系。"是的，有的老师高高在上，"教导"着他的每一个孩子，他和孩子之间永远有一道不可逾越的鸿沟。教师和学生心灵之间真的有一道沟吗？它真的不可逾越吗？回答是否定的，即使教师和孩子之间有一道沟，但一道沟壑、一道河流，只要架设起一座从此岸到彼岸的桥梁就能将两岸融为一体。教师和学生的心灵呼应和沟通，同样需要筑起一座心灵的桥梁，而真诚便可以构筑起这一神奇的桥梁。

一、真诚对待学生，给他们无私的爱

高尔基曾经说过："谁爱孩子，孩子就爱谁。只有爱孩子的人，他才可以教育孩子。"爱是通往教育成功的桥梁，也是一条基本的教育原则。人们常把师爱比喻为母爱。母爱是伟大的，但师爱要高于母爱，它意味着教师不能以狭隘的个人私情或好恶去对待学生，也不能专门针对少数同学的爱，而是"爱满桃李"的爱。

你们听说过学生要求校长给老师加工资的事吗？我就遇到过这样的事：一天，校长来到办公室，对我说："我现在终于搞明白了，你们班为什么统考人均分高出其他班级一大截，全部学生都过了90分，没一个学生掉队的。原来还以为你们班的学生比其他班的学生好些，现在看来并不是这回事。"这是怎么回事？我一头雾水，听了校长的解释我才

---

①　潘海燕，何晶，卢明. 教师如何撰写教育案例与论文［M］. 北京：北京师范大学出版社，2015：69-73.

知道，原来他收到了一封信，学生要求学校给我涨工资，说我太辛苦了。的确，我班有一些孩子的情况很特殊，岳鹏从小没有父亲跟着母亲，而他的妈妈成天只顾着自己玩从来不管他，所以他从小就不爱学习，与外面的孩子一起混，游手好闲，谁的话都不听；景瑞是一个出生在环境比较优越的家庭中的孩子，从小娇生惯养，做事"无法无天"，不学习、专门欺负人；还有如梦等几个学习成绩不好又不合群的孩子。他们在班上从来都是不受欢迎的，同学们和任课老师都"讨厌"他们，家长也不愿管，大家好像都要"放弃"他们。刚接这个班时，这群"老大难"的确让我头痛。后来，每天中午当别人休息时，我就陪在他们身边，与他们一起吃饭、聊天，为他们补课，不厌其烦、一遍又一遍地为他们讲解数学题，一天又一天，他们由抵触变成喜爱，由原来会偷偷的逃跑到后来居然自愿留下来，由不想学习变成要求学习。同时，我也用休息时间为学有余力的学生培优，鼓励他们为景瑞这些孩子讲题，达到双向提高的同时加深大家的感情。不管是生活上还是学习上遇到了什么困难，学生都愿意同我讲。这样，虽然我很累，每天都是最后一个离开学校，但是看到孩子们都进步了，心里也觉得值。但我万万没有想到，原本只想默默地付出，带好每一个孩子，而这些都被孩子们看在眼里、记在心里。在惊异的同时我为我有这样爱我的学生感到自豪，虽然我付出了很多，但是我赢得了他们的爱。

教师的爱是学生尊敬教师的前提。因此，爱生尊师应该先要求教师热爱自己的学生，才可以要求学生尊敬教师。也只有这样，学生才可能真正发自内心地尊敬老师、接受老师的教诲。作为真诚的教育，用心灵赢得心灵，不只是教育的条件，更是教育的本身。当教师自然而然地走进学生的心灵，而学生也乐于主动向教师敞开心扉时，教育之舟便已驶入了成功的港湾。

二、真诚对待家长，共同促进学生成长

作为一位班主任，我深深懂得与家长打交道不是一件易事，要真正让家长信任你，非常放心地把自己的孩子交给你教育，必须要付出许许多多。如何才能获得家长们的信任？只要用一颗真诚的心架设起一座沟通心灵的桥梁，一定会取得家长的信任。

我的学生大多数来自旁边的农村，父母大多数是菜农。一次开家长会，语文教师要求家长给孩子买一本资料，有的家长就问："老师，菜场里面有卖的没有？"很多学生的家长为了生活常年在外奔波，对孩子的要求就更低了，有时候就把学校当成了托儿所，有的甚至从来不与教师沟通，家长会都不来。

虽然我理解他们生活的艰辛，但我更懂得知识会改变命运。怎么办？学生每天的作业不是要家长检查、签字吗？我开始每天简单地把孩子的表现写在作业本上："今天他回答对了两个问题。""今天劳动时最积极，谢谢你们把孩子教育得这么好。"……刚开始时，学生家长没理睬，但是一个星期后，有的家长开始写回话了："看到儿子的进步，我感谢学校、感谢老师。""我过几天到学校和你详谈。"……越来越多的家长与我交流，越来越多的家长开始关注学生的成长，我们一起探讨如何培养孩子……

有一句名言说得好："用微笑拥抱孩子，用真诚对待家长，用心投身这个事业。"因此，只要在教师和家长之间用真诚架设起一座沟通的心灵桥梁，相信许多家长都会非常理解教师的工作，对教师辛勤的付出表示感谢，从而积极支持教师的工作，齐心协力把祖国的花朵培育好。

三、用真诚开启心灵，与学生心灵相融

教育工作的实践证明，每个学生在思想、观点、情感等方面都有一个独特的内心世界。他们的心扉对大多数人关闭，只对少数挚友开放。教师要实施教育，恰恰需要了解、熟悉学生的精神世界，走进学生的心灵之门。因此，努力成为学生的挚友十分重要。面对学生对成年人封闭起来的这扇大门，教师如何用独特的方式去开启它？

杰是我们班最小的一个孩子。在教师面前，他是一个非常内向的孩子：上课从来不单手发言，别的小朋友都大声地读着，他的嘴巴一动也不动；但当老师不在的时候，声音喊得最响的也是他，真是让我意想不到。下课时，我多次找他谈话，也只能把耳朵靠在他的嘴巴边上才能勉强听见他的回答。所以学习上，与其他的小朋友就存在一定的差距。

今天下午，我找他来订正作业。正好学校发橘子，我就顺口对他说："你快点订正噢，表现好的话，刘老师就奖给你一个大橘子，好吗？"他还是没说话，只是点了点头，但我看得出他很高兴。当我把橘子拿到办公室的时候，他已经把作业全部订正好了。于是，我就从尼龙袋里拿出了一个大橘子，对他说："给，这是刘老师奖给你的大橘子，你可不能告诉别的小朋友噢，这是我们两个人的秘密，拿回家去吃，好吗？"他竟然响亮地回答："好的。"我把橘子塞进他的口袋里，然后又说："不过，刘老师还有一个要求，希望老师不在的时候，你能轻轻的说话，行吗？"他使劲地点了点头。

真是奇怪，从那以后，在课堂上他愿意举手回答问题了，而且也不大喊大叫了，老师布置的家庭作业，他也能认真的完成，学习进步多了。看到他的变化，我心里很开心！一次，他还偷偷地递给我一张小纸条："刘老师，我会好好学习的，一定会成为一名三好学生的，请相信我。"

每天与我在一起的是一群活泼可爱的孩子。我爱他们，因为他们给了我极大的欢愉和力量。我觉得自己的生活越来越充实，精神上越来越"富有"。虽然有时我会因为学生的调皮而埋怨，因为他们的顶撞而生气，因为他们的退步而急躁，因为他们违纪而失态。但我心灵深处强烈地意识到：我是教师，我要为我那些寻找梦境的孩子们引路，我要帮助他们描绘出一幅更美的未来蓝图。以真诚去拥抱每一位学生，架起沟通心灵的桥梁！

用心去爱学生吧！你会觉得他们个个都可爱。以真诚去拥抱每一位学生，你更会觉得教师职业的崇高。

附录3 教育统计法研究示例

小学生数学学习焦虑、态度与投入动机研究[①]

小学生数学学习焦虑、态度与投入动机调查问卷

（一）基本情况

1. 你的性别？（1）男生　　　（2）女生

2. 你在家的生活情形是：

（1）只和父亲住在一起

（2）只和母亲住在一起

（3）和其他长辈住在一起

（4）和父母亲住在一起

对以下陈述"完全不同意"选"1"，"很不同意"选择"2"，"一半同意一半不同意"选"3"，"很同意"选"4"，"完全同意"选"5"。

（二）数学焦虑问卷

1. 数学考试时，我越想考得好，我越觉得慌乱。⋯⋯⋯⋯⋯⋯⋯ 1　2　3　4　5

2. 不管我如何用功准备数学，我仍会害怕数学。⋯⋯⋯⋯⋯⋯ 1　2　3　4　5

3. 数学考完后，我常常会为我的回答而后悔。⋯⋯⋯⋯⋯⋯⋯ 1　2　3　4　5

4. 即使我这次数学考得很好，但是我仍然对下次考试没有信心。⋯⋯ 1　2　3　4　5

5. 数学考试最使我惊慌。⋯⋯⋯⋯⋯⋯⋯⋯⋯⋯⋯⋯⋯⋯⋯⋯⋯ 1　2　3　4　5

6. 在所有科目中，我最害怕数学考试。⋯⋯⋯⋯⋯⋯⋯⋯⋯⋯⋯ 1　2　3　4　5

7. 考试时，我最担心的科目是数学。⋯⋯⋯⋯⋯⋯⋯⋯⋯⋯⋯⋯ 1　2　3　4　5

8. 考数学的时候，我常想起过去的成绩表现而感到紧张。⋯⋯⋯ 1　2　3　4　5

9. 我常担心数学考试会不及格。⋯⋯⋯⋯⋯⋯⋯⋯⋯⋯⋯⋯⋯⋯ 1　2　3　4　5

10. 我担心父母对我的数学成绩感到失望。⋯⋯⋯⋯⋯⋯⋯⋯⋯ 1　2　3　4　5

11. 我担心老师对我的数学成绩感到失望。⋯⋯⋯⋯⋯⋯⋯⋯⋯ 1　2　3　4　5

12. 在考数学的时候，我常因过度紧张而把应该会的都忘记了。 ⋯ 1　2　3　4　5

13. 考完数学后，我心情仍然无法放松。⋯⋯⋯⋯⋯⋯⋯⋯⋯⋯ 1　2　3　4　5

14. 当要做数学题时，我的头脑就一片空白。⋯⋯⋯⋯⋯⋯⋯⋯ 1　2　3　4　5

---

① 胡中锋. 中小学教师教育科研导论 [M]. 广州：广东高等教育出版社，2006：74－77，276－279.

15. 只要看到"数学"两个字，我就感到紧张。 …………………… 1 2 3 4 5

16. 我时常梦见数学考不好被父母责罚。 …………………… 1 2 3 4 5

17. 当同学们在讨论数学时，我会感到紧张。 …………………… 1 2 3 4 5

18. 我担心老师公布数学成绩。 …………………………… 1 2 3 4 5

19. 我觉得数学比较深，不容易理解。 …………………… 1 2 3 4 5

20. 上数学课的时候，我一直盼望下课的钟声赶快响。 …… 1 2 3 4 5

21. 我最害怕补上数学课。 …………………………… 1 2 3 4 5

22. 我觉得自己比别的同学更害怕数学。 …………………… 1 2 3 4 5

23. 在所有的科目中我最害怕数学。 …………………… 1 2 3 4 5

24. 在数学课中，我常感到轻松自在。 …………………… 1 2 3 4 5

25. 上数学课是一件令人愉快的事。 …………………… 1 2 3 4 5

26. 我希望每天都上数学课。 …………………………… 1 2 3 4 5

27. 写数学作业是一件痛苦的事情。 …………………… 1 2 3 4 5

（三）数学态度问卷

1. 学习数学通常不会令我感到担心。 …………………… 1 2 3 4 5

2. 我确信我可以做更深的数学作业。 …………………… 1 2 3 4 5

3. 解数学问题并不合我的胃口。 …………………… 1 2 3 4 5

4. 不能立即解出的数学题目对我来说是一种很好的挑战。 ……… 1 2 3 4 5

5. 我确信我有解决数学问题的能力。 …………………… 1 2 3 4 5

6. 我认为我可以处理更难的数学。 …………………… 1 2 3 4 5

7. 我能获得好的数学成绩。 …………………………… 1 2 3 4 5

8. 因为某些理由，我虽用功学习数学，但仍然感到困难。 ……… 1 2 3 4 5

9. 为了我未来的工作，我需要学数学。 …………………… 1 2 3 4 5

10. 对数学我有很大的信心。 …………………………… 1 2 3 4 5

11. 我宁可别人把数学难题的答案告诉我，而不愿自己去解题。 … 1 2 3 4 5

12. 因为我知道数学很有用，所以我学数学。 …………………… 1 2 3 4 5

13. 懂得数学对谋生有帮助。 …………………………… 1 2 3 4 5

14. 数学难题是无聊的。 …………………………… 1 2 3 4 5

15. 在学校里把数学念好对我长大以后的生活并不重要。 ……… 1 2 3 4 5

16. 数学题目所引起的挑战我并不感兴趣。 …………………… 1 2 3 4 5

17. 长大后，在很多方面我都用得上数学。 …………………… 1 2 3 4 5

18. 我喜欢解数学难题。 …………………………… 1 2 3 4 5

19. 我认为数学是我长大以后很少会用得上的科目。 …………… 1 2 3 4 5

20. 为了我未来的工作，我必须对数学十分精通。 …………… 1 2 3 4 5

21. 数学考试时获得第一名会令我很高兴。 …………………… 1 2 3 4 5

22. 数学成绩名列前茅令我感到很高兴。 …………………… 1 2 3 4 5

23. 在数学上表现杰出令我感到光荣。 …………………… 1 2 3 4 5

24. 我不认为我能做很难的数学作业。 …………………… 1 2 3 4 5

25. 如果人家认为我在数学方面很优秀，我会感到很高兴。 …… 1 2 3 4 5

26. 数学方面被认为是突出的，是一件了不起的事。 ………… 1 2 3 4 5

27. 我不喜欢人家认为我的数学很杰出。 ……………………… 1 2 3 4 5

28. 我认为在数学方面得到奖赏是了不起的。 ……………… 1 2 3 4 5

29. 数学是有趣的且对我有激发作用。 ……………………… 1 2 3 4 5

30. 我尽量少碰数学。 ………………………………………… 1 2 3 4 5

（四）数学投入动机问卷

1. 我学数学的原因是数学可使我的思考更为清晰。 ………… 1 2 3 4 5

2. 我学数学的原因是数学很有趣。 ………………………… 1 2 3 4 5

3. 我学数学的原因是数学很吸引我。 ……………………… 1 2 3 4 5

4. 学好数学是非常重要的。 ………………………………… 1 2 3 4 5

5. 我学数学的原因是数学可增加我的推理能力。 …………… 1 2 3 4 5

6. 因为喜欢数学，所以我想把数学学好。 ………………… 1 2 3 4 5

7. 我学数学的原因是想要获得好成绩。 …………………… 1 2 3 4 5

8. 我学数学的原因是想在数学课堂中表现良好。 …………… 1 2 3 4 5

9. 如果我不学数学，我会遇到很多困难。 ………………… 1 2 3 4 5

10. 因为想让老师认为我是一位好学生，所以我学数学。 …… 1 2 3 4 5

11. 因为我不想被看起来笨笨的，所以我学数学。 …………… 1 2 3 4 5

12. 如果我不能了解数学，我一定是一名愚笨的学生。 ……… 1 2 3 4 5

13. 我学数学的原因是想要获前几名。 ……………………… 1 2 3 4 5

14. 我学数学的原因是想要获奖。 …………………………… 1 2 3 4 5

这里以上面的这份问卷为例来说明几种主要的统计方法的运用。主要包括以下变量：

一、小学生数学学习焦虑、态度与投入动机调查问卷的主要变量

1. 个人变量

学生性别、家庭状况等。这两个变量属于类别变量，学生性别男生用"1"表示，女生用"2"表示，家庭状况分别用 1～4 来表示。

2. 数学焦虑

这部分共有 27 道题，分别用 $a_1 \sim a_{27}$ 表示，包括压力惧怕、情绪担忧、考试焦虑、课堂焦虑四个因素层面。这些变量属于等级变量。

3. 数学态度

这部分共有 30 道题，分别用 $b_1 \sim b_{30}$ 表示，包括学习信心、有用性、成功态度、探究动机四个因素层面。这些变量属于等级变量。

4. 数学投入动机

这部分共有14道题，分别用$c_1 \sim c_{14}$表示，包括工作投入、自我投入动机两个因素层面。这些变量属于等级变量。

5. 数学成绩

自编数学成绩测验，得出学生的分数。此变量近似属于连续变量。

二、研究问题与统计方法

下面通过七个研究问题来说明几种主要的统计分析方法，相应的计算都可以在本章第七节介绍的统计软件 SPSS 中完成。因此，并不需要大家自己计算，只是点击鼠标就可以了。

研究问题1：小学生的数学焦虑、数学态度、数学投入动机与数学成绩的现状如何？

一般而言，研究现状这样的问题，可以采用描述统计的方法，以计算平均数和标准差最为适宜。但对所求平均数和标准差如何解释，则要具体问题具体分析。标准差太大或太小都属于异常情况，出现这种情况就要引起研究者的注意了。

研究问题2：学生的数学焦虑、数学态度、数学动机、数学成绩间是否有显著的相关存在？

这里可以把数学焦虑、数学态度和数学动机近似作为连续变量，计算四个变量两两的积差相关系数；也可以把数学成绩近似作为等级变量，计算四个变量两两的等级相关系数。两个公式是不一样的，但计算结果比较接近。这也是有些研究者做这种近似替代的原因。但从理论上说，应该计算等级相关系数。

研究问题3：不同性别的学生，其数学成绩是否有显著差异？

这里实际上是要检验男生和女生的数学成绩是否一样，自变量为学生性别。属于类别变量；因变量是数学成绩，属于连续变量。采用独立样本 t 检验。为何是独立样本？因为男、女生各为一组，相互不影响。

研究问题4：不同家庭状况的学生，其数学成绩是否有显著差异？

这里实际是要检验四种不同家庭状况的学生其数学成绩是否一样，自变量为家庭状况，属于类别变量，但有四个水平；因变量是数学成绩，属于连续变量。采用独立样本单因子变异数分析（one-Way ANOVA），这就是过去说的"方差分析"。

研究问题5：学生的数学焦虑、数学态度、数学投入动机是否可以有效预测学生的数学成绩？

自变量为学生的数学焦虑、数学态度、数学投入动机三个变量，因变量为数学成绩。

这就是所谓的回归分析（Regressi Nandysis），指的是通过几个自变量来预测因变量。前提是自变量和因变量之间存在明显的相关，而且当前的自变量和因变量的取值都已知。

本问题采用多元回归分析法。多元回归分析之原始化回归方程如下：

$$Y = B_0 + B_1 X_1 + B_2 X_2 + B_3 X_3 + \cdots + B_K X_K$$

其中，B_0 为截距，B_K 为原始回归系数。

标准化回归方程如下：

$$Z_Y = B_1 Z_{X_1} + B_2 Z_{X2} + B_2 Z_{X3} + \cdots + B_K Z_{XK}$$

其中，B_K 为标准化回归系数。

研究问题6：学生性别与家庭状况变量在数学成绩上是否有显著的交互作用？

这里自变量有两个：学生性别、家庭状况，均属于类别变量；因变量是数学成绩，为连续变量。检验方法采用一般线性模型（General Linear Model）。

这里相互作用的实际含义就是要考查不同性别的学生在不同的家庭状况里其数学成绩是否有显著差异，再说具体一点，如男生和父亲住在一起、女生和父亲住在一起等，数学成绩会不会受到影响；也就是让两个变量共同起作用时，学生的数学成绩会发生什么变化。很显然，交互作用的情景更接近现实世界。因为我们很难控制一个变量而只让另一个变量发生作用。这实际上已经是多因素的实验设计了。

研究问题7：下图是否得到支持？

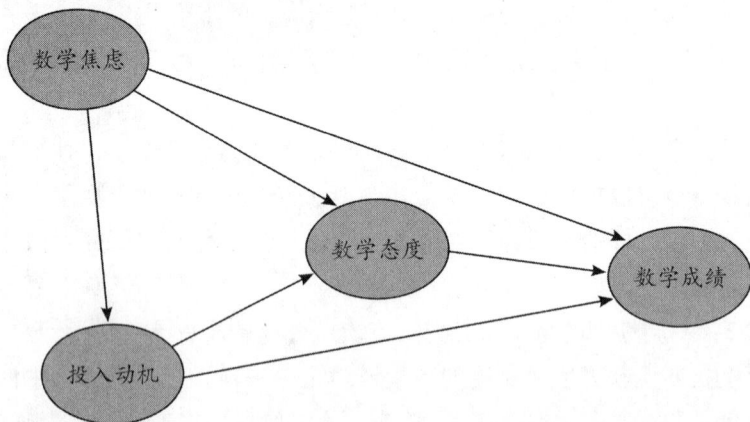

这里实际是进行路径分析，既要检验数学焦虑、数学态度和数学投入动机对数学成绩的影响，也要检验它们三者之间的相互关系。径路系数，即回归方程中的标准化回归系数，采用多元回归分析法的"强迫输入法"。

要进行三个复回归分析。

第一个复回归：效标变量为数学成绩，预测变量为数学焦虑、数学态度、数学投入动机。

第二个复回归：效标变量为数学态度，预测变量为数学焦虑、数学投入、数学投入动机。

第三个复回归：效标变量为数学投入动机，预测变量为数学焦虑。

第七章

课题的研究过程

课题研究是一个较为漫长的过程，少则一年，一般要三年，多则五六年，甚至十年以上也不足为奇。教育科研课题的研究，特别是基础教育阶段学校的科研课题研究，一般都是以实际操作为研究目的，很少有长时间的。但就其研究的过程来看，基本的方法和步骤都是不能缺少的，因而，教师们有必要在课题开展中明确基本目的、方法、过程。

第一节　教育科研课题研究方法概述

基础教育学校教育科研课题概念的提出得到了广大教育工作者的认同，并对学校的实际研究发生了深刻影响。研究方法这一历来被认为的难点再次引起人们的关注。在学校这个特定的范围内开展研究，研究方法将居于何种地位？会发生哪些新的变化？该如何选择和运用？这些是基础教育学校广大教师都必须认知和掌握的基础性知识，需要借助于实践和研究找到新的答案。

一、研究方法是我国教育理论界研究的重要内容之一[①]

近30年来，由于我国教育的迅速发展，也由于对整个教育的研究日趋兴旺，从20世纪80年代初起，我国教育实践界的部分思想超前者因为自身研究需要，对教育研究的方法给予了较多的关注和初步的探索。以顾泠沅为代表的上海青浦区实践工作者，在研究中提出了经验筛选的方法，就是对研究方法的一种重大探索。在实践需要的推动下，教育理论界专家也投身于这一研究。自20世纪90年代初以来，我国的教育理论界对教育研究方法的讨论已经相当热烈，讨论的内容也较为广泛。

1990年，华东师范大学著名教育专家叶澜教授在全国率先出版了《教育研究及其方

[①]　潘国青. 学校教育科研新论［M］. 上海：上海教育出版社，2006：24－26.

法》一书，以教育研究中的方法为题，就教育研究的对象及其特殊性、教育研究的一般过程及方法、课题的确定、研究的设计、各种具体的研究方法及研究报告的撰写做了全面而深入的探讨，提出了许多精到的见解。20 世纪 90 年代中期，随着上海市群众性教育科研的蓬勃展开和取得的突出成绩，教育实践界对研究方法的需要日趋迫切，教育理论界对教育研究方法的探讨也随之在原有的基础上不断拓展和深入，取得了多方面的重要进展。期间，叶澜教授在 1999 年出版的《教育研究方法论初探》，是关于教育研究方法论的首本专著和权威性论述。华东师范大学郑金洲、陶保平、孔企平的《学校教育研究方法》（教育科学出版社 2003 年版），丁念金的《研究方法的新进展》（教育科学出版社 2004 年版）以及其教育科学研究方法的研究，已成为当前我国教育理论界一个非常关注的热门话题。之后，有关教育研究方法的理论著作越来越多。

二、研究方法是教育实践者研究中的普遍难点

目前，教育科研已成为学校日常工作的重要环节。随着"学校教育科研"这一概念为广大的教育实践工作者所认同，已经有越来越多的教师投入研究者的行列。他们希望通过自身的学习和实践学会研究，解决自己工作中所面临的各种实际问题。但是，这种良好的愿望往往不能较好的实现。在阻碍教师成为研究者的诸多束缚中，一个很重要的因素就是在教育研究方法的掌握和运用上遇到了巨大的困难，成为一个很难逾越的障碍。

出于教育自身的特点，教育研究的对象是学生和教育现象，这给研究带来诸多的变量，产生更多的不确定因素，使研究方法问题在教育研究中显得不是那么突出。但是，如果没有正确的研究方法，研究就难以成为真正的研究，所谓的研究就无法收到期望的效果，成为一种无研究的实践活动。因此，对广大教师来说，开展教育研究时的研究方法是重要的，是无法回避或绕开的。不解决合适的研究方法问题，便无法解决"怎么研究"这一关键环节，整个研究水平便不能提升，也不可能达到预期的目标。因而，学会掌握和正确运用各种研究方法，已成为广大教师非常强烈的愿望。

教师不掌握教育科研方法的原因多种多样。从以下三个方面可以看到问题所在：

（一）学校教育科研课题还处于完善阶段

教育研究的对象是复杂的人，而当前的教育正处于转型期，教育的新问题和新改革层出不穷，这就向研究方法不断提出新的要求，教育科研中的研究方法这一概念也要不断发展、前进，适应提出的新要求。广大教师虽然有着丰富的实践经验，却无法思考和归纳其中正确的方法因素并进一步做出提炼，从而达到普遍借鉴和运用的程度。

（二）基础教育科研课题有其自身的特殊性

基础教育研究对研究方法的科学性和可操作性有自身特定的要求，不经过一些专业训练和研究实践中的体验感悟，掌握和运用起来是有困难的。另外，对大多数教师来说，过去在师范院校学习时，并未经过专门的研究方法训练。近年来，各级、各类教育领导部门和学校虽然开展了教育科研方法培训，但从目前的实际情况看，教师在开展教育研

究时，方法的选择和运用还会受到自身情感、态度和外部各种原因的功利性影响。尽管近年来基础教育阶段教师的研究方法掌握和运用水平已有一定程度的提高，但总体状况不能令人满意，缺点仍然明显。这些问题直接影响到了学校教育科研的进一步开展，影响到更多教师成为自觉的研究者。

（三）学校多样化、个性法发展的盲点

在当前倡导学校教育科研的背景下，怎样根据学校教育科研的性质、特点去选择和运用恰当的研究方法解决更为多样化、个性化的学校发展中遇到的各类问题？在原来就比较薄弱的环节上又产生出新的难题。因此，怎样让教师更好地掌握研究的方法，并在学校教育研究中更好地运用研究方法提高研究成效，就成为推进学校教育科研中必须解决的重大现实问题。

三、教育科研课题要学会大题小做

日常生活中，小题大做带有故意卖弄的嫌疑，是要被人嘲笑、讥讽的。但在作文中，小题大做和大题小做，都可以算是一种本领，前者能够以小见大而洋洋洒洒，后者删繁就简而直奔主题、一针见血。从课题研究的角度来说，以内容的重要性来做出排序、取舍和收缩，重要性可以依据其在课题本身的结构分量来决定，也可以根据其与研究主体的关系如何来决定，没有很复杂的意思。①

做课题研究与写作文有很类似的一面，也存在一个小题大做和大题小做的问题。就幼儿园、中小学教师来说，尤其是语文老师，对这些成语很熟，有时也经常用于指导学生写作文，所以说把大题小做的方法迁移到做课题研究上来，应该是有一定优势的。但实际上，这一优势在课题研究中并没有发挥出来，结果就陷入研究的庞大迷魂阵了。设计得很庞大，结果则受各种条件限制，造成研究无法深入。此外，课题题目设定得太大，如"小班化互动教学理论与实践研究""信息技术与学科教育整合理论与技巧的应用研究与实践""研究性学习与超常教育研究"等。这类课题题目过大，要想在一所基础教育学校里研究透彻，实属不易。

因而，要学会把大题小做并做到位，抓住问题关键，化整为零，解剖麻雀。大题之为大题，就在于其范围广泛、内容庞大、所以需要借脑、引智，而通过查阅文献资料，就是借脑、引智的途径和方法。当然，文献检索查阅不是目的，目的是充分利用前人和他人已有的研究成果，把它们纳入自己的课题研究整体框架中去思考，由此可以知道自己课题研究的内容哪些可以省略，哪些不可以简略，哪些只需留个接点，从而大规模收缩战线，着重对那些需要着力专攻的内容或方面进行探索和钻研。这样的研究才可能深入，并取得扎实的成果。

就大题小做而言，这一步相当关键，不能省去，也不能马虎对待，而是要当成一个关键的任务。这个任务有点儿像侦察部队的行动，要求准确、全面和及时，不然，后面

---

①　单鹰. 中小学教师如何做好课题研究 ［M］. 北京：北京师范大学出版社，2014：63 - 66.

的仗就不好打，不好确切布局或构思。所以，遇到大题性课题，一定要在这方面多花点时间，尽可能多方面收集文献、资料和线索，不要怕耽误时间。这个过程是课题研究者深入学习，提高分析、鉴别能力的过程，是不断校正自己的研究定位、确定主攻或突破方向的过程。所以，在做好文献检索和资料收集上多花点时间，多做文献消化工作，是完全值得的。

四、选择研究对象的抽样

教育科研课题研究的对象可以是一个人或一件事，也可以是多个人或多件事。选择什么样、多大数量的研究对象，需要根据不同的研究问题、研究目的和研究条件而定。在研究对象的选择上，主要涉及抽样的问题。

（一）总体和抽样

综合有关的研究，可以对总体和抽样等概念做如下的界定：

1. 总体

研究对象的全体，是一定时空范围内全部研究对象的总和。由许多个别事物在某一相同性质上结合起来的集体，当它成为统计研究对象时，就叫"总体"。

2. 样本

从总体中抽取的、对总体有一定代表性的一部分个体，也称为"样组"。它是能够代表总体的一定数量的基本观测单位。样本中所包含的个体数量称为"样本容量"。或者说，样本是从母体中抽取出来的个体或元素的小集合体。

3. 抽样

遵照一定的规则，从一个总体中抽取有代表性的一定数量的个体进行研究的过程。其目的是用一个样本去得到关于这个总体的信息及一般性结论，从样本的特征推断总体，从而对相应的研究得出结论。

（二）抽样设计的基本要求

抽样要遵循如下要求：

1. 要确定抽样范围

这是抽样首先必须解决的问题。研究者打算把研究结果应用到哪一个范围，就要在哪个范围内抽样，因此，这里的关键是明确界定研究结论将要推广应用到的范围，即总体的界定。

2. 保证样本的代表性

抽取的样本必须能够代表总体。选取的样本如果没有代表性，样本得出来的研究结论就没有推广价值，就失去研究的意义。这里最重要的是设法尽量减少抽样过程中的代表性误差，而代表性误差取决于下列因素：

（1）被研究对象的均匀程度。被研究对象越均匀，误差就越小。

（2）抽样数目。抽样数目越多，误差就越小。

（3）抽样方法。一般而言，不重复抽样误差比重复抽样误差小，机械抽样误差比随机抽样误差小，分类抽样误差比机械抽样误差小。

3．样本必须有足够的数量

应该根据总体的性质、抽样的方法及推论所需的正确程度来确定样本的大小，要尽可能抽取足够大的样本，以真正代表总体的特征。

（三）抽样的常用方法

抽样的方法是多种多样的，应该根据研究的目的和条件来确定。有研究者认为，抽样的基本方法包括单纯随机抽样、等距抽样、分类抽样、整体随机抽样、多级抽样、有意抽样和双重抽样。综合各种研究来看，抽样的常用方法主要包括以下七种：

1．单纯随机抽样

也称为"简单随机抽样"，其特点是全凭机遇来抽样。它可采取如下两种具体方式：

（1）采用抽签的方式。其步骤如下：先将总体中的全部个体进行编号，每个个体一个号码，然后把每一个号码写在大小一样的小纸片上，并放入一个箱子或类似的容器中，将纸片彻底搅匀，再用手每次抽取一张纸片，记录下纸片上的号码后将纸片放回箱子中，再次搅匀和抽取（如果抽到已抽过的号码，则将之放回箱子中，不予记录），如此反复，直至取够样本所需数目。

（2）使用随机数目表。先把总体中的每个个体编号，从表中的任何地方起，将之确定为起点，然后按任意方向有系统地抽取所需数目的号码作为样本。

2．等距抽样

也称为"系统随机抽样""机械抽样""间隔抽样"。它是先将总体中的各个个体按某一标志顺序排列编号，并分成个体数量相等的各个组，使组数与取样数相同，有系统地从每间隔若干个抽样单位中抽取一个个体，从而形成样本。其步骤如下：

（1）将总体中的各个个体编号，并分成与取样数相同数目的组。

（2）确定间隔距离，间隔距离等于构成总体的个体数除以样本数。

（3）采用随机方法，从间隔距离以下的数目中确定抽样的起点号码。

（4）从起点号码开始，依间隔距离数按顺序抽取个体作为样本，直至样本数足够。

3．分类抽样

也称为"分层抽样""分层随机抽样""比率抽样""配额抽样"。它是将总体按一定标准分成若干层次或类别，然后根据事先确定的样本容量和各层、各类在总体中所占的比例，分别抽取一定数目的样本。其步骤如下：

（1）决定分类所依据的标准。

（2）确定总体的总数、每类的总数和取样的总数。

（3）计算每一类所占的数量比例，并以取样总数乘比例，得到每一类别所应抽取的数量。

（4）采用简单随机抽样法，从每一类别中抽取应取的数量。

4．整群随机抽样

也称为"整体抽样""集体取样""类聚取样"。这种抽样方法是把总体划分为若干个群体，然后依据随机原则抽取一个或几个群体作为样本，这些群体中的所有个体都是研究的对象。

5．多级抽样

也称为"多阶段抽样"。这种抽样方法是将总体分为两个或两个以上的级，依次在各级中进行抽样，每一级的抽样都用随机的方式。例如，先抽取一定的区域，再从一定区域抽取一定的学校，最后从一定的学校抽取一定的学生。

6．双重抽样

这是指进行两次抽样，抽取两个样本进行比较的方法。

7．有意抽样

也称为"有目的抽样"。它是有意选择某些研究对象作为样本，不同于随机抽样。对具有某种特殊性的小样本进行研究时，经常采用这种方法。有意抽样常见的具体方法有以下五种：

（1）全面抽样。在这种抽样中，样本中包含具有特定特征的全部单元。

（2）最大差异抽样。这是一种选择过程，它包括对单元的选择，以使特征的差异达到最大。

（3）极端个案抽样。它是对那些有不寻常特征的单元进行选择。

（4）典型个案抽样。在这种抽样中，所选择的单元被认为是所研究现象的典型代表。

（5）同质抽样。这是着眼点放在某一特殊亚群体的一种抽样，是与最大差异抽样相对立的一种抽样。

有意抽样有许多变式，应用变式的目的是在样本中获得信息丰富的单元。

第二节　搜集积累资料

研究资料是指研究者在研究过程中所使用的一切文本、非文本的信息资料。研究资料在教育课题研究中有着非常重要的作用。它使能研究者了解有关研究领域的已有成果、发展历史和当前研究动态；可以帮助选择和确定研究课题，还可以为论证课题提供理论依据和事实依据；能启发研究者的思维，激发研究者的灵感。从教育课题研究的起始一直到研究的终结都离不开研究资料。从某种意义上说，课题研究的过程就是对科研资料的搜集、整理、使用和再创造的过程。同时，教育研究资料的数量和质量也是判断教育课题研究水平的重要标志。

一、搜集与积累资料的意义与作用

文献资料是进行教育研究的基础与前提，对文献资料的查阅贯穿于教育研究的全过程。无论幼儿园、中小学开展什么类型、哪个主题、何种层次的教育科研课题，文献资料的搜集和整理都是不可或缺的环节。只有充分占有文献、了解相关研究的进展和已经取得的研究成果，才能进行有价值的研究。文献查阅不仅仅是研究前的工作，在研究的过程中也要保持对相关研究动态的关注，以便及时调整和改进自己的研究方法和进程。在最后表述研究成果的时候，我们仍然可以借鉴别人分析问题的方法、结题时要注意的问题以及成果表述的格式等。具体来说，文献查阅的意义和作用如下：

（一）选定研究课题，确定研究方向

文献是提供科研选题、确定研究方法的依据。通过查阅相关文献，可以搜集别人在相关研究领域和研究主题上已经取得的成果和发现的问题，便于我们对自己所选的课题进行系统的评判性分析。只有了解有关研究的最新动态，才能选定最有价值且可行的研究课题，才能发现他人研究问题所涉及的范围，从而进一步明确研究课题的意义，找准自己研究的突破点和生长点。在选定课题和确定研究方向时，我们需要了解的内容如下：某一研究领域和研究主题的发展历史与现状；该课题他人的主要研究成果及其达到的研究水平；他人的研究重点、研究方法、经验和问题；在以往的研究中，哪些问题已经基本解决，哪些问题有待于修正和补充，在此问题上争论的焦点是什么；等等。

（二）为研究提供科学的论证依据和研究方法

正确的研究结论必须建立在科学的论证依据和研究方法之上。搜集、查阅文献资料是跟踪和吸收国内外最新研究成果，了解科研前沿动态，了解研究课题的理论、手段和方法以及发展动向的有效途径。通过查阅文献并从相关研究成果中受到启发，不仅可以获得课题研究的线索，使研究所涉及的核心概念、相关理论等具体化，而且可以为科学论证自己的观点提供有说服力、丰富的事实和数据资料，使研究建立在可靠的资料之上。当然，在搜集和整理文献的过程中，也有可能发现之前所选的问题研究价值不大或理由不充分，并导致重新选择研究课题。即使如此，搜集、查阅文献资料也是有意义的。

（三）避免重复劳动，提高科研效益

无论是教育还是其他学科，时至今日已经很难再找出一个前人从未探讨过的问题领域。如果每个研究者都从头做起，不仅没必要，而且会使自己的研究多走许多弯路、错路、重复路。搜集、查阅文献资料可以为我们提供教育科研的相关信息，使研究者充分占有资料，从而避免重做他人已经解决了的问题，重复他人已经提出的正确观点，甚至重蹈别人已经犯过的错误。在现实情况中，许多人由于缺乏本学科图书资料、文献体系、检索工具等知识，结果在相关的科研中重复劳动，浪费了大量的时间和精力，导致科研工作长期处于低水平状态。因此，了解别人的已有研究成果，提高教育科研的效益是文

献资料搜集、查阅的重要作用。

有的教师认为，基础教育阶段学校进行的教育科研课题是实践研究、应用研究，目的是解决学校教育、教学中的现实问题，提升教育、教学质量，促进学校、教师和学生的发展，因此，没有必要进行文献的搜集与整理，更不用撰写文献综述之类的东西。即使搜集、查阅文献资料，也只是一种形式和例行程序，并不能对科研直接发挥创造性的作用，而且搜集、查阅文献资料会占用大量的时间和精力，得不偿失。其实，我们应该看到，搜集、查阅文献资料，了解别人研究成果的过程，实际上也是提升对问题或课题的认识的过程，正所谓"操千曲而后晓声，观千剑而后识器"。"据美国科学基金委员会、美国凯斯工学院研究基金会的调查统计，在社会科学领域，一个研究人员在一项科学研究项目中用于研究图书情报资料的时间，占全部科研时间的1/3至1/2（选定课题为7.7%、情报搜集与信息加工为50.9%、科学思维与实验为32.1%、学术观点的形成为9.3%）"。① 从这里我们可以看到搜集与积累资料的重要价值。

二、搜集研究资料的途径

资料的搜集就是对历史与现在的发现、整理。在文献资料中，我们可以看到前人的研究成果，并通过对成果的继承与批判，设计自己的研究方向。下面介绍一些搜集资料的途径。

（一）从日常工作中搜集

在日常教育、教学工作中，教师们一定要养成搜集、积累研究资料的能力与习惯。不仅要精心保管好自己的备课教案、教学日志、学习笔记、观察记录、作业批改、实验数据等教学情况，还要认真积累学生手册、学生管理记录、教室日志、课外活动计划等管理资料。有心做教育、教学研究的教师，每堂课后或每一单元教学后都要认真思考、总结，将其写成教学后记或教后反思。这样，不仅能及时总结经验、汲取教训、改进教学，而且常常能将教学中激发产生的灵感迅速捕捉并记录下来，这些对教育课题研究大有好处。

（二）从听课中搜集

教师之间经常相互听课观摩是学校教学工作的常规活动，也是相互学习、取长补短、不断改进、共同提高的有效形式。开展教育课题研究，需要有目的、有意识地坚持听课。确定研究课题后，要带着问题去听课。有些教师为完成学校要求的任务去听课，有的教师听课仅仅是抄抄板书或课件的文字内容了事，这样的做法是无法为课题研究服务的。为研究听课，就要在听课时注意分析授课者怎样理解和处理教材，怎样根据学生学习的需要创设教学情境；怎样突出重点、突破难点；怎样安排课堂结构、形成课堂氛围；怎样发挥学生学习的主体性、调动学生学习的积极性和创造性；怎样使用现代多媒体技术

---

① 陈丽. 校长如何做研究 [M]. 上海：华东师范大学出版社，2012：67.

得到恰当使用；等等。

（三）从观察中搜集

处处留心皆学问。作为教育、教学研究的有心人，中小学教师既可以有意识、有目的地对种种教育现象进行观察，对教育对象成长变化的轨迹进行观察，还可以随时留心观察作为专业同伴的教师在校内外的言谈举止；既可观察优秀学生学习进步的点滴经历，也应观察问题学生的行为过程和反复原因，并随时记录，用心思索，见微知著。事实证明，许多教育研究的起端和信息资料的搜集就是来自于日常的教育观察之中。[①]

（四）从调查中搜集

调查研究是公认的认识事物、掌握规律的一种有效方法，同时也是一种特殊的观察。不同的是，平时的观察是以第三者的身份出现，随时随地都可以进行，而调查则是以主体身份出现，时间相对集中，地点相对固定，目的性观察突出，短时间内能获得大量信息，搜集大量第一手资料，是教育课题研究搜集资料不可或缺的有效方法。调查的类型既有单项调查和专题调查，也有综合调查。只不过后者是大型的调查研究活动，涉及的调查对象更广泛，往往不是个人的力量能够完成的。进行调查的方式，一般有典型调查、抽样调查。方法上，可举行座谈会、进行个别访谈、开展问卷调查等。

（五）从实验中搜集

通过实验搜集信息、取得资料，对开展教育课题研究具有特殊的认识作用。许多地区开办实验学校，许多学校设置实验班，许多教师进行教学改革实验，都带有进行教育实验研究的性质。开展教育教学实验，要严密组织、精心设计、不断总结、及时改进。在实验过程中，一定要及时记录、整理获取的各项实验数据，包括成功、失败、需要改进的各种信息。无论从哪个角度来讲，实验过程中得到的量化数据对教育研究来讲，都是最宝贵和最有价值的。

（六）从阅读中搜集

搜集有价值的教育、教学专著和研究论文，主要是指古今中外的理论科学正确地阐释教育理论、展示教学案例、描述教育人生、介绍教育行动研究的教育、教学类专著。教育、教学类专著既包括教育、教学大师们的力作，又包括普通教师们成功的教育行动研究的"草根化"之作。总之，凡是那些经过实践检验、具有较高学术价值、对教师课题研究和教育、教学极有帮助的教育、教学专业著作、研究论文，都应在我们的选择阅读之列，尤其是中外经典著名的教育、教学类专著更值得深度研读，如《苏霍姆林斯基选集》（其中包括《给教师的建议》）、《陶行知文集》、高等院校知名学者的著作、特级教师的著作、一线优秀教师的著作等。随着教育、教学专业著作出版和大量学术性期刊刊登的论文越来越多，给基础教育阶段教师的专业阅读展开了广阔的天地。[②]

---

① 张民生，金宝成. 现代教师：走近教育科研 [M]. 北京：教育科学出版社，2002：238.
② 王志军. 校本研修实践探究 [M]. 北京：北京师范大学出版社，2012：87，88.

从阅读中搜集资料，要注意运用储存信息的以下四种方法：

1．写读书笔记

将阅读中获取的资料以及感受较完整地记录下来。

2．做好摘录

将文中有用的部分记录下来并做好分类，以便日后查找。

3．做好剪辑

将报纸杂志上对自己研究有用的文字资料剪下来分类保存。

4．编好目录、索引

围绕研究课题自编专题目录、索引，对搜集、查找研究资料是很有好处的。

（七）利用教育工具书搜集

利用工具书搜集资料是教育课题研究最重要的渠道。按照用途，可将工具书分为检索性工具书和参考资料性工具书两种。

有关教育的检索性工具书主要有书目、文摘、索引三类；有关教育的参考资料性工具书主要有教育字典与教育辞典、教育百科全书、教育年鉴与手册三类。

（八）利用学术会议搜集

参加专业学术会议是搜集教育科研资料的重要渠道。学术会议上学者们可以面对面地交流教育研究的新成果、新进展或新课题，因此，能使人们获得报刊文献中得不到的信息资料。参加学术会议，倾听专家发言，不仅可以了解到他们关注什么、研究什么、如何研究及研究成果，而且可以从中发现自己的缺陷，得到启发，从而有利于自身的研究能力与专业素质，还增加了与学者、专家接触的机会。

（九）通过互联网搜集

计算机互联网为我们提供了巨大的信息资源。上网查询、搜集教育信息越来越成为人们获取教育科研资料的快捷、有效的重要渠道。上网查询、搜集教育信息需要注意的是要充分利用搜索引擎，掌握目标网站，熟悉相关网址，抓住作者和关键词的检索，以在线查询为主、下载阅读为辅。幼儿园、中小学教师要提高自身操作计算机的技能，以便更好地在网上查询、搜集教育课题研究信息。

第三节　研究整理资料

任何一种研究，其问题不是搜集什么资料，而是搜集的资料如何有助于解决所要研究的问题。在研究中我们会问："资料与研究问题、研究目的相关联吗？""在文献阅读中我找到前人的研究来支持我的教学策略吗？""教学策略会产生什么可能有价值的资料？"等。在任何方法论中，好的资料是那些能有助于解决研究问题的资料，而能够从庞杂的资料里分析、总结出解决问题的有效方法，则是我们开展课题研究的主要目的。

一、研究整理资料概述

我们面对着一大堆搜集来的文献资料，如何去整理出有头绪的研究内容，的确不是一件容易的事。如果不能有效地整理出搜集的资料，那么你搜集的资料再多也是毫无意义的。

（一）整理资料的原则

在整理过程中，尽可能具体、详细地记录下自己是如何分析资料和诠释结果的，告诉大家作为课题主持人的你采取的每个步骤。解释你是如何甄选、组织和分析资料的，解释你在分析时是如何管理这庞大的资料的。对资料分析的描述能让他人了解你的收获以及这种收获是如何导致你重构对自己的研究的理解的。你需要解释寻找资料模式的过程，诸如你识别出编码以及类目了吗？记录下重复的行为了吗？有没有制作展示图表？有没有量化一些资料？研究至今对自己的分析有什么担忧吗？进行详细而透明的分析能让他人看清你为提高自己作为研究者的可信度所采取的行动。在课题研究中，发挥团队课题组的精神和智慧十分必要，因而，要讲清楚整个课题组成员在分析和诠释中所起的作用。

在整理资料的研究报告中，分析部分是对所分析的资料的记录与汇报。在这里你需要呈现核心的分析内容，采取诸如表格、图表、饼状图等形式来帮助读者更好地理解资料。此外，也可在附录中加入你的详细分析，这样，读者就不致对资料不知所云。至于报告的分析部分究竟包括哪些内容，这取决于研究问题以及解决这些问题的资料的质量和数量。如果需要添加论据来支撑某种说法或引起对某研究结果的注意，那么，补充的资料就可放在附录中。

（二）分析整理资料

课题组成员之间的配合在实际的教学研究中十分重要，这一点许多课题主持人不能清醒地认识到。课题的研究毕竟是个大范围的项目，这不同于写一篇学术论文，自己可以做得到。因此，课题主持人必须依靠团队的力量，分工合作来完成文献资料的搜集、分析、总结。分析整理资料可考虑以下六种方法：[①]

1. 有重点的分析

对存档的资料进行分析能获取学校、学区、学生过去成绩和表现的相关信息。此外，也可以分析学生持续的发展、进步和对学习的理解程度。将分析聚焦在你的研究情境和

---

① ［美］阿纳斯塔西娅·P·萨马拉斯. 教师的自我研究［M］. 范晓慧，译. 重庆：重庆大学出版社，2015：192，202.

参与者的相关文件和实物上，这样，你就能更全面地讲述自己的研究。特别要重视分析那些让你既能概述研究情景又能精致、详细地描述参与者观点细节的那些资料。要注意这些细节是否随着时间的流逝而不断地反复重构，其原因是什么。

2. 收集、记录和组织

在研究的早期收集、记录和组织学校档案和资料时，要从容地将资料带入方法环节，描述学校和学区情况。

3. 量化资料

许多人只知道自然科学课程中的研究概念，即实验法，包括假设、控制组和统计，对社会科学的研究不习惯量化资料。教育科研课题的研究同样需要更高级的数学分析程序，因为研究者实施试验、使用控制组时会有大量的研究对象，可以使用电脑程序很轻松地进行基本的统计，如计算各组数据的总和、平均值和众数等。

4. 注意时间

在处理关于学校或学生的数据资料时，不要花费太多时间或陷进去，相反，要利用该资料来收集基本信息，思考它们如何体现你的研究情境和研究目的。许多学校和职能部门的人口统计资料在学校网站上都可查阅到。

5. 仔细分析

利用资料而不是靠成见来定夺是否使用某种教学策略，要持开放的态度获取信息，给自己机会思考当初想法的对立观点，而不只是去证实自己的预感。不要坐等研究结束，要在研究的进展过程中随时记录。

6. 坚持研究伦理

严格按照研究伦理规范开展研究。获取档案和任何将呈现在最终的研究报告中的信息都需要事先得到同意。所有的参与者、学校和学区信息都不可公开。任何复制资料都要保护好，使用完要销毁。

二、研究整理资料的步骤

课题研究资料整理的目的是确保研究的主要资料有序化和典型化，可以对已收集、积累的资料有一个系统的把握，也可以为资料分析提供方向和依据。资料的整理主要包括资料的审核、分类汇总和编制统计图表。

（一）研究资料的审核

资料审核是对获得的原始课题研究资料进行检查，辨别其是否准确和完整，不符合条件的资料删除，对有缺漏的资料及时补充，以保证研究资料的正确和有效。研究资料的审核原则是真实、准确、充分、合理。

（二）研究资料的分类汇总

对研究资料进行认真审核后，应该将它们条理化、系统化，变成有组织的资料。所谓"组织"，是将资料按照一个科学的结构网络体系或"序关系"分类、归并。为此，要采取分类法（分组或归类）完成此项工作。资料分类是指先按选定的分类标准将资料划分为不同的组，然后将资料归入从属组的工作过程。"归入"，即汇总、汇编、并归。汇总是分类法中一个不可缺少的组成部分，有人将分类与汇总合称为资料的"编码"。

从科研课题研究的方法上来讲，对资料的整理主要有以下两类：

1. 文字资料的分类与汇总

可按以下步骤来进行：

（1）初步了解原始资料。这需要认真阅读、熟悉原始资料的内容，理解其含义，把握其结构与关系。因为正确的分类是建立在对资料正确理解的基础上的，一项研究不可能不管什么资料，一到手就开始分类汇总工作。理解是分类的前提，也正是在阅读理解过程中才可以得到启示，反思自己的"预设"与个人背景上的障碍，达到研究者与资料之间的良好"互动"，这样才可能出现认识上的"火花"。资料分类与汇总本身就是一个需要借助于分析认识的过程，它并非是一个纯"机械式"的操作程序。

（2）从资料中发掘"意义"。不能将资料的阅读停留在理解与感受的层面上，而应当尽可能从有关不同角度去发现"意义"，如从词义、语言、语境、语用等方面去挖掘资料的含义或从主题、内容层面上去发现事物之间的联系。这样，就可以很快抓住资料的特征。

（3）将资料归类。按照课题资料的特征选择分类标准，使得具有相同或相近特征的资料归于同一类，具有不同特征的资料归入不同的类，为下一步分析做好准备。分类标准多种多样，具有人为性、相对性等特点。选择什么样的分类标准，其本身就反映着研究者所持的理论观点。例如，若认为教学质量与办学条件有关，就会选择学校办学条件作为资料分类的标准；若认为学生潜能的开发与教学方法有关，就会选择教学方法为分类标准。

2. 数据资料的分类与汇总

对数据资料进行分类与汇总，传统上都是由手工完成的，方法不但繁琐，而且效率低下，易出错。在当今的教育研究中，实证方法收集到的数据是巨大的，若用传统方法进行分类与汇总，势必耗费大量的精力和时间。当前教育科研中的数据资料整理大都由计算机完成，即使对一次全班学生某科学习情况检测的分数进行处理，也可运用十分方便的 Excel 或 SPSS 软件进行处理。可按以下两个步骤来进行：

（1）分类。对数据资料进行分类，首先要确定分组标志。因为是对研究对象（个体）的某种属性特征的测量，该特征可以是数量性的，叫"数量标志"；也可以是属性的，叫"品质标志"。数量标志的取值可以形成定类或定序的数据资料。无论是数量标志还是品质标志，都可以作为分组的标准，如问卷调查中学生的"性别"是一个品质标志，若按"性别"对全部数据分组，就属于"品质标志分组"；也可以按"身高"或"体重"分组，这属于数量标志分组。

（2）汇总。分组后，将数据归入相应的组（或类）中去，统计出该组的次表。这些工作均可运用 SPSS 软件在计算机上完成。

(三) 编制统计图表

统计图表是通过表格和几何图形的形式把大量的数据资料形象地组合起来，合理的排列，以便展示资料的整体特征，为我们分析资料、发现教育现象之间的联系提供方便。统计表的构造比较简单，但是在绘制时要讲究规范，否则，会使研究成果的科学性受到影响。统计表一般包括表号、标题、主题、宾栏、数字资料、备注或资料来源等内容。

统计图的种类很多，教育科研中常用的统计图有条形图、圆形图、曲线图等，在第五章第七节第四部分我们有过介绍。尽管这些图现在都可以用计算机通过表格转换自动生成，但是作为科研方法的规范要求，这里依然有说明的必要。

1. 条形图

条形图是用条形长短表示数量资料多少，条形图的图形基线有两条：横轴标出的是要求相互比较的项目。纵轴表明数量，如人数、频数等。

2. 圆形图

圆形图是以几何图形的面积来说明总体中各部分的比重，常用于间断资料的比较。圆形图可以清楚地表示出部分和总体以及部分和部分之间的数量关系。圆形图中扇形的面积与对应的圆心角成正比。每一项的扇形的圆心角等于 360°乘该项目所占总体的百分比。绘图时从时针 9 点钟的位置开始，依顺时针方向按圆心角的大小画出扇形，然后注明各个扇形的项目名称及所占百分比。

3. 曲线图

曲线图是通过曲线的升降表明某种教育现象动态变化的统计图。它可以反映数量间的依存关系，如练习次数对学习成绩的影响、学生接受社会信息量与学习成绩的关系等。也可以表明现象的动态变化，如分析不同年级学生学习能力的测试成绩来反映学习能力的变化情况。在制作曲线图时，通常采用平面直角坐标系，在横轴上注明时距，如年龄、年级、年份等，在纵轴上标明某一现象的数量。在曲线与横轴之间不应该有文字说明和数字或颜色加以区分。有时可以在一张图上画两条以上曲线进行比较，但要用不同形式或颜色加以区分。

三、研究分析资料的价值

如果说文献综述、收集数据资料这些前期的工作，甚至包括大量的野外调查工作好比"播种阶段"的话，分析数据资料就好比"收获阶段"。播种主要是消耗资源的阶段，收获则主要是消耗精力（脑力）的阶段。这个阶段也正是考验研究者们分析能力、推理能力、独立思考能力、持之以恒精神的阶段。不少教师往往失败在"只顾耕耘、不顾收获"的关键一步，浪费了数据资料，结果使得研究没有结果，研究成果如研究报告、结题报告、论文著作质量低下，给人混乱的感觉。对这样的研究成果，评语往往是"资料翔实，但缺乏分析，理论性低"。

尽管如此，在处理、分析数据资料时，如果能够应用数学方法、统计方法进行定量研究，当然可以更精确地进行变量的描述及变量之间相互关系的寻找，这样的研究成果则会给人以较强的说服力。当然，最重要的目标是追求推理的严密性，数学方法只是让推理更严密、更方便、更深入。因此，如果研究者自己对数学方法没有较大把握或不方便读者理解的话，使用较简单的数学方法和准确、生动的语言表达更能达到目的。

文献资料研究的结论是对数据资料进行分析后自然产生的结果的理论概括。当你完成了研究的全过程并得出结论后，就会对自己的研究进行系统的反思，于是便可以提出新的研究问题，这样就回归到流程图中，开始新的循环，科学研究的积累性也在此得到体现。

美国教育研究的科学原则委员会在 2002 年提出了教育科学研究的六项指导原则，对我们开展课题研究具有参考价值，[①] 即提出有意义并能通过实际进行验证的研究问题；将研究与相关理论相结合；使用能对所提出的研究问题进行直接研究的方法；提供有条理、明确的逻辑推理过程；在前人研究的基础上进行各种可重复验证的研究和推广性研究；发表研究结果，欢迎同行审查和批评。

第四节　课堂教学实践

课堂教学在基础教育学校占举足轻重的地位，它是幼儿园、中小学教育科学课题研究必然要关注的问题。行动研究法之所以能够在基础教育学校开展起来，并成为人们喜爱的研究方式，是因为这与他们关注实践操作性研究有着密切关系。可以说，基础教育科研课题研究的目的，主要是为教学一线地课堂教学实践服务的。

一、课堂教学实践概述

课题研究是为了更好地改进课堂教学实践，课堂教学实践为课题研究提供了鲜活的场所。在今天提倡科研兴校、科研兴教的教育大环境下，"教师要成为研究者"的理念已经为大多数教师所接受。课堂教学形式多样、内容丰富，它为教师从事教学研究和课题研究提供了良好的土壤。

（一）从观课中研究学习

观摩课堂教学的过程一般包括描述、分析、解释观课后的教学。观摩什么、如何观摩本身就反映了我们自己的教学观，同时，也增强了自己的教学意识。通过观摩他人的

---

① 张红霞. 教育科学研究方法 [M]. 北京：教育科学出版社，2014：53.

教学，通过观察课堂以及其他背景下教师和学生的活动，我们可以获得自我的知识，形成对自己清醒的认识。基于自己对他人活动的观察，可以形成、重新建构和修正我们自己的教学，形成多种教学方式，并对其进行研究。

与此同时，教师透过自己教学录像带的画面，可以真实地了解自己教学的价值观，意识到自己的教学范式和原则，分析自己在课堂上的活动情况。教师无论采用什么方式进行教学，其意图无非是通过尝试不同的方式、方法来观察其效果。正是通过这种对教什么、如何教、课堂活动结果如何，我们可以感受到不同的教学途径和方法，逐渐形成了教师对自己教学行为与学生学习之间关系的认识和信念。教师观察他人和自己的教学过程，报告自己观察和反思之后的思想变化，本身就是一个教学课题研究的途径。

（二）年轻教师如何研究学习观课

年轻教师经验不足，尤其是刚刚从事教学的教师，如果我们对新教师提供一些观察、研究课堂的关注点、问题领域及其线索，对他们提高观课的水平是大有裨益的。这类值得观察、研究课堂的方面包括如下内容：教师在提问之后等待时间和给予学生做出反应的时间；问题的来源和提问的目的；教师和学生提问的数量和类型（如选择性提问、应答性提问、解释性提问、因果性提问等）；呈现性问题（教师已经知道答案的问题）和参考性问题（教师不知答案的问题）的数量；教师提问的内容（教学内容中包含了多少问题、一般的生活事件、个人对学生理解、对所教学科的见解及其他科学常识等）；教师运用课堂的空间（如教师走动的范围、所注意的学生等）；教师的教学方式（如书写黑板、口语训练、学生复述等）以及学生做出的反应；在小组活动中学生专心学习或完成任务的时间；对错误的处理：面对谁的错误、什么时候、怎么犯的错误、哪一类错误；教师对表扬手段的运用。

（三）观课研究的方式

主要包括参与式观课和非参与式观课两种。

1. 参与式观课

参与式观课需要观课者在观察背景中成为积极、主动的参与者，充当集体中的一员，扮演不同的角色，如助教、行政助理、辅导教师、论文评分员、郊游组织者、特定事件的负责人、语音室或电脑室的管理员等。观课者可以观察新教师的教学实践，理解他们在教学中的变化和成长，理解他们实践中的经验又是如何对改变自己的教学方式起着促进或阻碍作用的。参与式观课所用的方式包括记笔记、画草图、使用表格清单、核对行为、搜集短小的对话、研究录音资料、对师生的互动情况或活动进行编码和分析等。

2. 非参与式观课

非参与式观课是观摩上课的人在班级活动或课堂上明确自如、带有目的性，但不参与其中活动的单纯性观察。观课者可以通过各种方式对所观察到的教学事实进行描述，最常用的方式就是观察笔记。新教师如果希望尽早学会熟练地记录观课的内容，可以先从练习观察技巧的一些活动开始，以获得观察经验。一旦经过一段时间的练习，获得这种在课堂内外进行的观察活动经验之后，教师们就会发现，到真实课堂进行的观课就容易多了，而且把每个人如何进行观课的方法和视角拿来讨论，相信教师会从中学到观课的技巧，提高观课研究的眼界和质量。

二、教学设计融入研究设计

确定研究课题之后，教师需要分解研究问题，提出解决问题的研究假设或计划，通过课堂教学过程验证研究假设或实施研究计划。这就包括在教学设计中融入研究设计，使教学变成有研究目的、研究计划的课堂教学实践活动。

（一）问题分解

教师做科研，需要在研究与课堂教学两者之间寻找"有机"结合点。"有机"意味着在教学目标落实之时达成研究目的，也意味着教学任务与研究目标的"切合"。由于课堂教学的自身任务很多，教学也不能一次性解决太多的研究问题，所以将研究课题所包含的研究对象进一步细化，有助于与教学诸环节的研究性设计有机结合，也有助于对研究的问题有效设计教学环节。同时，并非一切教学环节都能够同研究环节一一对应，问题分解有利于恰当地选择教学环节、设计研究任务。

（二）问题归因

研究问题细化后，需要进一步找出相关问题出现的原因，以便有针对性地提出问题解决的策略。一般而言，研究者对问题的归因主要有三个来源：理论的来源、经验的来源和实证调查的来源。依据这三个来源，从问题的种类、性质、成因等方面进行整理和归纳。

（三）提出解决问题的策略

对研究问题进行分解与归因后，研究者需要对问题提出具体解决策略，这些策略是有待检验的答案或结论，也可以看成是研究性的假设。它具有假定性、科学性、明确性和可检验性，能够指明后续研究的工作方向，还可以提高研究活动的创造性。提出研究假设的途径很多，主要有归纳、演绎、类比三种方法。教师可以通过观察、调查，自下而上地归纳出解决问题的策略，推理出更具体的结论，在不同领域之间比较和推断，形成问题解决的策略，如随着某人从事某一活动的能力的提高，他花在这一活动上的时间就会减少。这是一个一般性的结论。我们可以按照这个结论推测出：学生在其擅长的学习科目方面，可用较少的时间完成作业。先根据变量间的假定关系，建立对有关事件的一般推测，然后再根据它对特殊事物及关系做出推测，这就是演绎的方法。

（四）让研究假设进入教学设计

让研究假设进入教学设计的实质是让教师设计教学时充分考虑研究的意图，尽可能将研究假设与教学设计融为一体，形成研究性的教学计划。使教学计划（或方案）基于研究假设（或策略），目的是解决问题、改进现状。因此，研究性教学方案的制订是落实研究总体设想和整体规划的重要措施。教学方案总是一步一步进行的，先做哪一步，再做哪一步，每一步要达到什么要求、用多少时间，这些都要在制订方案时有所考虑。研究者心里有数，在实施研究性教学中一环接一环、有条不紊地开展各项工作，保证研究能按预定要求如期完成。

三、教学课例的研究

教学课例是指对一堂课进行课堂教学实录以及以此为基础而对这节课进行的阐述、分析与反思。有人将教学课例等同于教学实录或课堂实录，对于这些提法和认识，至少需要形成下列基本判断：教学实录或课堂实录虽然是研究的一种方式，但如果仅限于实录本身，没有相应的反思行为，也就不能充分反映该教学所具有的典型性，缺乏"例证"的价值，降低了研究本身的功用，称之为"教学课例"也就不恰当了。

（一）教学课例的注意事项

教师在运用教学课例进行研究时，要注意以下事项：

一要注意选择的课要具有一定的代表性、典型性，能够说明一些问题，确实会给自己带来一些新的思考，能从中提升自己的教学智慧。

二要注意较为详尽地介绍自己的教学设计，要把新课程的相关理念转变为具体的教学方案，用新课程的理念指导自己的教学行为。

三要注意运用录音、录像、委托他人现场记录等多种不同手段全面收集课堂上的各种信息，只有充分地占有这些信息，才能为自己的提炼概括、选择教学片断等打下基础。

四要注意对照教学设计意图，反思课堂上的实际行为，分析教学实际进程与教学设计的差距，把课堂上存在的某个问题进行深入分析研究，让教学课例成为人们研究的对象。

（二）教学课例的特点

1. 实践性

课例是对已发生的教学过程的记录和反思，写在"教"之后，包括"做了什么""怎么做的""做得如何""怎么才能做得更好"等。一般情况下，课例与教学设计具有一致性，课例描述的是教学设计的具体实施状态，包括对教学设计实施流程及其变更、突发事件的处理、施教中的体悟等。因此，课例来源于课堂教学实践，任何脱离课堂的课例都是没有价值和意义的。

2. 研究性

课例是一个实际的教学例子，是对一个教学问题和教学决定的再现和描述，即讲述教学及其背后的故事。所谓"教学背后"，是指为何这样进行教学的研究思路。也就是说课例不仅仅是最后的课堂教学实录，还要交代之所以这样教学的理由和认识，要从研究的角度分析教学的得失。课例以学科教学内容为载体，以某个主题为研究方向，载体是课例表达观点和思想的媒介，主题则是课例所要表达的灵魂（研究的成分）。

3. 情境性

课例对教学过程的描述是围绕着具体的教学情境而展开，课例的主要成分是教学情境的集中体现。围绕着课例而展开的设计教案、上课和观课与反思和评价构成了课例研究的中心环节。课例研究的一切情境源于课堂，在课堂中研究，最终解决和服务于课堂。

四、对课堂教学的评价研究

在课堂教学交流中，评课是一种较常见的课堂教学研究形式。评课指的是对课堂教学的成败得失及其原因做切实、中肯的分析和评价，尤其能从教育、教学理论的高度对一些问题与现象做出正确的解释。如果这种评课是在现场进行的，即叫"现场评课"。学会评课是提升教师科研、教研能力的需要。凡是科研能力强、科研成果显著的优秀教师，皆是从重视教研开始的，而教研好的又都是从学会评课、善于评课起步的。因此，倡导教师学会评课就是引导他们循势逐步走上科研、教研的正确轨道。

归纳起来，评课的方法有以下五种：①

（一）综合评析法

评课者对一节课从整体（含教学目标、处理教材、教学程序、教学方法与手段、教学效果、教学个性、教学思想、教学基本功等）上做出系统、综合的评价。

（二）单项评析法

评课者不对一节课做综合的评析，而是从自己的观察中，凭借体会最深、感触最大、认识最明显的现象和问题，选择一个角度或侧面来进行评课。

（三）以果溯因法

评课者以一节课成与败的效果，想方设法去探寻产生的原因，从中总结出规律性的东西，以利指导教学。

（四）寻找特点法

评课者对执教者的教学过程，沙里淘金，寻找特点加以深刻的评析。执教者在一堂课中的特点很可能是他教学成功的亮点，也可能是他区别于他人的教学创新之处，评课者要善于发现、捕捉、总结，才能真正评出水平来。

（五）教学诊断法

这是从医学上迁移过来的一种评课方法，即侧重于对执教者的教学提出问题、研究问题和解决问题。这种教学诊断要经历"诊—断—治"三个阶段，所谓"诊"，就是提出问题和发现问题；所谓"断"，就是对提出的问题进行原因分析；所谓"治"，就是针对教学上"患病"的原因对症下药，提出改进教学的意见。

---

① 林中伟. 基础教育教学基本功：中学语文卷 [M]. 北京：首都师范大学出版社，2012：124.

五、关键事件的内涵与特征

关键事件是指个人生活中的重要事件。关键事件研究，最早是通用汽车公司通过对员工的关键事件的观察、记录、整理存档，进而对员工的诚信状况做出判断和评价的方法。其后，美国学者沃克（Walker R.）在研究教师职业时，率先提出了在这一领域研究关键事件的概念，并强调要对课堂专业生活有影响的关键事件进行研究和反思，以帮助教师实现自我超越。

2005年，我国教育界开始关注关键教育事件，但系统研究不多，更未深入具体学科。基于此，上海市教科院由顾泠沅教授领衔，结合国家级课题"建立以校为本的教研制度"的研究，大力倡导对关键教育事件进行研究。

（一）关键事件的含义①

沃克在研究教师职业时，首先提出了在这一领域研究"关键事件"的概念。他强调：关键事件是指个人生活中的重要事件，教师要选择那些对课堂专业生活有影响的关键事件进行研究和反思，要围绕该事件做出关键性决策。研究教师教学生活中的若干关键事件，有利于促使教师对可能导致自身特定发展方向的某种特定行为做出选择，并在反思关键事件的过程中可以实现自我超越，而个人的自我超越则是整个学习型组织的基础，是教师专业发展的关键。

在以关键事件为核心的专题教研活动中所指的"关键事件"，实际上是指那些能强化当事者（或参与者）原有教育认知或引起当事者（或参与者）原有教育认知冲突的事件，它的内容可以是一个完整的事件过程，也可以是一个重要的片段，或是一个不可忽视的细节。关键事件对教师个人或团队教学效果及其专业发展往往产生决定性的影响。

（二）关键事件的类别

围绕教师教育、教学实践活动产生的关键事件，按照不同的标准分类可以捕捉出不同类别的关键事件。这里按关键事件的性质效果加以划分，可以分为正向关键事件和负向关键事件。

1. 正向关键事件

指在教育、教学活动中产生积极影响和取得成功的关键事件，正向关键事件也可称"积极因素的关键事件"。正向关键事件既包括那些取得了圆满效果的教师教育、教学实践，也包括那些超出了教师预设和期待的目标愿景的教育、教学实践。这些教育、教学实践对学生能力发展、品质养成，教师专业发展都具有积极的影响和意义。

2. 负向关键事件

指在教育、教学活动中产生消极影响或是失败效果的关键事件。负向关键事件也可称为"消极因素的关键事件"。负向关键事件包括但不限于不成功的教师教育、教学行

---

① 胡庆芳，等. 校本教研实践创新 [M]. 北京：教育科学出版社，2007：60，61.

为，与教师预设期待的教育、教学目标背道而驰或期望落差甚大的教育、教学事件，教师教育、教学工作中重大或重要的工作失误以及重大的违纪行为等。

（三）关键事件教学课例研究举例①

一次关于语文课堂教学中德育渗透主题的关键事件教研实践

事件描述：

孙老师执教上海市二期课程改革初中预备年级语文新教材《云雀》一课，在法国作家法布尔的《云雀》一课中，云雀代表了法兰西民族的精神。因而在设计课前的导入时，孙老师借助媒体播放了法国国歌《马赛曲》，而在本课教学的总结部分，孙老师考虑到为了呼应，为了突出加强爱国主义和民族精神教育，因而设计提问"法国有令国人骄傲的国鸟云雀，我国有没有令我们骄傲的东西呢？"在通过 PPT 展示中国的国花后，她特意通过多媒体课件播放了天安门城楼和天安门广场升旗的壮观场面，并要求全体学生起立齐唱中华人民共和国国歌。她认为，采取这样的教学安排，特别是课堂教学结束时用歌唱国歌的形式显得比较有震撼力，能让学生记忆深刻，能收到强烈的爱国主义教育效果。

事件分析：

这一教学事件也是非常典型的，应该说，孙老师有对学生加强爱国主义、民族精神教育的强烈意识。但是，怎样的爱国主义、民族精神教育是水到渠成、水乳交融的？这就需要语文教师在课堂上因文而教、因时而教。《云雀》这篇课文中作者写云雀，确实表现出了云雀的一种精神，这种精神也正是法兰西民族的一种精神。但是教师应该让学生明确，这种精神也是人类共有的精神财富，而并不一定在教学《云雀》一课提到了法兰西民族的精神时，立刻就要用中华民族的精神压倒其他民族，似乎只有这样，才能防止学生"西化"，抵御西方的侵蚀。其实，这样的教育只会适得其反，因为它有可能将爱国主义、民族精神教育引入一个简单、机械的层面，使爱国主义、民族精神教育最终成为一种标签。

第五节　多媒体教学实践

多媒体教学的发展在世界上已经经历了半个多世纪，关于这方面的研究早已在美国，乃至世界发达国家形成了较为成熟的模式。在我国，随着多媒体技术的广泛运用、互联网世界的深入影响，条件好的基础教育学校也开始大量使用并推广起来，并形成一股猛

① 胡庆芳，等. 校本教研实践创新 [M]. 北京：教育科学出版社，2007：74，75.

烈的势头。然而，在我国相对落后的地区，多媒体技术还远远达不到理想状态，这与经济的发展和技术人才的缺失有很大关系。本节主要介绍四种在我国基础教育界较为流行的多媒体教学辅助手段，为广大教师在教学实践课题研究中提供参考。

一、微格教学

微格教学（Microteaching）最早起源于美国加利福尼亚州斯坦福大学，随后传入世界许多国家和地区。微格教学引进我国后，我国研究者一直关注着其他国家和地区对微格教学的研究，不断与各国微格教学研究者进行交流，逐步形成符合我国基础教育情况的微格教学培训方式。

（一）微格教学的起源与发展

1. 微格教学的起源①

微格教学最初产生于体育界。为了能尽快提高运动员的素质，教练将各种动作技能加以分解，并逐一对分解后的各个动作片断进行训练，然后再合成训练，最终达成训练总目标。

微格教学应用于培训师范生始于美国斯坦福大学。1963 年，斯坦福大学的爱伦（Dwight W. Allen）教授和他的同事在采用角色扮演培训教师教学行为方法的基础上，提出了由师范生自己选择教学内容，缩短教学时间，并用摄像机记录教学过程，通过分析与评价所记录的行为使师范生的教学质量得到改善和提高这一改革方案。很快，这一方案就被推广到教师实践训练和教师行为分析的研究中，微格教学由此诞生。

在微格教学最初产生时，教学实习的片断长达 20 分钟，并且在实习过程中要从中小学请来真正的学生，小组的规模约 20 人，微格教学模式中对每项技能有完整的评价表，连执教者的衣着也在评价之列。这样执教者在重教时往往会失去方向，抓不住重点。后来，爱伦教授及其同事对微格教学进行了适当的改进。

（1）教学实习片断缩短为 5 分钟。他们认为 5 分钟即可形成单一概念的片断教学。

（2）微格教学中的学生由受训者的同伴来扮演，这被证实是切实可行的。

（3）对微格教学的小组规模进行调整，由原来的 20 人减为 4~5 人，这样便于管理和操作，更重要的是加快了学习的进度。

（4）对微格教学的反馈评价提出了"2+2"的重点反馈模式，即小组每位成员听完课后要提出两条表扬性的意见及两条改进性的建议，最后由指导教师总结出两条表扬性意见和两条改进性建议。这种评价指导方式操作简单、目标明确，重教效果显著。这种新模式的确是对旧模式进行了比较成功的改进，但此时仍是处在微格教学研究的初级阶段，并没有实质性的发展。

2. 微格教学的发展

微格教学诞生后迅速在美国各地得到推广、应用和研究。20 世纪 60 年代末，微格教

---

① 刘宗南. 微格教学概论 [M]. 天津：天津大学出版社，2011：1-3.

学传入英国、德国等欧洲国家，20世纪70年代又传入日本、澳大利亚、新加坡等国和中国香港，20世纪80年代开始传入中国内地、印度、泰国、印度尼西亚以及非洲的一些国家。

20世纪70年代，英国诺丁汉大学的乔治·布朗（George Brown）提出了备课、感知（指师生相互作用的反馈信息感知）、执教为微格教学的三个要素，将微格教学课堂行为加以改进。在英国，90％以上的师范院校开设了微格教学课程，四年的教育学士专业课程中，微格教学课程通常被安排在第四学年，约占220课时。师范生在教育实习前先学习"微格教学概论"、"课堂交流技巧"理论和实践以及"课堂交流与相互作用分析"，然后再到各中学进行教育实习。

澳大利亚悉尼大学的克利夫·特尼将微格教学称作"悉尼微型技能"，他们对微格教学的研究比较有成效。悉尼大学微格教学模式的基本步骤是示范—角色扮演—反馈—重教。其中没有评价这一环节，因为在微格教学中，评价是贯穿于全过程中的，而且主要表现为启发师范生进行自我评价。悉尼大学还开发了完整的微格教学教材，先后编写并出版了一套共五个分册的名为《悉尼微格教学技能》的丛书，在世界上引起了强烈的反响。澳大利亚有80％的教师培训机构以及英国、印度尼西亚、泰国、中国香港、加拿大、美国的师范院校都采用了这套教材。教材中列出了六项课堂教学基本技能：强化技能、一般提问技能、变化技能、讲解技能、导入和结束技能、高层次提问技能。每项技能都从教育学和心理学理论出发加以论述，并且对每项技能都配以生动、形象的示范。这是一套包括文字教材和示范录像的完整教材。

微格教学效果已被广泛承认，联合国教科文组织还多次组织微格教学的国际会议，进行国际交流。

20世纪80年代微格教学传入中国后，最初被译称为"微型教学""微观教学""小型教学"等，后来逐渐统称"微格教学"。原上海教育学院（于1998年9月并入华东师范大学）于1986年开始将这种国外培训师范生的方法应用于在职教师培训中，取得了很好的效果。自北京教育学院于1987年开始进行微格教学实验，逐步发展到对教法课进行改革。

按照原国家教委师范司的意见和要求，北京教育学院在1988年举办两期"微格教学研讨班"，全国有70多所教育学院的教师参加学习和研讨，此后，又多次举办全国微格教学培训班，为全国各地培养了微格教学人才。

1992年1月，首都师范大学（原北京师范学院）聘请了当时在英国诺丁汉大学任教的乔治·布朗和帕丁顿夫妇三位专家，为我国的高师教育工作者介绍微格教学课程和在师范教育中的应用，促进了微格教学在我国高等教育中的发展。之后也在中小学校甚至幼儿园开始了推广。

（二）微格教学的含义

微格教学是从英文单词Microteaching翻译过来的，Micro的意思是极微小的、超短的，Teaching的意思是教学、教授。"微格"的"微"来自Micro微小的意思；"格"在我国古代有"格物致知"这种说法，"格物"是指对事物进行分析，用在这里有控制、限定、分析的意思。微格教学是在教学过程中不仅把课堂小型化以便于师范生训练，而且在训练中有反馈、分析，能够具体地指导师范生改善自己的教学。

爱伦教授将微格教学定义如下："一个有控制的实习系统，它使师范生有可能集中解决某一特定的教学行为或在有控制的条件下进行学习。"

微格教学，又称为"微型教学""微观教学""小型教学""录像反馈教学"等，是一种利用现代化的教学技术来培训师范生和在职教师的教学方法。通常的做法如下：让受训者（即师范生或在职教师）分成小组，每组 6～10 人，在指导教师的指导下，让其进行 5～15 分钟的片断教学，并将教学实况摄录下来，然后指导教师组织本小组成员一起反复观看录像，同时进行讨论和评议，最后由指导教师进行小结。这样让所有受训者轮流进行多次微格教学，使受训者的教学能力和教学质量得到提高。

（三）微格教学培训程序

在微格教学发展初期，美国斯坦福大学进行的微格教学称为"行为改变模式"，共分为六个步骤：设计—教学—观看与评议—再设计—再教学—再观看。这是构成微格教学的全过程，每个过程都是针对教学实践中的某一项教学技能进行的。

斯坦福大学的微格教学模式受到了伯克利大学伯格（Borg）等人的重视，他基本采用了斯坦福大学的做法，称作"微型课程模式"。他认为，微格教学必须有三点要求，即清晰的教学技能模式定义、学习者必须有简单的技能实践机会和对实践活动的特殊反馈。

澳大利亚悉尼大学的做法如下：在所设置的教学技能中不仅有斯坦福大学和伯克利大学的单项技能的影响，还有针对三个方面教学目的的小综合技能：纪律和课堂组织、小组和个别化教学、通过发现和创造学习发展学生的思维能力。

1975 年，布朗将微格教学引入英国的新乌斯特大学。哈奇（Hargie）于 1977 年在乌斯特学院进行微格教学，他们认为微格教学需要集合三方面要素：计划、角色扮演和认知。他们提出了微格教学"社会心理学模式"。

国内一些学者开展微格教学借鉴了国外的经验，归纳出以下七个步骤：[①]

1. 学习理论

教师肩负着培养未来一代的使命，随着社会的发展，教育形势不断发展变化，教师的任务越来越复杂和艰巨，对教师的要求也越来越高。因此，用现代教育理论的新观念指导教师教学技能的培训是非常必要的。由于科学技术的飞跃发展、知识不断更新、教学内容不断变化、教学方法不断改进，教师需要不断地提高素质，因此，在训练初期让学员进行理论学习是非常重要的。

2. 教学示范

为了使被培训者对所训练的技能准确的领会、理解，必须提供真实的教学信息，让

---

① 王凤桐，李涛，王丽霞. 微格教学在中国 [M]. 北京：新华出版社，2012：25－39.

他们从感性上对技能有所了解，如观看教学技能示范课，还可以采用看录像、文字资料等方法。通过对所要训练的教学技能的示范，可以给学员树立一个鲜明的样板，放录像（或课件）就是好形式，这便于学员感知、理解和分析教学技能，指导教师也便于现场指导和讲解。教学示范是学员运用学过的微格教学理论去感知微格教学课对某个技能的使用情况，这便于新学员模仿，对他们以后利用微格课练习教学技能有很大好处。

3. 编写教案

写微格教学教案是教师把教学技能知识用于教学实践的第一个动态过程，所写教案的质量能够体现出学员对教学技能的理解和运用水平。教案是学员上角色扮演课的依据，又是完成教学任务的保证。教案不合格，就不可能上好微格教学技能训练课。微格教学教案应包括教学目标、时间、授课行为、应掌握的技能要素、学生行为、视听教材（或教学意图）。

4. 尝试教学

接受培训的学员进行尝试教学，又称"角色扮演课"，是学员把微格教案落实在微格课堂教学之中的外显行为，这是教学技能训练的重要环节。角色扮演课是由角色扮演者（教师学员）、学生、指导教师、课堂教学的观察同伴和课堂教学记录者共同参与的微格教学演练课。

5. 反馈评价

上完了微格教学课要进行反馈评价。反馈以放录像的方式进行，没有条件的时候，用听录音的方式进行也可以。总之，要让受训者充分了解自己的上课表现。反馈要及时，最好是课后立即进行，最迟不要超过三天，太长没有新鲜感，而且容易忘却，不利于改进教学。

6. 分析诊断

对微格教学课进行评价不是目的，只有通过评价，找出长处和不足，分析原因，指出努力方向，提出改进意见，才能达到评价、提高的目的。所以，要发挥集体智慧，开展合作学习，由指导教师和学习小组成员与上课教师一起对微格课进行讨论，分析上课的优点与不足。

7. 修改教案

学员参加研讨后，通过教学反思，重新写新教案或修改原教案，也可以参考别人的优秀教案进行修改，以改进自己的教学。修改教案后，学员还要上第二次技能训练课，使自己的教学能力得到提高。这第二次课非常重要，只有再重复一次，才能找到教学感觉。反馈、矫正，直到成功，这是微格教学培训的重要环节。

实践证明，微格教学模式具有可重复性，这是微格教学对教师培训的优势，也是微格教学对教师培训的特色之一。

二、翻转课堂

伴随着科技的进步、互联网的高速发展，教育界的改革也日新月异。近年来，翻转课堂作为一种新型教学模式在世界各地流行开来。在我国课程改革的大背景下，翻转课堂得到了越来越多教育工作者的关注。翻转课堂以"学生为中心"为指导理念，以现代信息技术为载体，翻转了传统的课堂模式，在国内掀起了一股翻转热潮。教育理念的转变、教育实践的发展以及信息教育的革新推动了翻转课堂的进一步发展。翻转课堂实现了教师角色的转变、学生学习方式的改进以及评价方式的变革。

（一）翻转课堂的起源与发展

翻转课堂的先锋来自美国科罗拉多州一所山区学校——林地公园高中。这所山区学校的不少学生时常因为各种原因缺课，另一些学生则把部分时间花在了往返学校的班车上，导致的结果是很多学生无法跟上正常的学习进度。2007 年春天，学校的化学教师乔纳森·伯尔曼（Jonathan Bergmann）和亚伦·萨姆斯（Aaron Sams）想到了新的创意：他们使用视频软件录制 PPT 课件并附上讲解声音，并把结合实时讲解和 PPT 演示的视频上传到网络，让缺课的学生在家观看，以此帮助学生补课。不久，两位老师发现，这种"学生在家自学，课上解决问题"的形式不但获得学生的拥护，也对教学产生积极的影响。所以，他们进行了更具开创性的尝试——学生在家看视频、听讲解，教师在课堂上进行问题辅导，帮助有困难的学生解决问题。就这样，乔纳森和亚伦两位教师"无心插柳"地"翻转"了传统的"课上听课，课下写作业"教学程序，引来了众多教育工作者的争相效仿。后来，真正将翻转课堂推向世界的是美国教育工作者萨尔曼·可汗（Salman Khan）以及他成立的为广大师生提供免费在线视频课程资源的网站——可汗学院（Khan Academy）。由于可汗学院的推广，翻转课堂的理念在世界上，尤其是在欧美国家被越来越多的学校所接受，并逐渐发展成为教育改革的一波新浪潮。

（二）翻转课堂的含义

翻转课堂，又称"颠倒课堂"，译自英文的"Flipped Classroom"或"Inverted Classroom"，因颠倒了传统教学中"课上传授，课下内化"的程序而得名。翻转课堂是一种教师或教师团队自行创建视频，学生在家中或课外自主观看视频，学生回到课堂上进行小组讨论、实验和完成作业的教学模式。在这样的教学模式下，传统的课堂讲解时间由师生讨论、互动实验等课堂活动所代替，而课堂讲解则以视频的形式由学生在课外时间完成。因而，翻转课堂可以定义如下：由教师创建视频，学生在家中或课外观看视频讲解，回到课堂上师生面对面交流和完成作业的一种教学形态。

在 20 世纪 90 年代初，人们曾经对计算机辅助教学进行了尝试和探索，研究者确信，有了计算机的辅助，学习者学习的热情会有所提升，不会随着时间而迅速下降。研究者用电子教学视频、教学软件去代替教师现场讲授，并且在实际教学中改变师生的关系，提倡教师发挥指导和引领的作用。但这样的设想当时受到了技术水平和学习资源数量的限制，能利用的工具不多，能接触到的资源也极为有限。时至今日，互联网技术的广泛运用改变了传统的课堂教学现状。互联网时代的教学是精彩的数字化课程与个性化指导相结合的教学，既需要目标明确兼具教育意义，又需要包含趣味性的教学设计，更需要真实课堂上有针对性的指导和互动，是从教学时空、理念、过程与结果等方面的根本翻转。

（三）翻转课堂的特点

1.课堂的翻转

翻转课堂是把课堂还给了学生，学生可以自由决定学习的内容与学习的方式。它既不是加入了视频资源的传统课堂，也不是完全的在线教学，它在颠倒了课堂秩序的同时也颠覆了教学形式。在给学生"放权"的过程中会遇到很多实际的问题：放权过少会使教师重教轻学，不利于学生主体性的发挥；而放权过大，把学生完全置于网络环境中，又容易造成其过分自由、迷失自我，最终偏离教学目标。在翻转课堂式教学模式下，学生在课堂外完成知识的学习，而课堂变成教师与学生之间、学生与学生之间互动的场所，包括答疑解惑、知识和技能的运用等，为自主和高效学习创造条件。如此，课堂的翻转成为一种理性而适度的翻转，是在保留传统教学优势的条件下的一种科学、合理的翻转。

2.角色的翻转

教师的角色在课堂教学中起着举足轻重的作用，教师角色的定位直接关乎教学的水平和效果。教师课堂角色发生了翻转，更多的责任是帮助学生解决学习存在的问题和引导学生去运用知识。教师不再是讲台上的"圣人"，也不再是知识的代言人，更不是绝对的权威，只是存在于学生身边的指导者。翻转课堂同时也翻转了传统的师生关系，教师的地位和作用有了显著的变化，他们在肯定学生获取知识渠道多样化的基础上帮助学生整合资源，有针对性地为学生解答困惑，面对争议的问题时与学生民主、平等地探讨。翻转课堂充分肯定了教师在教学中的引领地位，肯定了"网络不能替代人"这一基本的观点。在实际教学中，教师不是袖手旁观，而是对每一个学习者进行实时监控，确保每个人都没有在自主选择中偏离目标，确保在对每一个基本知识点自主学习后达到了要求的程度，最终保证教学的高效性。

3.学习的翻转

现行的课程教学改革一直强调革新传统的教师灌输的教学方式，倡导小组探讨、合作学习等新的教学形式。但是，许多先进的教学理论在实际运用中由于未能充分考虑到课堂上时间极其有限这一因素而流于"形式化""表演化"，因此未能让学生真正从中受益，并未真正达到教学改革的目的。然而，翻转课堂的最大特点就是翻转了学生课上和课下的时间，对传统的教学系统进行了大胆的重构。正是由于这样的创新和改革，课上教师传授的时间得到了转移，学生有更多的时间在课堂上进行探究学习、协作学习或小组式探讨。通过学习方式的变革，让学生在课堂上充分得到了分享的乐趣，让学生在相互探讨的学习方式中实现课上学习的最优化。

4.评价的翻转

学生完成网络视频学习后，平台会有在线检测系统。完成在线检测，平台会自动把数据反馈给教师。教师通过对数据的观察了解学生视频学习效果，明确还没掌握的知识和技能，课堂讨论交流时重点讲解、答疑。在线检测系统提供的结果是被教师和学生双方利用的，对教师来说，测试结果一定程度上反映了学生的学习程度，可以协助教师评估学生学习的进程，了解教学资源的适用性，教师借此结果对课上的指导确定清楚方向。对学生来说，在线检测可以发挥其自主监督功能，学生依据结果反馈查漏补缺，调整改进，能在学习的同时获知自己的进度，为课堂上有重点的学习提供铺垫。此外，教师不再是"亡羊补牢"式地在学期末修正学生的失误，而是在课堂教学进程中对学生进行及时的形成性评价，在课堂上引导学习活动的方向，将学生即将出现的错误消灭在萌芽阶段。

5. 师生的互动

对话式教学一直是我们新课程改革追求的目标，也是改革的有效途径。长时间以来，由于各种主客观原因，师生之间的真正对话一直很难建立起来。在翻转课堂模式下，家庭作业课上做的方法为师生间对话交流提供了主观和客观的可能性。首先，学生课上写作业的过程完全在教师的可控制范围之内，教师可以随时解决学生在作业中遇到的困难并及时纠正作业中的错误，并且可以根据自己直观的观察来了解每位学生的学习习惯和风格，进而对学生因材施教。另外，学生课下的自主学习势必会产生很多疑问需要课堂上老师的解答和帮助，这些都是需要师生之间直接沟通才能完成的。其次，客观上来说，课前观看教学视频就"解放"了很多课上"有限的"时间，让老师在不担心耽误课程进度的前提下，可以有充足的时间为学生答疑、解惑。在主客观条件都允许的情况下，为师生之间真正的沟通对话提供了可能性。

（四）翻转课堂的设计策略

翻转课堂不是对传统课堂教学结构顺序的简单调转，而是基于网络教育和网络教学实践以及移动学习理论的教学模式创新，该模式的教学实施必须建立在对课程知识体系的架构和教学方案的科学设计基础上。因此，设计导引、过程预设是关键，可从以下五个方面来阐述其教学方案设计策略：①

1. 学习任务单设计

学习任务单，亦称"导学案"，在学生进行视频学习之前，教师应针对课程单元的基本知识、基本技能、重难点，设计提出学习任务单。学习任务单的内容是结构化的，应包括如下内容：视频学习的基本知识点、重点和难点；学习任务的完成时间；视频学习基本策略指导；学习任务的完成水平及在线检测的达标要求；辅助学习资源及获取途径。基于对上述内容的清晰认识和深度把握，教师才可提供给学生一份操作性强的学习任务单，并指导学生需要掌握什么以及掌握到什么程度。

2. 教学过程设计

（1）明确课时教学目标。每一课时的教学都需要明确的目标，有了目标教师才能知

---

① 蔡宝来，张诗雅，杨伊. 慕课与翻转课堂：概念、基本特征及设计策略 ［J］. 教育研究，2015（11）：88，89.

道课时结束后学生要达到怎样的水平，依据目标的达成程度，教师才能够从大体上判定这一课时的教学是否有效、教学任务是否完成。

（2）精确设计教学活动。最关键的是重点、难点的讲解与学习活动、学习时间的匹配。翻转课堂的教学过程是由一系列的答疑、解惑及互动、对话活动组成，每一个教学活动都指向问题、困惑的释疑和重点、难点的掌握。优化翻转课堂，并把高效课堂指导和个性化学习过程落实到课前，让教学活动更精确地与学习时间相匹配。

3. 教法设计

翻转课堂是问题解决的课堂，课堂教与学双方的活动紧紧围绕在线学习的问题答疑、重点难点问题的释疑以及课堂生成的学习问题讲解展开。因此，教学团队在教法设计中，应坚持学为中心、问题导入、重点讲解、答疑解惑、反馈总结的原则。教法设计具体包括提问与点题设计、讲解与演示设计、启发思考与对话设计、答疑解惑设计、反馈总结设计。

4. 学法设计

翻转课堂中的学习不是传统讲授课的听课、记笔记和做练习，而是基于视频学习的拓展与深化学习，属于深层学习的范畴。对学习而言，教学团队应注意从课前的学习向资料准备切入，重点是对课堂学习中的兴趣、动机、注意力和思维的综合发起和持续学习的维持，学法设计应坚持自主探究、小组合作、同伴互助、成果分享原则。学法设计具体包括集中注意力的学习理解与倾听设计、探究型学习设计、批判性思维与问题生成设计、合作学习与任务分工设计、学习共同体架构设计、成果展示与表达分享设计。

5. 课堂环境设计

随着环境、资源、学生作为网络教学新三要素的提出，其背后隐含着这样一种新理念：学习者身边的一切都应当服务于"学"。数字化时代的学习已不依赖课堂时间，更多基础的内容要在课前视频学习掌握，由学习者视自身的认知风格和学习能力进行个性化学习，这就要求教师在课前做好充分的环境设计。课前教师对教学环境要有足够的了解，既包括可见的课堂光线强弱、气温高低、空间大小、机器设备等物理环境的设计和准备，也包括课堂组织形式、分组学习、人际关系等的预判与合理设计，甚至也包括不能直接观察到的学习者的能力、动机、习惯以及课堂气氛调节等心理环境的预判和设计。

三、慕课教学

慕课是一种网络课程形态。所谓网络课程，是指运用数字化技术和大型数据库，将教师讲授知识的视频、学习内容、在线测试题以及其他课程资源压缩并存储在互联网云端的数字课程，也称为"数字化课程""云课程"等。信息技术引发了基础教育教学方式和学习方式的变革与转型，催生出幼儿园、中小学新课程形态、教学模式和新学习方式，慕课的课程特征和学习特点要求课程建设和开发以方案设计为根本。

（一）慕课的起源和发展

1. 慕课的起源

斯坦福大学校长将慕课的诞生比作教育史上的"一场数字海啸"。它的出现契合了当代教育发展国际化、信息化、个性化三大主题，针对大众人群，不受种族、国界、文化背景的限制，任何职业和年龄阶段的人都可以在线分享优秀的课程资源。并且，学习者从实际需求出发，从海量的学习资源库中自由挑选课程，真正让学习实现个性化。

MOOC 这个术语是 2008 年由加拿大爱德华王子岛大学网络通信与创新中心主任与国家人文教育技术应用研究院高级研究员联合提出来的。在由阿萨巴斯卡大学技术增强知识研究所副主任与国家研究委员会高级研究员设计和领导的一门在线课程中，为了响应号召，Dave Cormier 与 Bryan Alexander 提出了 MOOC 这个概念。从 2008 年开始，一大批教育工作者，包括来自玛丽华盛顿大学的 Jim Groom 教授以及纽约城市大学约克学院的 Michael Branson Smith 教授都采用了这种课程结构，并且成功地在全球各国大学主办了他们自己的大规模网络开放课程。

2. 慕课的发展①

最重要的突破发生于 2011 年。那年夏季，斯坦福大学的教授们做出一项决定：利用视听设备制作三门计算机科学课程的视频教程，通过学校的在线学习网站向全球开放。这项实验引起了众多计算机科学爱好者的关注，在线注册系统一经开放，学生人数就节节飙升，很快从最初的数百名发展到数千名；到秋季第一门课程正式开课时，该门课程的注册人数已经突破了 16 万。

这组庞大的数字一经公布，立即引起哗然。项目背后的策划者——斯坦福大学的教授们在震惊之余，也窥探到一个巨大的发展机会。2012 年春季学期，多方人士联手运作，教育领域正式迈入"慕课元年"。

"慕课元年"这种说法于 2012 年最先由《纽约时报》提出，目的是纪念斯坦福大学巴斯蒂安·特隆教授当年所做的卓有成效的努力。当时，巴斯蒂安·特隆教授是斯坦福大学三门公开课之一《人工智能导论》的主讲人。在特隆教授独有人格魅力的吸引下，该门课程的注册人数竟然高达 16 万多。巴斯蒂安·特隆教授陷入对该种现象的反思，并敏锐地洞悉了这种先进教学方式中蕴藏的巨大潜力。课程结束后不久，特隆教授召集原班人马创立了一个叫 Know Labs 的开放课平台系统，也就是当今 Udacity 平台系统的前身。当时，巴斯蒂安·特隆教授豪情满怀地宣称，他将尽一切努力为全球学子提供更多优质且免费的课程资源。

在巴斯蒂安·特隆教授的影响下，他的同事、斯坦福大学教授安德鲁·恩格（也是斯坦福三门公开课项目的主讲人之一，内容涉及当时广受欢迎的机械制造领域，授课风格备受称赞，课程注册人数突破了 10 万）与达芙妮·科勒教授（麦克·阿瑟荣誉勋章获

---

① ［美］乔纳森·哈伯. 慕课 ［M］. 刘春园，译. 北京：中国人民大学出版社，2015：1-7.

得者、人工智能研究领域顶尖专家）于 2012 年 4 月联袂开发出著名的 Coursera 慕课平台，并以迅雷之势与世界各地的诸多大学、学院建立起合作关系，授权后者利用 Coursera 系统推出自己的"明星教授"，使他们可以面对成千上万的学子讲授课程，实现全球高等教育资源共享。

截至 2013 年年底，慕课领域"三巨头"（Udacity 平台系统、Coursera 平台系统与 edX 平台系统）已经面向全球提供了不同学科的大约 500 门课程的在线资源，慕课注册总人数也突破了 700 万大关。与此同时，许多新创公司面对慕课项目都跃跃欲试，国际竞争呈现白热化。来自享有盛誉的英国公开大学的分支机构 Future Learn 以及德国部分高校，均已迈入慕课市场。此外，还有一些机构也以慕课的名义出现，但其提供的远程课程大多为收费项目，只有少部分完全免费。这些鱼龙混杂的教育机构所采取的不同运作方式无限拓展着原始慕课的外延与内涵，导致慕课与其他教学技术之间的界限不再清晰可辨。

3. 慕课的争议

从 2012 年年底开始，一部分教育学家发出了对慕课的质疑与抵制之声。之后，他们的呼声越来越大，影响也日益深广，并于 2013 年达到巅峰。2013 年 4 月，高等教育领域发生了一件令人震惊的事件：马萨诸塞州安默斯特大学出声质疑慕课项目的科学性与可靠性，宣布自己将采取观望态度，暂不加入高校慕课联盟，并停止一切慕课共享资源的采集与制作任务。

虽然安默斯特大学的声明并未能阻止其他学校继续采取果断行动（如耶鲁大学，在安默斯特大学声明发出一个月后毅然加入 Coursera 慕课平台），但是其所作所为确实给所有大学提供了可选择的行为空间。也就是说，"加入慕课联盟，推行资源全球共享"并非每一个资质卓越的高等院校所必须应诺的内容，如果你不喜欢，完全可以拒绝加入。

（二）慕课的含义

大规模开放式在线课程的英文单词首字母缩写。第一个字母 M（Massive）代表大规模，与传统课程班级容量相比，一门慕课的注册学生成千上万，目前人数最高纪录是 16 万；第二个字母 O（Open）代表开放式，课程面向群体的开放性，不设置经济能力、知识背景、国籍地域、年龄性别等门槛限制，只要是有求知欲的学生均可注册学习；第三个字母 O（On-line），点明学习模式是通过网络，适应现代人类合理利用碎片化时间的需求，可以随时随地学习，不受时间与空间的限制；第四个字母 C（Course），即课程之意。M-O-O-C 已经给出十分明确的答案：M（mass）——大规模，O（open）——开放式，O（online）——在线，C（course）——课程。也就是说，如果一门课程具有以下三个特征：课程主体面向公众开放、学习者免费学习、授课与交流通过网络进行，那么毫无疑问，这就是一门货真价实的慕课。

（三）怎样才是典型意义上的慕课项目①

正如前文所述，考察"大规模开放式在线课程"中的"开放"之义，更大程度上应当被解释为"可以为公众免费获取"。也就是说，不需要任何费用，也不需要任何门槛，所有人都可以顺利登录系统端口进行学习。还可以说，凡是以任何理由设置任何障碍，组织公众登录端口获取学习资料的学习系统，均不是真正意义上的慕课。遗憾的是，现在网络上依然存在着为数众多的各种在线课程，利用资源优势对学习者做出种种限制（无论采取金钱还是其他手段），却给自己冠上慕课之名，这种行为着实令人不齿。例如，慕课项目不会要求学习者购买任何书籍、参考资料或实验器材，而其他一些在线学习机构却要求学习者购买上述物品作为通过课程注册的前提。当然，在慕课项目中，也有供应商要求学习者具备一定前提条件的情况，如掌握一定的预备知识，但是绝大多数情况下这些前提仅是对学习者的建议而已，并不会被真正要求去执行。此外，在诸多知名慕课供应商中，有些供应商为了某种教学目的设立实验班，并在其中推行自己的先决条件计划，如班级容量控制等，这样的情形是允许存在的。

可以设想，如果有一天，高等院校加入慕课的唯一动机是听从教育利他主义使命的召唤，那些旨在区分慕课项目与其他在线学习项目的研究与实验就会走向尾声。因为只需要借此目的就可以分辨出这种课程是否具有"大规模"与"免费"的特征，继而很容易地将慕课与其他课程区别开来。一言以蔽之，只要这些拥有多重面孔的项目背后蕴含着所强调的大多数特征（不一定全部符合），包括拥有教育平等权利的理想、致力教学实验与改革、乐于尝试新鲜事物、能够迅速忘却（而非惩罚）失败继而走向成功，就可以被称为"具有典型意义的慕课项目"。

四、微课教学

教育信息化已经风风火火进行多年，随着网络建设的完善、移动终端的大范围普及，使得学习者不再受时间、地域空间的限制。微课作为一种由技术孕育而生的教学资源，是知识零散化、片段化的产物，它可以改变课堂的模式，把学习知识放到课外，作业放到课上，这是对传统教育的颠覆，对教育改革有举足轻重的作用。

（一）微课的起源与发展

1. 微课的前世

（1）微格教学。微格教学诞生于 1963 年。斯坦福大学的爱伦（Dwight W. Allen）教授和他的同事在采用角色扮演培训教师教学行为方法的基础上，提出了由师范生自己选择教学内容，缩短教学时间，并用摄像机记录教学过程，通过分析与评价所记录的行为使师范生的教学质量得到改善和提高这一改革方案。很快，这一方案就被推广到教师实践训练和教师行为分析的研究中，微格教学由此诞生。微格教学由最初的 20 分钟演化到

---

① ［美］乔纳森·哈伯. 慕课［M］. 刘春园，译. 北京：中国人民大学出版社，2015：107-113.

约 10 分钟不等。20 世纪 80 年代引进我国。

（2）60 秒钟课程。1993 年，美国北爱荷华大学从事化学教学的 Mc Grew 教授发现，化学学科知识与非专业或非科学领域的人们之间存在一道鸿沟，以致很多人对化学始终抱有消极的理解。因此，Mc Grew 教授决定，将基础化学分解成许多个 60 秒钟，利用舞会、搭乘电梯等非正式场合，向大众普及有机化学。他称之为"60 秒钟课程"（60-Second Course）。

60 秒钟课程的要求如下：

① 引入概念（Ceneral Introduction）。

② 解释与说明（Explanation and Interpretation）。

③ 结合实际生活举例（Specific Example-The Chemistry of Life）。

（3）1 分钟演讲。无独有偶，1995 年，英国纳皮尔大学的 T. P. Kee 也跟 1 分钟较上了劲。同样身为化学教授的 T. P. Kee 发现，教学中广泛采用的模块教学法带来了弊病：同一学科各部分的知识各自为政，以致学生在学习过程中容易忽视彼此之间的联系。与此同时，学科之间的交叉使得知识的外延不断扩张，如何应对迅速增长的学科知识，也成为亟待解决的新命题。

面对这些问题，T. P. Kee 教授认为，要让学生在掌握核心概念的同时兼顾其他，他找到了解决的方式——1 分钟演讲（One Minute Lecture，OML）。学生们被要求选取一个知识点，用 1 分钟的时间进行解说。解说必须紧扣主题、精炼、有逻辑，并且还得包含一定数量的例子。

1 分钟演讲是这样展开的：

① 语言流畅，标题与段落之间有严密的逻辑结构。

② 演讲稿不能多于一页 A4 纸。

③ 演讲时间不超过 1 分钟。

④ 允许使用幻灯片和黑板。

⑤ 演讲必须包括一定数量的相关"事实"。

60 秒钟课程和 1 分钟演讲被普遍认为是微课的雏形。

（4）微学习。2004 年，奥地利的 Martin Lindner 首次提出"微学习"（Micro Learning）的概念。

什么是微学习？进入全民互联网时代，学习变得触手可及。阅读一篇文章、观看一个视频、记忆一个公式、选择一个答案、按照逻辑顺序整理一段内容，甚至在游戏中完成相关任务等都可能成为学习的新形态，它们有一个统称——微学习。

简而言之，微学习就是人们利用网络及移动媒体获取零散知识的非正式学习行为，它最大的特征如下：学习在被需要的情况下随时进行，学习的内容并不固定，而必须与工作或学习紧密相关，并与不断变化的社会环境构成一致。

（5）可汗学院：世界上最大的学校。1000 万名学生，3500 个教学视频两年间被浏览超过 2 亿次，每月有 600 万名独立的学生使用，每天平均解决 200 万个问题……作为一个公益性的在线教育平台，可汗学院当之无愧地成为微课的旗手。

创始人萨尔曼·可汗是麻省理工学院和哈佛大学的高材生，坐拥数学、电子工程与计算机科学、工商管理等数个学位。毕业后，他进入一家基金公司成为金融分析师。

2007年，可汗用自己的名字建立一个非营利性在线教育网站——可汗学院。他既是创始人，也是学院唯一的老师。每天，他都要待在卧室的衣橱间里，花3小时的时间拍摄和制作新视频。

可汗的微课教学是利用电子黑板进行的：在一块触控面板上面，点选不一样颜色的彩笔，一边画，一边录音，电脑软件会帮忙将所画的东西全部录下来，最后将这段录制好的影片上传到网站，便大功告成了。影片的长度被有意识地控制在10分钟之内，以保证观看者的耐心和专注。教学会从最基础的内容开始，由易向难进阶，以便于学习者理解和消化。

（二）微课的诞生

2008年，在美国新墨西哥州的圣胡安学院，被翻译为"微课"的"Microlecture"粉墨登场。当年，新的秋季学期里，学院打算在职业安全领域开发一个新的在线学位项目。时间不超过3分钟、以介绍某一关键词或知识点为主的微课被首次应用在其中。

相对于如今的热度而言，微课的首秀并没有太多"观众"。然而，仅仅一个学期，这个项目的参与人数就暴增到449。参与者们希望，微课能够最大范围地拓展到其他在线课程当中。广泛的关注必然带来广泛的审视与批判。作为一种传授知识的课堂形态，微课的时间实在是太短了，许多人对此大为质疑：几分钟的时间能达到什么样的课堂效果？然而，自此之后，所有拥有教育功能的类似形态都被称为"微课"。同样，也正是因为"微课"这一新兴名词的产生，带动了一场信息时代的教育创新，为以往种种相似的课堂形态树立了旗帜和方向，焕发出更多的关注和热情。

微课的创始人、任职于圣胡安学院的课程项目设计经理戴维·彭罗斯为微课列出了以下五个详细的步骤：

第一步，列出你在60分钟的课堂里试图传达的关键词或关键概念，这一系列的词语将构成微课的核心。

第二步，写一个15~30秒钟的导入和总结，这将为核心概念提供背景解读。

第三步，用麦克风和网络摄像头录制以上内容（三要素：核心概念、导入、总结），也可以是纯音频模式，最终完成的微课长度在60秒钟到3分钟之间。

第四步，设计一个课后任务，引导学生在课后的阅读与活动中继续探索核心概念，微课与手写作业的结合会使学生更好地掌握课程资料的内容。

第五步，将教学视频和课程任务上传到课程管理系统。

如今，圣胡安学院已经将微课推广到不同的学科，包括阅读、种族治理、兽医学等。需要说明的是，作为一个完整的课程项目，戴维·彭罗斯设计的微课不只包括在线教学短视频，还包括课后任务和教学活动。后来普遍意义上的微课，则大多单指以教学应用和自主学习为目的的短视频。

（三）微课的含义

英文的 Microlecture，通行的定义如下：A microlecture is a short recorded audio or video presentation on a single, tightly defined topico。这句话明晰了 Microlecture 的三个要素：一是一段录制的短视频或音频；二是用来呈现某一特定、单一的主题；三是主题应表现得严密、详细、清晰。

国内微课的开创者胡铁生老师对中文的"微课"的解释如下："微课"，又名"微课程"，是微型视频网络课程的简称，它是以微型教学视频为主要载体，针对某个学科知识点（如重点、难点、疑点、考点等）或教学环节（如学习活动、主题、实验、任务等）而设计开发的一种情景化、支持多种学习方式的新型网络课程资源。①

（四）微课在中国

2012 年秋季，教育部面向全国中小学举行微课作品征集评选大赛。在中国，微课掀起的这一轮"狂热"如同一场酝酿已久的爆发。

1. 我国的电化教育历史

回顾我国的电化教育发展史，在 20 世纪早期，教学中主要使用的是幻灯、无声电影、录音等。20 世纪 80 年代开始，随着日本的索尼录像机被引进中国，电视和录像逐步成为教育教学资源的重要构成形式。之后的几十年里，一大批教学电视节目纷纷面世，各地的电化教育部门都保存着以 T 为存储单位的课堂教学实录。

然而，人们渐渐发现，这些作为教学资源存在的影像资料中，大部分都无法进入课堂。北京大学电化教育中心的追踪调查显示，电视教材的利用率仅为 0.046%。面对如此之低的利用率，新的应用方式被提出：改变一般几十分钟的教学片，转而发展 3～5 分钟的小教学片，用于在课堂教学中穿插播放。由此可见，长期以来的教学实践中，微视频早已被视作教师讲课的主要辅助资料。

与此同时，面向社会的广播电台节目中，开始出现一种短小的电视教育节目，被称为"Micro Course"（微课程）、"Mini Course"（迷你课程），用几分钟甚至几十秒钟讲述一个主题，如"How to"（如何做……）节目，即用几分钟的时间介绍一种小技巧，类似"如何打领带""如何做比萨"等。但是这种方式并没有大规模地进入正规教育的课堂当中。

2. 我国微课的诞生②

佛山市教育局从 2006 年开始，每两年举办一次中小学新课程优秀课例征集评选活动。到 2010 年，当年评选活动的通知文件里，课例变成了课例片段。因为完整的课例长达 40～45 分钟，并非每 1 分钟都是重点，相比而言，5～10 分钟针对某一教学重难点的课例片段则要清晰、明确得多。

---

① 赵国忠，傅一岑. 微课：课堂新革命 [M]. 南京：南京大学出版社，2015：4.
② 赵国忠，傅一岑. 微课：课堂新革命 [M]. 南京：南京大学出版社，2015：25, 26.

2011 年 5 月，通过初审的课例片段被上传到网站上进行公示。随后，《南方日报》《佛山日报》等媒体先后对此进行了报道，并不约而同地提到"佛山首创微课模式"。2011 年 7 月，佛山市教育局公布评选结果的收官文件里，"微课"一词赫然在列：

……共收到各类参赛教学课例片段 1700 多节，内容覆盖各学科各年级的重难点教学内容，初步建成了微课视频点播资源库……

从课例片段到微课，这是本土教育理念与国际教育风潮的一次融合。2011 年的这次评选活动，也被当成了国内微课的诞生。

2011 年 10 月，权威期刊《电化教育研究》刊登了一篇名为《微课：区域教育信息资源发展的新趋势》的论文，作者是佛山市教育局信息技术中心的胡铁生老师——这是本土"微课"概念第一次完整地出现在中国人面前：

微课是指按照新课程标准及教学实践要求，以教学视频为主要载体，反映教师在课堂教学过程中针对某个知识点或教学环节而开展教与学活动的各种教学资源有机组合。

显然，此时的微课仍然停留在教研资源建设的层面上。之后几年，胡铁生老师关于微课的表述也在不断完善。

（五）微课的基本特点

随着微课在国内教育领域的广泛开展，特别是基础教育学校在教学实践中的应用，它的基本特点认识也越来越清晰。①

1. 逻辑完整

微课虽"微"，却始终是一个完整的"课"，具有完整的逻辑性。这种"完整"体现在以下两个方面：一是内在教学设计的完整；二是外在学习系统的完整。

首先，微课是一个完整的教学设计。它不是辅助教学的多媒体课件，不是课堂教学实录的视频切片，也不是其中一个教学环节，而是一个有导入、讲解、示例、总结的教学过程。

除内在逻辑的完整性之外，成功的微课还需顾及外在学习的系统性。微课主要服务于学生的自主学习，若只有微视频，学生则难以对学习效果进行自我检测。因此，微课还需囊括一系列辅助资源，包括微学案、微练习等，使学生拥有一个完整的学习系统。

2. 短小精悍

时间上的"短"是微课突出的特征之一。微课的时间很短，通常不会超过 10 分钟。更细致来说，以 3~8 分钟为最佳。美国的可汗学院以及国内大部分的优秀微课作品都集中在这个范围之内。10 分钟的标准是依据学生的认知规律。

1985 年，一个研究项目对学生在 20 分钟内记忆的内容进行了检测。教师将课程分成四段，每段只有 5 分钟。课程结束后，研究者分段对学生的有效记忆内容进行计分。这项测试的结果出人意料。很多人都认为学生记得最好的应该是最后一段内容，毕竟刚刚

---

① 赵国忠，傅一岑. 微课：课堂新革命 [M]. 南京：南京大学出版社，2015：73-88.

听过。然而事实上，结果恰巧相反：学生记忆最深刻的是第一段的 5 分钟，而当课程进行到 15 分钟时，学生几乎已经头昏脑涨了。

1996 年，在《国家教学论坛》（*National Teaching and Learning Forum*）期刊上，两位来自美国印第安纳大学的教授发表了一份关于"学生在课堂上的注意力变化"的研究报告。他们将一堂完整的课以分钟为单位进行分析，然后发现，一堂课开始后，学生通常需要 3~5 分钟才能静下心来；在随后的 10~18 分钟里，学生的精力会非常集中；之后，无论老师讲得有多好，无论课程多么吸引人，学生都避免不了走神；再过一段时间，学生也会再次集中精力，但集中的时间会越来越短；当一堂课快要结束时，学生注意力集中的时间只有 3~4 分钟。

根据心理学的调查统计，学生的注意力能保持 10 分钟左右的高度集中，这也是学习力、创造力最大的时间段，能够取得最佳的学习效果。若不断地延长课堂时间，反而会抑制学生潜能的发挥。

3. 主题精炼

主题上的"小"是微课另一个突出的特征。一个微课通常只针对一个教学知识点。在课程体系中，这样的知识点就是最小的单位，如同原子一样不能再分割。因为在几分钟的时间内，只有这些最小的知识点才能被讲解透彻，也才能对学生起到巩固基础、加深理解的作用。

具体来说，微课主题选取的关键在于选取学习的重点、难点、疑点——必须依靠教师的讲解学生才能理解的内容作为聚焦的对象。呈现一个知识点的方式多种多样，可以开门见山、单刀直入，也可以侧面突围、迂回前进。至于如何选择，不仅要考虑教学的学科特点和学生的薄弱环节，更要依靠教师的教学智慧。

4. 教师隐身

从讲授方式来看，现行的微课有两种，区分的标准在于教师的形象是否出现其中。

在国外，以可汗学院为代表的大部分微课课程都采取了教师隐身的策略。在国内，课堂实录式的微课模式仍然拥有自己的支持者。究其原因，多半可以归结为一部分教师尚未理清微课与课堂教学的区别。

教师站在讲台上讲授一直是课堂教学的主导模式，但在微课所处的在线教育领域，这一情形早已一去不复返。过去的十几年里，课堂讲授式的实录类课程只占整个在线课程的很少一部分。与面对面情境中讲授式教学的优势相比，在线课堂中这一方式所占的比例可能不到 10% 或 20%。就在微课之风席卷中国的短短三年间，教师隐身的微课模式也已经成为越来越多的人的选择。

5. 画面简洁

作为一种以视频形式来呈现的课堂形态，微课的教学画面直接影响学生的观感以及内容的表达效果。

对比可汗学院与国内的微课，就视觉而言，最明显的区别在于画面的简洁性。可汗学院的微课利用手写板和绘图工具，以电子黑板的形式，选用不同颜色的电子笔进行板书，在全黑的底色上形成强烈的色彩反差，用以区分不同的重点。字体也有所不同，有电脑的制式字体，也有以手写字体呈现的步骤讲解。电子笔在手写板上移动，像粉笔一样灵活，可以随时圈圈点点，偶尔来个即兴配图。

近些年，微课的制作方式开始被提上日程，视觉美感也越来越被重视。选用什么样的图片做插图，什么样的图片为主题，什么样的图片为背景；哪几种字体搭配起来最好；从标题到各级文本，字号应当如何选择；画面颜色如何配搭才能有清晰的可视度等。对于这些问题，众多微课领域的实践者们给出了详细的答案。

6. 语言精准

微课的时间限制令教师无法如平时在课堂上那样事无巨细、面面俱到，也无法用过多的笔墨承上启下、起承转合。因此，要想让学生在10分钟内听得懂、学得会，教师必须将知识的来龙去脉清晰地呈现出来，语言的精准与否就显得格外重要。

微课是视听教学，教师的解说如同旁白，思路清晰、精准到位是必需的，倘若游刃有余的同时还能诙谐幽默就最好不过。此外，不必为了调动积极性而慷慨激昂，也不必为了激发兴趣而渲染气氛，一对一的学习模式里，自然的氛围是营造情境的一种方式。

（六）微课的六大认识误区[①]

1. 微课≠教学视频

微型教学视频是微课的载体和表现形式，但视频本身并不能代表微课的全部。微课服务于教师的教学和学生的学习，本质上仍然是一种教学。教学是一个过程，由教师、学生、教材、媒介等多个因素构成，有其内在的复杂性和完整性。尽管视频教学的理念必须与传统课堂区分开来，但两者在教与学的完整程度上却是一致的。

2. 微课≠多媒体课件

多媒体课件自进入课堂以来，几乎已成为教学的必备品。然而当微课进入教育视野，许多教师却容易把微课与课件混为一谈。多媒体课件是辅助教学的工具。教师根据教学的需要，运用自己的创意，对有用的文字、图形、图像、声音、动画、影像等多种媒体素材进行整合，使它们融为一体，并在形式上呈现出美观性和交互性，从而在教学过程中让学生更易理解和主动参与。多媒体课件本身并不具有教学的功效，只有当它被穿插在课堂教学之中时，才具有辅助教学的作用。当然，各类媒体素材也可以被用在微课之中，但微课始终是一段完整的教学过程。

3. 微课≠课例片段

微课是一个完整的教学设计，是一个完整的教学过程。课例片段简短、微小，却并不完整，没有明确的知识点划分，只是传统课堂教学的切片，通常只作为教学观摩使用。

4. 微课≠视频公开课

微课与视频公开课都是以教学视频为载体的课堂模式，但两者的差别也颇为显著。

---

① 胡铁生. 微课程的属性认识与开发建议 [J]. 中小学信息技术教育，2014（10）.

视频公开课可以说是慕课的一种，主要由科学、文化素质教育网络视频课程与学术讲座组成，面向社会公众免费开放，主讲者大多是名校名师和研究学者。

5. 微课≠课堂教学

微课所呈现的是一对一的教学情景，与一对多的教师课堂教学不同，更类似于一对一的辅导教学。微课重在学生的学，而非教师的教。课堂教学面向全班学生，教师的关注主要集中在中等生身上，对于"两头"的学生则关注不够。微课的用途在于让学生按自己的学习进程和认知习惯使用，如重点、难点部分重复观看，又或暂停思考、查阅资料后再继续看；容易的部分可以快进或跳跃看，以节省时间；不懂的地方可以回头看，以加深认识和理解，并可以在学习过程中做在线练习题，以检查自己的学习情况。

6. 微课≠微格教学

微格教学创始人之一、美国教育学博士爱伦教授将微格教学定义如下："一个有控制的实习系统，它使师范生有可能集中解决某一特定的教学行为，或在有控制的条件下进行学习。"从这个定义可以看到，微格教学与微课是两回事。

五、微视频

随着微时代的到来，微视频作为一种新型资源形态日益受到关注。在教育领域，微视频因其短小、幽默、新颖、便捷、大众参与性、随时随地随意性等优势，深受教育工作者和学习者的喜爱。近年来，以微视频为主要载体的微课得到了快速的发展，很多区域都掀起了微课资源建设的热潮，微课培训与微课比赛如火如荼。

（一）微视频的含义

优酷网总裁古永锵认为微视频是"指个体通过 PC、手机、摄像头、DV、MP4 等多种视频终端摄录、上传至互联网进而播放共享的 30 秒钟至 20 分钟，内容广泛，视频形态多样，涵盖小电影、记录短片、DV 短片、视频剪辑、广告片段等的视频短片的统称"。中国互联网协会副理事长张力军的解释如下："微视频指播放时长 3～5 分钟的视频，兼顾新闻性、评论性与娱乐性且更加方便在多媒体融合时代，满足网民使用横跨互联网、手机、移动终端多种形式来观看节目的需求。"

总而言之，笔者认为，微视频是通过 PC、手机、摄像头、DV、MP4 等多种视频终端摄录传阅、摄录上传至互联网进而播放共享的 30 秒钟至 10 分钟、内容广泛、形态多样的视频短片的统称。它是个体可以通过多种视频终端随时随地反复播放的视频资源，具有短、快、精、大众参与性、随时随地随意性等特点。

（二）微视频在教学中的应用

微视频在教学中有很多应用，主要以学科教学实践、微课和翻转课堂为主。也就是说，微视频涵盖了微课和翻转课堂，其范围要大得多。在学科教学中，微视频作为学生喜闻乐见的学习资源用于课堂教学中，有利于促进学科教学模式的改进，促进教学重难点的突破，提高学生的学习兴趣和学习水平，有利于资源的优化与共享和激发教师的教学热情。在翻转课堂教学模式下，学生在家里主要通过微视频来进行自主学习，而课堂变成了师生之间互动的场所。微视频是微课和翻转课堂重要的组成部分，微课、翻转课堂是微视频在教学中应用的主要途径。

（三）微视频导学的设计

传统学案导学中导学案的设计包括以下要素：学情调查、学习内容分析、学习目标、重难点预测、知识链接、学法指导、学习过程、整理学案、达标测评、教与学反思。微视频导学改变了传统学案导学的形式，在内容和呈现方式上都有所不同。结合微视频的特征和学案导学的结构，可以把微视频导学分为以下五个环节：①

1. 学习指南

学习指南一般分为单元学习指南和课时学习指南，主要为单元学习和每节课的学习提供指导。学习指南主要包括知识结构、学习目标和学习重难点预测，多以图片或文本的形式呈现。知识结构主要采用概念图、思维导图等可视化工具呈现知识的总体框架，使学生对新知识有整体的把握和认识。学习目标包括知识与技能，过程与方法，情感、态度与价值观三维目标，对目标的描述要简单、易懂。重难点预测主要是告知学习的重难点，以引起学生的注意和重视，加深学生的印象。

2. 学法指导

学法指导要根据具体的教学内容和学习者特征及学情调查等有选择地对学生进行指导。学法指导主要包括以下四个方面的内容：

（1）制订学习计划的方法。包括确定学习目标、分配学习时间、选择学习方法等。

（2）五环节常规学习方法。包括预习方法、听课方法、复习方法、作业方法、小结方法等。

（3）学科学习方法。以各科教师特点为内容的学习方法，如学习语文的方法、学习数学的方法、学习外语的方法等。

（4）资源利用方法。包括如何使用视频资源、文本资源，如何查找资源等简单的方法。

学法指导主要以微视频为主，辅以相应的文本资料，教师采用讲授法、案例法或示范法等多种方式组织教学，做到学习方法直观、易懂。

3. 学习新知

学习新知是微视频导学的核心，主要是对重难点知识的学习，要体现导学、导思、导练的功能。每节课根据重难点知识的个数确定微视频的数量，一般小学生学习内容较为简单，学生的思维能力接受能力不够强，通常由 1~2 个微视频组成。每个微视频都包括新知诱发、新知学习和新知应用，有完整的教学过程。在此过程中，教师可采用任务

---

① 李兰兰，刘繁华．"微视频导学"的设计与应用研究［J］．教育信息技术，2015（11）：33，34．

驱动、合作探究等多种方式进行教学，并鼓励学生动手操作和自主探究，以提高学生学习的主动性、积极性和自主学习能力。

4. 巩固检测

巩固检测的关键是整合教材、补充习题等练习资源，做到层次性、针对性、典型性。在巩固检测中加深理解，促进内化，形成技能，让学生在巩固和检测、回馈和调控、评价和激励中走向深刻。巩固检测包括微视频中的交互式练习题和例题讲解型习题，习题尽量采取学生比较喜欢的方式，如布置任务，让学生动手操作等。

5. 讨论交流

讨论交流是教师根据教学内容设置的一些增加学生主动性和参与性的教学活动。教师主要通过发起一些话题组织学生进行讨论交流和思想的碰撞，很多旧问题的解决和新问题的生成都是在讨论中完成的，在讨论过程中学生的大脑处于比较活跃的状态，极大地调动了学习的积极性。同时，教师也可以布置一些课后实践活动，要求学生们自主或合作完成任务，以培养他们的自主学习能力和协作学习的能力。

第六节　质的研究

一直以来，教育研究方法存在两大流派：一是定性研究；一是定量研究。由于教育是以人为核心的客观实践活动，因而它兼有人文性和客观性的本质特征，也就为教育研究方法提供可能性。质的研究（Qualitative Research）在我国大陆早期翻译成"定性研究"，后因与传统意义所讲的定性研究有所混淆，采用港台译名为"质性"或"质化研究"，现在统称为"质的研究"。

一、质的研究的起源与发展[①]

质的研究的起源可以追溯到人类文明发源地之一的古希腊。质的研究中一个最主要的方法"民族志"（ethnography）一词的词根"ethno"就是来自希腊文中的"ethnos"，意指"一个民族"或"一个文化群体"。民族志是指对人以及人的文化进行详细、动态、情境化的描绘的一种方法，探究的是特定文化中人们的生活方式、价值观念和行为方式。这种方法要求研究者长期与当地人生活在一起，通过自己的切身体验获得对当地人及其文化的理解。

最早的民族志发源于西方一些发达国家的学者对世界上其他地区残存的"原始"文

---

① 陈向明. 质的研究方法与社会科学研究［M］. 北京：教育科学出版社，2000：25－31.

化所产生的兴趣，希望通过对异文化的了解反观自己的文化发展历程。19 世纪下半叶以前，民族志的研究一般是使用一些探险家、贸易商、传教士所写的文字资料作为研究异文化的资料，很少有亲自到实地搜集第一手资料的。实地调查的始作俑者是德籍美国人类学家博厄斯（F. Boas）。自 1886 年起，他经常到美国西北海岸的印第安部落去做实地调查，通常是在离村子不远的一家旅馆住宿，很少居住在当地人的村子里。

在社会科学研究领域真正开创长时期实地调查传统的是从波兰移民到英国的人类学家马林诺夫斯基（B. Malinowski）。由于第一次世界大战的滞留，他于 1914—1915 年和1917—1918 年在新几内亚和特罗比恩岛上进行了长期艰苦的实地研究工作。通过与当地人一起生活，参与到他们的日常生活当中，了解他们的所思所想，他亲身经历了在这里、到过那里和回到家里三个阶段，并进行了大量研究。美国的杜·波依斯（Du Bois）对费城的黑人社区进行了 5000 例访谈，其著作《费城的黑人》被认为是早期城市民族志研究的一个优秀典范。这个时期实地研究的重点主要放在如何从文件中挖掘当事人的观点与态度，对研究者个人在收集资料过程中所起的作用并未给予足够的重视。

从 1930 年到 1960 年，随着殖民主义的衰落以及非洲和亚洲民族国家的兴起，西方的人类学开始受到独立国家人民的排斥，因此，西方人类学家也逐渐具有了自我反省的意识，意识到自己实际上受殖民主义国家利益的驱使，要保持学术上的"价值中立"是不可能的，意识到自己作为研究者没有给予当地文化以应有的"尊重"，开始对自己作为研究者的"政治"身份和权力地位进行认真的反思，并逐渐将注意力放到对历史文献、语言学以及自己国家本土文化的研究上面。其中，最有影响力的是以社会学家乔治·米德（George Mead）为代表的"芝加哥学派"，他们借鉴人类学的方法对城市的贫民、种族、区域特征等问题进行了长期的实地研究，开创了一个新的"城市生态学"研究领域。他们运用的主要方法就是质的研究。

二、质的研究的含义

质的研究是指研究者在对所搜集到的文字、声音、图片等资料进行系统审查、汇总、归类的基础上进行逻辑和意义分析，从而揭示出事物内在特性的研究过程，它是一个对资料分类、描述、归纳、抽象的过程。教育研究中的定性分析是教育科学研究中的一个重要分析方法。

国内比较有代表性的说法当属陈向明教授的观点，他认为，质的研究是在自然环境下，使用实地体验、开放型访谈、参与型与非参与型观察、文献分析、个案调查等方法对社会现象进行深入细致和长期的研究；分析方法以归纳法为主，在当时当地收集第一手资料。从当事人的视角理解他们的行为的意义和他们对事物的看法，然后在这一基础之上建立假设和理论，用证伪法和相关检验等方法对研究结果进行检验；研究者本人是主要的研究工具，其个人背景及其与被研究者之间的关系对研究过程和结果的影响必须加以考虑；研究过程是研究结果中不可或缺的一个部分，必须详尽地加以记载和报道。

教育质的研究可以是指在教育的自然情境下，研究者针对教育环境中发生的自然事件或现象，通过研究者与被研究者直接接触、面对面的交往，实地考察被研究者的日常生活状态和过程，进行系统性的观察与记录，将观察所得的数据加以分析、整理，并将结果予以归纳叙述，以了解被研究者所处的环境以及环境对他们产生的影响，揭示行为意义和行为效果深层原因的一种教育研究途径。教育质的研究来源于社会学、人类学、文化历史学等领域的田野/实地研究（field study）、人种志/俗民志研究（ethnographic research）、自然探究（naturalistic approach）或参与观察研究法（participant observation method）等研究方法。教育研究中比较熟悉的研究方法，如人种志研究、历史研究、个案研究等，均属于质的研究。

三、质的研究的主要特点

由于教育过程是非常复杂的，特别是教育的内在规律远非对一些数字进行统计处理就可以发现的，需要深入实地观察、调查和了解；它也常常蕴含于教育理论与实践人员的观点和看法之中，需要进行深入的访谈或对某些个案做长期追踪了解和研究。所有这些方式所得到的资料都不一定是数字化的资料，需要研究者面对浩繁的资料进行去粗取精、去伪存真的分析。这个过程虽然依赖研究者个人的学识和研究能力，但也有一些研究方法与技术存在于其中。了解定性研究的特点，对进行深层次的教育研究无疑有重要的意义。

（一）强调整体把握

教育研究的对象本身涉及诸多的因素，其发展的过程受各方面因素的制约，结构中任何一个成分的变化都会引起系统内部其他成分的变化。那种把复杂的社会现象或过程分解为若干的因素或独立的几个部分的"科学—实证"取向的研究方法，看似把复杂问题简单化了，但运用到教育却割裂了事物内在的必然联系性，因而其结果并不能全面、深刻、如实地揭示出事物的本质属性。

（二）把握事物的质的规定性

定性分析在内容上关注事物发展过程以及相互关系，将研究对象作为一个发展的整体加以分析，揭示教育过程各个组成部分之间内在的关系，透过表面深入内在本质，说明研究对象变化发展的真正原因。

（三）分析对象是质的描述性资料

定性分析是以反映事物质的规定性的描述性资料而不是量的资料为研究对象。这些资料通常以书面文字或图片等形式表现，而不是精确的数据形式；是在自然场合，以质的研究方法，如通过参与观察和深入访谈得来的资料，带有很大程度的模糊性和不确定性；定性分析的资料来自小的样本以及特殊的个案，而不是随机选择和大的样本。正由于此，决定了定性分析有自己独特的分析方法且需要量的资料补充。

（四）通过归纳的思维方法建构理论

质的研究中不一定要证实什么，主要是发现什么，也就是通过对观察、访谈所搜集到的资料进行分析、归纳。这种归纳、分析是持续的，通过在不断地搜集资料、分析归纳中发现其中的关联性。研究者必须把自己沉浸在文字资料中，贴着资料走，逐字逐句地找关键词、关键句，从当事人的话语、立场寻找出当事人的观念，发现当事人到底想说什么，看他们怎么说，追究出他所表达的是一种怎么样的思路，根据这些关键话语再找出主题思想，最后归纳出文章的主题。

（五）研究程序具有一定弹性

在分析程序过程上，质的研究不同于量的研究。定量分析有一个标准化程序，使用数学方法做出一个量的刻画，用数学语言表示事物的状态、关系和过程，在此基础上加以推导、演算和分析，以形成对问题的解释和判断，具有逻辑的严密性和可靠性。定性分析是一个不太严格的研究程序，前一步搜集资料的数量与质量往往决定下一步应该怎么做，原因是教育作为一个动态过程所具有的多样性，使定性分析过程常常变动，有很大的灵活性。

（六）对研究者及背景的敏感性

质的研究过程是以研究者为中心的分析过程，它对研究者个人的学识和经验积累、已有的观点和看法的依赖性较大，在分析中很容易融入研究者个人的主观因素。另外，教育研究对象的行为表现总是与特定情景相关联，离开这一特定情景，一定的教育现象就会发生变化，因此，质的研究应非常关注对背景的分析。

四、质的研究的步骤

教育质的研究的一般思考过程如下：教育领域的问题是什么、概念的定义是什么、事实是什么、原因是什么、研究的结论是什么、对本研究如何评价以及如何表述研究结果。其实施过程主要包括教育课题的设计、进入教育现场并维持关系、搜集教育资料、分析与整理资料、形成研究结果、评价研究结果和撰写研究报告等基本步骤。

（一）教育课题的设计

质的研究课题设计要关注以下五点：

第一，确定研究范围，即希望了解的人、事件、过程的综合范围。

第二，选取有价值的研究问题，并进行明确的界定和表述，研究的选题的内涵不可太大，以免实施研究时力不从心，但也不可太小，以免影响研究结果。

第三，明确研究的目的与意义，可以是出自个人的兴趣与利益，也可以是出自实用目的或纯粹学术目的。

第四，根据研究的问题、目的、情景和对象等选择收集资料的方法。

第五，介绍和简要分析前人的研究成果，分析研究这个人的相关经验，理清研究者自己的研究思路。

（二）进入教育现场并维持关系

进入教育现场必须取得研究对象的信任，一般有以下三种方法：

1．自然进入法

研究者先以局外人的身份与当事人接触，待条件成熟时再慢慢暴露身份和研究任务。

2．隐蔽进入法

以不公开身份进入教育现场，进行隐蔽私访调查。

3．逐步暴露法

循序渐进的暴露自己的身份和研究任务。

（三）搜集教育资料

主要有以下三种方法：

1．观察法

在自然情景中通过耳闻目睹直接观察现象、事件和过程来获取信息。

2．访谈法

通过与当事人的提问、聆听与回应来获取信息。

3．直接法

直接向当事人收集个人文献。

（四）分析与整理资料

对收集的大量资料进行系统化、条理化的整理和分析，通过审核、分类，进行归档。

（五）评价研究结果和撰写研究报告

对收集、研究、整理出的资料进行总结、评价，撰写研究报告，为质的研究最后的总结做好准备。

第七节　量的研究

社会现象作为一个客观的存在，不受主观评价因素的影响。通过一套既定的方法与程序，我们可以获得对事实的一致结论。对世界的理解需要符合观察到的事实逻辑上没有矛盾，具有可复制性，这为知识的创造建立了一种稽查机制。所有相互对立的解释都处于一种开放的竞争状态，我们可以使用公正的规则精确地对中立的事实加以观察，严格地遵循逻辑思考，通过理性的工具对它们加以科学的论证，即证实或证伪。

一、量的研究的起源与发展

量的研究建立在实证主义基础上。实证主义产生于 19 世纪三四十年代的法国和英国，开始于法国哲学家、社会学始祖孔德（Comte，1798—1857）提出的实证哲学。他认为，观念属于思维世界，会存在想象、推测和误解。为了避免这些情况出现，理论必须经过坚实、来自"现实"物质世界的经验性事实的检验。

量的研究遵循自然科学的思路，认为事物内容和事物之间存在逻辑因果关系，对事物的研究就是要找到这些关系，而寻找这些关系的方式是运用推理逻辑。推理逻辑指开展研究的逻辑是经过严密组织，并以一种理想化、正式、系统的方式进行，具有清晰的模式。研究者依照逻辑从理论演绎出假设，从自己的假设出发进行统计抽样，收集数据进行数量上的计算，根据结果数据对假设进行验证，这是一种线性的演绎的方式。

这种检验假设的程序是可重复的。如果假设经得起复制，则把该解释看成是真实的。因此，测量工具的客观性在量的研究中就变得至关重要。恰当、有效的测量工具能够使我们获得真正清楚的视野，并保证自己不受事物表面的迷惑。除研究工具的科学性与规范性之外，研究对象不依赖于研究者而独立存在。因此，研究应尽量排除研究者对研究的影响，强调价值中立，即中立的局外人进行观察，发现明确、客观的事实。

二、量的研究的含义

量的研究，亦称"统计分析法"，是指研究者借助于数学手段，通过对研究对象的规模、速度、范围、程度等数量关系的分析研究，认识和揭示事物间的相互关系、变化规律和发展趋势，以达到对事物的正确解释和预测的一种重要的研究方法。

教育课题研究的对象复杂多变。在研究过程中，一方面，由于对研究对象的影响因素众多；另一方面，由于研究者自身的原因，都可能使所收集到的资料出现一定的误差，而编译分析方法则可以运用统计规律有目的地消除这些误差，使研究者能够在纷繁的数据中寻找研究对象的真实特征和规律。

定量分析的主要手段是统计分析，即利用多种统计手段对所搜集到的数据资料进行描述、解释，并在一定条件下由样本特征推断相应的总体特征。目前，随着电子计算机的推广和应用，量表设计和计算技术的改进和发展，使定量分析法成为自然科学和社会科学研究中不可缺少的研究法。属于量的研究的具体方法有统计分析法、模式分析法、预测研究法、图表技术法等。

三、量的研究的特点

量的研究把研究资料和信息量化，采用统计方法加以处理，获得结果并对结果进行分析，从而得出研究结论。这种研究方法与质的研究有着截然不同的特点。

（一）用研究数据验证假设

量的研究是为了证实普遍情况，对客观事实进行测量，追求研究结果的理论性、概括性与推广性，采取的是归纳推理的方式。因此，量的研究在研究问题的基础上，先提出研究假设，再利用得到的研究数据对研究假设进行验证。

（二）抽样具有代表性

量的研究一般采用随机抽样，所选择的研究对象对研究对象的总体来说具有一定的代表性，研究对象的数量较多，这样，研究人员在对抽样得到的样本研究对象进行研究后，能够根据概率统计将得出的结果推广到抽样总体。

（三）强调变量的控制与变量间关系的验证

量的研究强调变量的控制与变量间关系的验证。量的研究可以分为描述性研究、相关性研究、因果性研究（实验和准实验研究）。描述性研究，如"广州地区小学生学习策略的调查研究"，对小学生学习策略的使用情况进行深入的描述。相关性研究是探讨几个变量之间的关系，如"广州地区小学生学习策略与学习成绩的关系研究"。因果性研究是试图在不同变量之间寻找可能存在的因果关系，如"小学生人际交往能力的类型对友谊质量的影响"，探讨所采取的方法对自主学习能力的影响。

（四）研究过程标准化

量的研究过程是标准化的，是经过仔细考虑后确定的，具有可重复性，如在"提高小学生自主学习能力的研究"中，从研究假设的提出到方法措施的实施，数据的定期收集、统计计算、分析验证等，都遵循着确定好的模式，是一个线性的过程。

（五）量化数据与统计

量的研究的测量手段在资料收集前就已经系统化的确定了，并且是标准化的，所得的数据结果是可以精确测量的数字。研究人员只有在资料收集完成，并将它们转换为数字后，才开始进行资料分析，从中发现模式或各种关系。他们采用一系列具体、标准化的资料分析技术对数据、图表进行统计分析，讨论数据与假设之间的关系，遵循严格的演绎过程。

（六）研究结果稳定、可靠

虽然量的研究需要尽可能地保持价值中立，但研究过程不可能不受研究者主观价值判断的影响。另外，研究过程会受一些误差的影响，因此，信度与效度的问题就是如何控制这种影响，并把这种影响控制在可接受范围内。

信度是指测验结果的一致性、稳定性及可靠性，即研究结果的可信程度，反映了研究的质量。信度系数越高，表示该测验的结果越一致、稳定与可靠。信度是效度的前提条件。效度，即有效性，是指测量工具能够准确测出所需测量的事物的程度，也就是所测量的结果与所想要考查内容之间的吻合程度，反映了研究的可推广度。对量的研究来说，信度、效度较高意味着研究结果可重复测验，可以控制，可以推广到研究总体。在实际的学校研究中，对能力的测验，我们可以直接使用现成的问卷与量表，这些量表、问卷都已经符合一定的信度、效度标准。

四、量的研究的几个基本概念

有关定量分析的常见方法，我们已经在第五章第七节做了介绍，这里不再详述。下面介绍定量统计分析中经常涉及的概念。

（一）总体和样本

总体是同质的对象所构成的群体。有时总体所包含的个体很多，在研究过程中，无法对总体中全部对象进行研究，只能对总体中的一部分对象进行分析。这种从总体中取出部分个体的过程称为"抽样"。所抽得的部分对象称为"样本"。样本所包含的个体数目称为"样本容量"。

（二）抽样误差

由于总体中的各个对象存在差异，因此，在总体中随机抽取的样本之间有差异，反映样本与总体之间有差异，这种由于抽样所引起的差异，在统计上称为"抽样误差"。一般来说，样本越大，抽样误差越小，样本的特征和总体情况越接近，正确性越高。反之，样本越小，抽样误差相应地变大，往往会导致错误结论。如果能够正确应用统计方法，就能辨明真伪，并能对误差进行估计，从而有助于得出正确的结论。

（三）随机化

随机化是样本抽取和分配时十分重要的原则。具体来说，在抽取样本时要使总体中每个对象都有同等的中选机会。

（四）概率

概率是反映某一事件发生的可能性大小的量，统计上用符号 P 来表示。一般概率范围是在 0 与 1 之间。概率越接近 1，表示事件发生的可能性越大；概率越接近 0，表示事件发生的可能性越小。

（五）统计量与参数

在教育研究中，对研究的部分个体（样本）进行观察和测试，依据所得值定出的代表样本特征的量称为"统计量"。从这些统计量中可以估计总体的数值，而代表总体特征的量称为"参数"。

第八节　中期总结验收

课题研究一般在实验的中期都应该开展中期总结经验和验收工作。这样做主要是对课题实验进行检查与督促，以便发现、纠正问题，使课题研究能够得到正常开展。同时，在课题实验的过程中，合理、有效地积累资料，管理课题，有利于课题主持人更好地带领课题组的成员分工合作，研究关键问题，为今后的课题结题做好铺垫。

一、课题实验过程中的资料积累与管理

课题研究资料的积累和管理对课题研究至关重要。因为研究资料不仅对研究过程的实施有纪实和指导作用，而且在研究总结阶段不可或缺，是收获课题研究最终成果的重要基础和依据。因此，要有强烈的成果意识，研究就是为了取得相应的成果，如果不注意研究资料的收集和管理，就很难取得理想的成果。所以要特别注意对研究资料的收集和管理。一般来说，课题研究中的资料有以下三类：

（一）课题管理资料

主要有以下七种：课题申报表、课题立项通知书、课题研究方案（包括子课题研究方案）；课题开题论证报告、课题中期评估报告、课题结题报告（包括子课题结题报告）、课题结题申报表。

（二）过程性资料

主要有以下六种：课题研究年度实施计划；课题研究各项规章制度；研究课教案、典型课纪实、课后分析研究记录、游戏及区域活动的设计实施及学生活动的情况、课题日常活动记录、教师研究的观察记录、听课笔记、教育随笔、教育日志、学习笔记等；子课题研究的相关资料，包括专题讲座、专题报告、专题研讨等；调查问卷、访谈记录、实验情况分析等；阶段工作总结报告。

（三）成果性资料

主要有以下三种：学生成果资料，包括竞赛获奖证书、小制作、发明获奖、学生发表作品、录音、录像等；教师成果资料，包括各级公开课、优质课获奖证书（录像）、教学设计及教学案例、自制课件、论文、著作等；课题组、学校所获成果，包括学校获奖证书、实验研究报告、各项专题性报告、实验工作总结报告、调查研究报告、论文集、出版专著、自制教材等。

二、课题研究档案建设

课题研究的档案资料能为研究者提供事实依据，从而积累经验、提升理论。苏联教育家苏霍姆林斯基在他的教育生涯中，能详尽地说出25年中对178名"最难教育"的学生所进行的工作及学生曲折的成长过程，他对3700名学生做了个案记录。可以说，他的教育思想理论正是产生于这些研究资料之中。研究问题—积累资料—提炼总结是一个教师通过教育科研最终成为教育家的重要途径。

从某种意义上说，科学研究过程就是对科研资料的搜集、使用和再创造的过程。在课题档案的建立中，要注意以下四个方面：

（一）加强过程管理，实现科研管理现代化

在进行课题研究时，收集资料要有目的性，寻找自己最需要的内容，整理资料要耐

心、细致，把收集到的资料放在相应的类别中，按日期做好顺序编号。最好准备一本笔记簿，先把类别写出来，再把手中已有的资料按类别编写在相应的目录下面。有条件的学校可以直接装在专门的档案盒中，在盒盖上写出标记名称。每个档案盒中做一个小目录，这样打开盒盖就知道里边都装了哪些内容。也可以把资料分好类放在不同的纸袋里。

（二）注意积累反思性资料

很多课题研究者积累研究资料的目的是在参与课题评奖时，让自己的研究成果看上去更加丰富。目前，很多档案资料纪实性太强，反省不足。研究与工作的最大不同是工作一般只要求做好就行，而研究则不仅要求做好，更重要的是要回过头去想一想为什么这样做、效果怎么样、怎样继承好的、怎样纠正不足等。现在学校的档案绝大部分是记录过程，缺少反思。以沙龙记录为例，纪实性的档案大多只是记录某某说了什么、专家指导了些什么等。严格来讲，这不是研究性质的档案内容，理想的档案至少应该要包括如下一些内容：活动组织设想（主题确定依据、形式选择理由、参加人员如何确定、所请专家与本活动匹配程度等）、活动基本过程记录、活动精彩发言点评（类似作文点评，可收集参与者体会记录）、活动主要收获、对今后相关问题的启发与思考等。最主要的是要以档案资料帮助反思，并将反思作为重要资料积累。

（三）建立教师个人科研档案

学校的科研课题工作，尤其是档案资料的整理工作，目的是记录自身研究探索、改革发展的印迹，记录真实的思想轨迹，力求在记录整理的过程中加强反思，寻求下一步更好的发展方向或思路。就目前来看，我们往往是舍本逐末，抛却了档案资料这一本来目的，一心一意为迎接检查而建档，于是假冒伪劣的档案便应运而生，临时抱佛脚的现象层出不穷。最根本的危害则是档案资料建设远离了真正需要它的一线研究者——教师，身为课题组成员的教师不明白课题研究的计划、方案，许多人只是"要我干什么我就干什么"。所以应该谨记资料整理应面向基层、服务教师。通过教师自主建立个人档案，丰富学校的档案。

（四）通过档案建设，建立科研信息中心

除一些常规的资料收集和整理之外，还应注重对课题研究相关资料的收集。现代网络信息技术十分发达，这本身就是一个极有利的条件。在研究过程中，要有意识地将与课题相关的国内外最新研究资料汇集起来，使档案成为教师开展课题研究的丰富资源库，让教师的课题研究能站在一个较高的起点。

三、课题组成员的研究管理

在课题研究的过程中，课题主持人的角色十分重要，可以说课题研究的若干年时间里，都需要课题主持人来做好课题的规划、引领和科研成果的顺利完成，并通过课题研

究的结题工作。①

（一）课题组组长的管理工作

课题研究过程中的管理工作，对课题组组长的基本要求如下：

第一，每次课题研究活动后指定一人及时撰写和提交活动报告或记录。

第二，在完成课题研究一半任务（或略超过一半）时，召开课题组中期工作总结会。

第三，征求指导教师的意见，撰写中期报告。撰写要求如下：说明研究工作主要进展和已经获得的创新成果；确认未按计划完成的研究内容及原因；根据国内外研究新发展及课题研究的进展情况对研究方案做出必要的调整和变动，回答存在问题、建议及需要说明的情况。

第四，及时提交中期报告，获取评价与指导信息。

第五，根据评价与指导信息，修订研究方案。

第六，根据修订后的研究方案，投入实质研究。

（二）及时撰写和提交活动记录或报告

每次课题研究，教师们都会遇到很多问题，取得能够对研究假设证明或证伪的资料和信息很不容易。这些资料和信息数量特别巨大，往往很难及时记住。不仅如此，根据大量的资料和信息得出的推论或灵感往往转瞬即逝，而见证事物萌发出的好创意和"金点子"有时候也会"不翼而飞"。所以，为了积累研究资料、备份相关文献、提高课题研究活动的有效性和评价过程的及时性，教师们一定要在每一次课题研究活动后及时撰写并提交活动报告。

活动报告一般包括以下内容：课题名称，序号（即第几次活动），活动时间，活动地点，指导教师，参加人员（姓名、班级），活动内容，活动形式（查阅文献、讨论、调查、实验、其他），过程概述，活动结果（解决了什么问题？得出了什么结论？是否完成预定任务？产生了什么新的问题），相关证人的姓名、职业、职称、工作单位、联系电话，备注，填报人（签名），填报时间。

四、课题中期总结验收工作

课题研究在进行到一半时，有必要对课题研究情况做一次总结验收，这有利于课题在开展过程中及时发现、解决问题，督促课题组成员认真做好课题研究，同时为今后的结题工作做好准备。特别是那些两三年以上的课题，有必要做一次中期的检查验收工作，写好课题中期总结报告。

（一）课题中期总结报告的意义

所谓课题中期总结报告，从时间概念上来说，是介于课题开题报告和课题结题报告之间的工作报告，是课题组，即研究学习项目组成员向学校、总课题组和相关管理部门

---

① 周庆林. 研究性学习指导［M］. 南宁：广西师范大学出版社，2006：122，123.

汇报课题组研究工作进展情况的书面报告。从效果层面上来说，课题中期总结报告旨在检查课题组研究工作的进展是否达到预期阶段目标，以求获得有关专家和顾问的及时指导，及时地调整研究计划，有效地开展下一步的研究活动。同时，让学校、总课题组和相关管理部门了解课题组研究工作的进展，有针对性地向课题组组长和成员提出下一步开展研究活动的建议或要求。

（二）课题中期总结报告的写法

1. 课题中期总结报告的功能和结构

（1）功能。课题中期总结报告是科研课题的执行人在科研过程中向科研主管部门汇报课题研究工作进度的情况及阶段性成果的书面资料。课题中期总结报告的主要功能如下：

① 课题执行人总结前一阶段研究工作的成绩和经验。

② 向学校、总课题组和主管部门和协作单位通报信息，以便检查研究进度，安排进一步的研究工作。

（2）结构。课题中期总结报告由课题名称，课题概述（课题来源、起止时间、支持的经费等），本阶段研究工作的内容、情况和存在问题，对本阶段研究进度的评价，下阶段研究工作的计划，参加这段工作的人员名单和报告时间六部分构成。

2. 课题中期总结报告的写作

（1）课题概述。一般在第一次进度报告中写，后续的进度报告可以不写。主要写明课题来源、起止时间、支持的经费以及课题要求等。

（2）本阶段研究工作的内容、情况和存在的问题。写法上应按工作计划上规定本阶段任务的条款或按上一次进度报告中"下一阶段工作的计划"的内容，逐条检查落实，注意写明完成情况，也同时写明存在的问题，分析存在的问题的原因，如果不具备研究条件而未完成任务应做出说明。这部分写得如何是衡量进度报告质量的关键。

（3）下阶段研究工作计划。这部分写作既要参照课题工作计划写出下一阶段将进行的研究，又要针对上一阶段工作的经验和存在的问题，将未完成的任务移至下一阶段去完成。如果研究工作计划有变动，应写明变动原因并做出新的安排。

（4）课题中期总结报告的编写方法。对单一课题，可采用时序式编写，按任务完成时间的先后写。重点放在本阶段研究工作的进展和结果上，避免写流水账。对项目比较多的课题，如分有多个子课题，可采用任务分项式编写，一项一项地写。也可以把时序或任务分项式结合起来编写。

（5）内容真实，把握分寸。课题中期总结报告写作的重点应放在研究计划完成情况和未能按计划完成的工作两部分上。写作中应如实反映研究的客观实际，正确评估取得的成果。不要过分夸大成绩，同时要写明存在的困难和问题。

第八章

基础教育课题研究成果的表述

课题组成员在按计划完成课题研究之后，需要写出课题研究报告和研究工作报告等一系列研究成果。这些研究成果详细记述研究思路、研究过程与研究所取得的成果，并着重描述研究过程中所做的工作以及参与课题研究的体会、案例、故事等。在教育研究课题做完以后，要进行认真总结，最好的形式就是撰写研究报告、学术论文和研究案例等研究成果。

第一节　课题研究成果表述

不同学科和不同课题内容的研究成果表述形式、体裁结构并不完全一样，各有其传统写法和特殊要求。但是，对教育科研课题成果的表述而言，其结构形式大体由摘要、引言、方法、论述、讨论、结论、参考文献、附录等几部分构成。

一、课题研究成果表述的含义

（一）课题研究成果的概念

具体来说，课题研究成果是通过对教育理论和教育实践中的某一问题进行专题、系统的研究，解决实际问题并揭示教育现象的因果关系，探讨教育规律和获得理论认识的活动，并在此活动中将取得的成果加以归纳、总结，以期为教育实践和理论研究服务。

（二）课题研究成果表述的主要意义

第一，课题研究成果表述的过程是深入研究的重要环节，有利于提高研究的科学化水平，有助于提高研究者的分析综合能力、逻辑思维能力和表达能力。

第二，课题研究成果的呈现有利于同行间的学习交流，也有利于学术交流与合作。

第三，课题研究成果的质量和数量在一定意义上体现了学校和个人的学术水平与专业化程度。

二、课题研究成果表述的类型

教育课题研究成果的表述形式主要包括教育研究报告、教育研究论文和教育案例三大类型。

（一）教育研究报告

用事实来说明问题。此种类型包括教育观察报告、教育调查研究报告、教育经验总结研究报告、教育实验研究报告和教育测量报告等。这种类型的成果表述要求资料具体、典型，格式规范，科学、客观地呈现研究过程和方法，并合理解释结果。

（二）教育研究论文

用深刻的哲理和严密的逻辑论证来说明问题，即理论性研究成果。此种类型包括学术论文、学术专著和高校的学位论文等。要求论点明确、论据确凿、论述严密，清楚展示理论观点和体系的形成过程。

（三）教育案例

用教学实践中的具体案例分析、讲述教学中的问题。此种类型包括个案研究、案例分析、教育叙述研究、教育故事和教育日志等。要求案例典型、故事生动、叙事性强、具有启发性、内容生活化。

三、教育研究成果表述的主要目的

对教育研究课题成果加以表述，其目的有以下四个方面：

第一，展示研究的结果和价值，使其得到社会的鉴定、评价和承认，以取得社会效益。

第二，提供有关研究过程的实际资料及对研究结果的评价分析，有利于学术交流与合作。

第三，回顾和总结课题研讨过程，促使研究的深化、成果的扩展以及进一步发现新问题和新事实，以利于提高研究的科学化水平。

第四，有助于提高研究工作者的分析综合能力、逻辑思维能力和表达能力。会写研究报告、论文和案例等，对研究工作者来说，同样是一个十分重要的基本技能。

另外，应该看到，教育课题研究成果的数量多少和质量高低、能否取得某个领域的实质性进展，无论对中小学教师个人，还是对一所学校，都是衡量学术水平、学术地位的重要标志。因此，作为专业技术人员的中小学教师，应及时地对研究成果加以总结和表述。

四、教育研究成果表述的一般程序

教育研究成果表述的一般程序包括六个步骤，现分述如下：

（一）选定题目

这是确定写作的主攻方向的关键一步。选题有两层含义：一是研究课题的选择；二是论文或报告题目的选择。关于如何选题，一般可考虑以下七个方面：选题在理论和实践上应具有价值、有新意；选题范围不宜过于宽泛；选题范围不宜过于狭窄；选题内容应该是研究者和读者均感兴趣的；选题应该有较多的文献资料可供参阅；选题的内容是研究者能在有限的时间和规定的篇幅内完成的；选题的专业程度和广度适合于研究者的能力和读者的水平。

（二）制订方案

制订方案通常需要解决以下问题：研究什么问题？为什么进行此项研究？需要参阅哪些文献？如何开展研究？按怎样的程序进行？拟用哪些资料？采用哪些分析手段和工具？研究有何创意？会有哪些突破？预计会遇到哪些问题？可能存在哪些局限性？研究在理论和实践上有何价值？有何意义？是否列出参阅的和拟参阅的文献？

（三）收集资料

收集资料包括两层意思：一是查阅前人的研究成果，即文献检索；二是通过调查、观察、实验收集当前的研究数据和事实。收集资料要考虑以下问题：收集哪些方面的资料？到哪里寻找所需资料？用什么方式获取资料？如何加工处理获得的资料？

（四）组织素材

对初选的资料进行加工提炼，使资料条理化、序列化，更符合写作的要求。

（五）撰写初稿

撰写初稿要注意以下七个方面：写作要在大脑清醒、精力充沛的时段进行；初稿最好一气呵成，不必拘泥于细节，应集中表达思想；要牢记论文的中心，围绕论文的主题展开；尽可能按规范的格式或拟订的提纲撰写；要从全局出发，统筹安排，各部分之间要有逻辑联系；要以中心论点决定资料的取舍；事先记笔记、做卡片会使写作容易得多。

（六）修改定稿

这是教育研究成果表述的最后一环。一篇论文或研究报告往往要几易其稿才能最终完成。修改一般要考虑以下六个方面：控制篇幅、修正论点、调整结构、增删资料、推敲语言、核对注释。

第二节 课题研究成果的撰写

对研究获得的资料、数据进行整理、分析、总结后，需要借助文本将研究成果表述出来。同时，需要同行、专家、社会对研究成果进行评价，使成果服务于社会。因此，课题研究成果的撰写是教育科学课题研究中不可或缺的组成部分。

一、教育研究报告

这里论述的教育研究报告主要是指教育科研报告。"一般认为，教育科研报告是用来进行教育科学研究和描述教育科研成果的文章。它既是教育科学研究的必经过程，又是描述教育科学研究成果、进行学术交流的工具"。[①]

（一）教育研究报告概述

1. 教育研究报告的类型

根据研究方法和内容的不同，教育研究报告可分为理论性教育研究报告、文献性教育研究报告和实证性教育研究报告。

（1）理论性教育研究报告。指狭义上的论文，以阐述对某一事物、某一问题的理论认识为主要内容，重在研究对象本质及对规律性认识的研究。独特的看法、创新的见解、深刻的哲理、严密的逻辑和个性化的语言风格是其内在特点。理论性研究教育报告没有实证研究过程，因此，对研究者的逻辑分析能力和思维水平有较高的要求，同时，还要具有较高的专业理论素养。

（2）文献性教育研究报告。主要以文献情报资料作为研究资料，以非接触性研究方法为主，以文献的考证、分析、比较、综合为主要内容，着重研究教育领域某一方面的信息、进展、动态，以述评、综述类文章为主要表达形式。一般在教育史学、文献评论研究中应用得较多。

（3）实证性教育研究报告。教育科研中十分重要的方式，其根据采用的研究方法又可以分为教育观察研究报告、教育调查研究报告、教育实验研究报告、教育经验总结研究报告、综合性研究报告等。在教育科研活动中，由于研究方法和体例的不同，科研成果的表现形式是多种多样的，结构也各不相同，但在一般情况下，教育科研的报告文本主要由教育观察、教育调查、教育实验和教育经验总结四种形式来完成的。

2. 实证性教育研究报告的基本原则

（1）以教育事实为依据。教育研究报告中列举的全部数据和例子都应该是千真万确的事实，绝不可有半点虚假，不能编造，不能无中生有。报告中对教育现象的因果关系分析、对教育原理和规律的探索都要以事实为依据。科学的教育研究报告中每一句带有判定性的话都必须在足够、可信、有说服力的事实基础上得出。当然，科学的教育研究报告必须把研究问题时所需要的大量事实资料与撰写报告时应引用的最有说服力的事实资料区分开来。有些事实资料与研究的主题扣得不紧，应当忍痛割爱；有些事实资料应当尽量制作成表格、图形以及其他直观形式。

（2）内容的阐述有逻辑性。教育研究报告的内容阐述与研究工作的逻辑发展顺序是

---

① 张民生，金宝成. 现代教师：走进教育科研 [M]. 北京：教育科学出版社，2002：196.

大体一致的，为了确保教育研究报告的逻辑性，我们应当先考虑整个研究工作的发展顺序，然后再考虑报告的表达方式。教育研究报告内容的逻辑性是整个研究思路逻辑性的写照，没有一个好的研究基础，好的科研报告是写不出来的。科学的教育研究报告必须绝对真实地反映客观情况，一切叙述、说明、推断、引用必须恰如其分。文字、用词应力求准确。概念表述应尽量用科学性用语，避免用常识性用语，以免读者费解或产生歧义。

（3）引用文献资料要注明出处。在教育研究报告中完全可以引用、采纳他人的科学研究成果，但必须尊重他人的劳动。一方面，应实事求是的评价、实实在在的引用；另一方面，不应当把他人的成果变为自己的东西。因此，在教育研究报告中凡有引用他人的资料、研究成果或观点性词语，必须加以注释或说明。

由于某些教育研究较为复杂，单纯依靠一种研究方法是无法完成的，往往需要综合运用观察、调查、实验、经验总结、行动研究、叙事研究等众多方法，所以用得较多的教育研究报告还包括综合性教育研究报告。为了更好地深入了解教育研究报告的撰写，这里主要介绍实证性教育研究报告的写作，掌握了这类报告的特点，综合性的教育科学课题研究报告就不难领会了。

（二）教育观察研究报告的撰写

教育观察研究报告是运用观察法对某一研究对象或某种教学现象进行观察研究后撰写的报告。

1. 教育观察研究报告的特点

（1）对环境进行充分的控制。教育观察研究报告不同于实验研究报告，不需要对变量进行严格的控制。教育观察研究报告看似简单、易行，实则不然。所观察的现象具有不确定性。有时你所需要的现象未必在你观察的时候出现，你不需要的现象反而在你观察的时候出现了。当学生知道你在观察或注意他们时，还会出现表演性行为，影响观察结果。这就要求观察者训练有素，并且有充分准备。

（2）有目的、有计划的系统观察的结果。观察本身就具有目的性，但是仅仅有目的还不够，还必须做出详细的观察计划。因为观察的现象并非按你的意愿出现，所以你要注意所要观察的现象，不要受无关现象的吸引。

（3）分析观察研究是否达到了预期的目的以及能否验证提出的假设。如果不能，也不要生搬硬套。

（4）指出所做的观察研究中存在哪些问题和判断的可靠程度。

2. 教育观察研究报告的结构

（1）标题。标题要明确，观察什么应指出来，让人一看标题便能大致了解观察的对象。

（2）署名。署名包括集体署名和个人署名。如果是集体署名，作者出现的顺序要按照对该研究的贡献大小而定。贡献大小的排定主要依据提出研究设想、承担研究工作、解决关键问题的贡献大小。署名一般用真名，还应署上作者的工作单位。对一些只参加部分具体工作、提供某些资料的研究人员则不必署名，但可在附录中说明他们的贡献。

对课题组集体研究的成果，一种是依据集体署名的方式署名，另一种是以"×××课题组"的方式署名。

（3）摘要。摘要是对中心内容、文本结构及主要论点的概括和提炼。要求重点突出、内容精炼、观点明确，一般不用第一人称，300字以内为宜。摘要是一篇独立的短文，要求用最简洁、最精炼、最准确的词语表达出该报告的实质内容。这些内容包括研究的问题、方法、结果等。

（4）关键词。关键词必须是规范的科学名词术语，一般每篇文章有3~5个关键词（主题词）。有的报告文本没有摘要和关键词，署名后即为正文，行文中省略"正文"两字，直接在行文中将各栏目一一表述清楚。

（5）正文。正文大体包括引论、本论和结论三部分。

① 引论，也称"前言""引言""导言"等，是报告的"开场白"。主要写明观察的目的、时间、地点、对象、范围、经过和可能取得的第一手技术资料的测定及记录方式等。

② 本论是报告的主体部分。这一部分先要对观察得到的各种第一手资料进行叙述，然后分类进行归纳、整理。有些情况和数据尽可能采用表格方式表示，这样可以减少文字叙述的繁琐，让人一目了然。同时，通过图表的显示有时还会发现新的问题。最后再将归纳、整理的情况进行分析和综合，得出正确的客观事物的运行规律。

③ 结论是报告的收尾部分，是整篇报告的总结和深化。结论为课题研究观察报告的结束语。该部分需用理论对被观察的客观事物运动规律做出总结，并与传统的理论比较，看是否有弥补、创新之处。

（6）附录。附录是指内容太多、篇幅太长，不便于写入报告中又必须向读者交代的一些重要资料。

（7）注释。引文注释的方法有许多种，在报告中普遍使用的主要有以下三种：

① 加注。在引文后直接加注说明出处。

② 脚注。又称"页注"，在本页下方注明该页中所用引文的出处。

③ 尾注。在全文末尾加注本文中曾使用的引文的出处。

在采用脚注或尾注时，应按引文出现顺序标明数码，即在引文右上角用小圆圈和阿拉伯数字标注。

引文注释的内容应包括作者、资料标题、书名或刊名、翻译人员、出版机构名称、出版时间、卷期、页码等。如果引用未经翻译的外文资料，应用原文注释，以资查证。

（8）参考资料。参考资料是指在报告中参考和引用别人的资料、文章、论著等。应注明作者、资料标题、书名或刊名、翻译人员、出版机构名称、出版时间、卷期、页码等。如果引用未经翻译的外文资料，应用原文注释，以资查证。

（三）教育调查研究报告的撰写

教育调查研究报告是运用教育调查法对某种教育现象、某个教育问题进行调查研究后所撰写的报告。要求说明调查的目的、对象和经过，说明调查的时间、范围、方式和结果，对调查结果进行整理、分析、归纳和提炼，得出一些新的认识和结论。

1．教育调查研究报告的特点

（1）真实性。教育调查研究报告要求真实。它所反映的新事物、新经验、新问题等都要绝对真实，容不得半点虚伪和浮夸。要做到教育调查研究报告的真实，必须落实两个字：一是调查时要注意一个"全"字，指的是调查要全面；二是写作时要注意一个"实"字。

（2）客观性。客观性指的是用事实说话。从事实中引发带有规律性的观点，不要掺杂个人的偏见，也不要被现成的观念左右，更不要被上级的观点束缚。要做到调查和教育调查研究报告的客观性，必须深入事实中去，用实事求是的态度去调查，用实事求是的态度去分析、综合资料，用实事求是的态度去写作，最终写出实事求是的教育调查研究报告。

（3）科学性。科学性既指调查、研究方法的正确规范，又指研究结果的表述符合教育的普遍规律。教育调查研究报告，顾名思义，是先调查后研究，最终写成报告。调查与研究有很多方法可循，如问卷调查、座谈调查、观察调查、对比研究等，都必须采用先进、合适的方法进行。错误、片面的调查研究方法只能把问题、情况引向误区，得不到真正的结论。教育调查研究报告虽然从调查的事实中引出结论，但结论的表述却有特殊要求，那就是要使调查研究具有认识价值，能最大限度地发挥指导作用。

（4）系统性。教育调查研究报告的系统性或完整性是指由调查资料所得出的结论必须具有说服力，能把被调查的情况完整、系统地交代清楚，不能只摆出结论，而疏漏交代事实过程和必需的环节。因为这样的疏忽势必造成不严密、根据不足以及不能令人信服的印象。这里所说的系统性和完整性，并不是要求在教育调查研究报告的写作过程中，事无巨细，面面俱到，而是要抓住事物的本质和主要方面，写出结论的推理过程。

2．教育调查研究报告的结构

（1）标题。标题是教育调查研究报告的门户，应当力求概括、简明、新颖、对称。要用一句话点题，反映研究的主题。

（2）署名。署名包括集体署名和个人署名。如果是集体署名，作者出现的顺序要按照对该研究的贡献大小而定。贡献大小的排定主要依据提出研究设想、承担研究工作、解决关键问题的贡献大小。署名一般用真名，还应署上作者的工作单位。对一些只参加部分具体工作、提供某些资料的研究人员则不必署名，但可在附录中说明他们的贡献。对课题组集体研究的成果，一种是依据集体署名的方式署名；另一种是以"×××课题组"的方式署名。

（3）摘要。摘要是对中心内容、文本结构及主要论点的概括和提炼。要求重点突出、内容精炼、观点明确，一般不用第一人称，300 字以内为宜。摘要是一篇独立的短文，要求用最简洁、最精炼、最准确的词语表达出该报告的实质内容。这些内容包括研究的问题、方法、结果等。

（4）关键词。关键词必须是规范的科学名词术语，一般每篇文章有 3～5 个关键词

（主题词）。有的报告文本没有摘要和关键词，署名后即为正文，行文中省略"正文"两字，直接在行文中将各栏目——表述清楚。

（5）正文。正文大体包括引论、本论和结论三部分。

① 引论，也称"前言""引言""导言"等，是报告的"开场白"。主要写明调查的目的、时间、地点、对象、范围、经过和可能取得的第一手技术资料的测定及记录方式等。

② 本论是报告的主体部分。通过叙述、调查图表、统计数字和有关文献资料，用纲目、项或篇、章、节的形式把主题内容有条理地表现出来。当然，不同类型的研究报告，正文部分的内容和风格不同。

③ 结论是报告的收尾部分，是整篇报告的总结和深化。结论必须总结全文，概括出调查研究的内在联系和规律，提出新的见解，指出解决了什么问题。结束语的内容可以包括对本次调查研究的评价（包括研究工作的得失）、总结调查研究结论、提出问题和建议、展望未来等。全面衡量结论的合理性和可行性，提出的见解和建议一定要有理有据，措辞要严谨，逻辑要严密。最好不要提出本研究填补了该领域的空白之类的结论，不要轻率地提建议和下结论。

（6）附录。附录是指内容太多、篇幅太长，不便于写入报告中又必须向读者交代的一些重要资料。

（7）注释。引文注释的方法有许多种，在报告中普遍使用的主要有以下三种：

① 加注。在引文后直接加注说明出处。

② 脚注。又称"页注"，在本页下方注明该页中所用引文的出处。

③ 尾注。在全文末尾加注本文中曾使用的引文的出处。

在采用脚注或尾注时，应按引文出现顺序标明数码，即在引文右上角用小圆圈和阿拉伯数字标注。

引文注释的内容应包括作者、资料标题、书名或刊名、翻译人员、出版机构名称、出版时间、卷期、页码等。如果引用未经翻译的外文资料，应用原文注释，以资查证。

（8）参考资料。参考资料是指在报告中参考和引用别人的资料、文章、论著等。应注明作者、资料标题、书名或刊名、翻译人员、出版机构名称、出版时间、卷期、页码等。如果引用未经翻译的外文资料，应用原文注释，以资查证。

（四）教育实验研究报告的撰写

教育实验研究报告是指在科研课题活动中，为了检验某种教育理论和假设而进行各种形式的教学实验，通过观察、分析、判断和综合，如实地将实验过程及其结构记录下来，经过整理并撰写而成的报告。它是反映教学实验过程和结果的一种研究报告，客观性是它最显著的特点。

1. 教育实验研究报告的特点

（1）再现性。教育实验研究报告的结果不是一种偶然的事件，而是在一定条件下的必然结果，可反复证实。

（2）客观性。虽然其他研究报告也强调客观性，但没有像教育实验研究报告中所反映的实验结果，完全是实验过程中所获得的东西，不允许有丝毫外加的成分。不管实验结果能否达到研究者最初的愿望、能否检验证明实验的假设，教育实验研究报告都必须客观、如实地反映真正的实验结果。

（3）简洁性。教育实验研究报告对问题的阐释、结论的表述要求准确、朴实、简明，没有过多的形容和富于情感色彩的描述，它多数是就事论事，以一种通俗、易懂的语言与读者交流实验的情况，表明研究者的意见。

2. 教育实验研究报告的结构

（1）标题。标题是教育实验研究报告的灵魂，应当力求概括、简明、新颖、对称。要用一句话点题，反映研究的主题。

（2）署名。署名包括集体署名和个人署名。如果是集体署名，作者出现的顺序要按照对该研究的贡献大小而定。贡献大小的排定主要依据提出研究设想、承担研究工作、解决关键问题的贡献大小。署名一般用真名，还应署上作者的工作单位。对一些只参加部分具体工作、提供某些资料的研究人员则不必署名，但可在附录中说明他们的贡献。对课题组集体研究的成果，一种是依据集体署名的方式署名，另一种是以"×××课题组"的方式署名。

（3）摘要。摘要是对中心内容、文本结构及主要论点的概括和提炼。要求重点突出、内容精练、观点明确，一般不用第一人称，300字以内为宜。摘要是一篇独立的短文，要求用最简洁、最精炼、最准确的词语表达出该报告的实质内容。这些内容包括研究的问题、方法、结果等。

（4）关键词。关键词必须是规范的科学名词术语，一般每篇文章有3~5个关键词（主题词）。有的报告文本没有摘要和关键词，署名后即为正文，行文中省略"正文"两字，直接在行文中将各栏目一一表述清楚。

（5）正文。正文大体包括引论、本论和结论三部分。

① 引论，也称"前言""引言""导言"等，是报告的"开场白"。主要写明实验的目的和意义、时间、地点、对象、范围、经过和可能取得的第一手技术资料的测定及记录方式等。实验的目的和意义（或叫"问题的提出"）这部分需简明扼要地说明这个实验的目的是什么，是在什么背景下提出来的，有什么重要意义。

② 本论是报告的主体部分。这部分要说明实验的对象是怎样选择的，实验过程中采用了哪些研究方法（一般是以实验法为主，加上调查法、观察法等），实验的主要步骤是什么，主要措施是什么。在"实验结果"里，要实事求是地写出实验得到的结果（有些用数据来表示，有些则用具体事实来说明）。这部分一般都不进行分析，更不要随意加进一些自己的主观议论，只把实际的具体结果层次分明地呈现出来。在讨论时，一定要围绕实验的结果进行：一是运用自己掌握的知识和经验，对实验的实际结果进行理论分析、论证，显示出实验结果的理论价值和应用价值；二是对研究结果的可靠性进行探讨，回顾实验过程中使用的研究方法，在何等程度上反映了实际情况；三是对实验存在的不

足以及需要进一步探讨的问题进行分析。

③ 结论是报告的收尾部分，是整篇报告的总结和深化。这部分要对实验提出简明的结论，要十分慎重，不要夸大，必须是实验所能真正证明的结论，对没有把握的部分要具体说明，不要模棱两可。推动工作发展是实验的目的之一，因此，根据实验结果提出今后的工作建议，应该是水到渠成的事情。这部分也可以放在讨论部分表述。

（6）附录。附录是指内容太多、篇幅太长，不便于写入报告中又必须向读者交代的一些重要资料。

（7）注释。引文注释的方法有许多种，在报告中普遍使用的主要有以下三种：

① 加注。在引文后直接加注说明出处。

② 脚注。又称"页注"，在本页下方注明该页中所用引文的出处。

③ 尾注。在全文末尾加注本文中曾使用的引文的出处。

在采用脚注或尾注时，应按引文出现顺序标明数码，即在引文右上角用小圆圈和阿拉伯数字标注。

引文注释的内容应包括作者、资料标题、书名或刊名、翻译人员、出版机构名称、出版时间、卷期、页码等。如果引用未经翻译的外文资料，应用原文注释，以资查证。

（8）参考资料。参考资料是指在报告中参考和引用别人的资料、文章、论著等。应注明作者、资料标题、书名或刊名、翻译人员、出版机构名称、出版时间、卷期、页码等。如果引用未经翻译的外文资料，应用原文注释，以资查证。

（五）教育经验总结研究报告的撰写

总结有多种形式。按内容分，有工作总结、教学总结、学习总结等；按身份分，有单位总结、个人总结等；按时间分，有学年总结、学期总结等；按性质分，有全面总结和专题总结。教育经验总结研究报告是指课题研究中反思自己或他人在教育、教学等方面的实践，从而获得的一些成功的做法、体会、认识或教训，并进一步上升到一定的理论高度，使之成为条理化的理论性总结成果。教师从日积月累的教学经验中记录、思考、分析、总结出规律性的东西，这就是教育经验总结。

1. 教育经验总结研究报告的类型

（1）全面性教育经验总结研究报告。全面性教育经验总结是一个学校对一定时期内整个课题工作进行的总结，也可以是个人对一定时期内整个工作进行的总结。它的特点是综合，一般包括基本情况、主要成绩、基本做法、主要体会、存在的问题、今后的改进意见等内容。年终总结、班主任总结体会、教学工作回顾等属于这种类型。

（2）专题性教育经验总结研究报告。专题性教育经验总结也称"理论性总结""理论式总结"，它不同于一般的汇报式总结，是课题工作回顾的高级阶段，因此，有人称之为"总结式报告"。它的主要特点是专一，内容比较集中，一般只讲一个侧面，有专门总结经验的，也有专门总结教训的。常见的经验介绍、工作体会是专题性教育经验总结的主要形式。

2. 教育经验总结研究报告的结构

（1）标题。标题应当力求概括、简明、新颖、对称。要用一句话点题，反映研究的主题。经验总结研究报告的标题有三种写法：一是最一般的写法，包括单位或课题名称、时间、内容和文体；二是只作内容上的概括；三是正、副标题。

（2）落款。落款包括署名和日期。经验总结的研究报告署名一般在标题之下，也有写在正文之后的右下方用括号括起来。署名要标明单位和作者姓名。单位和作者姓名之间空一格。如果经验总结研究报告是以单位的形式出现，标题之下只写单位名称，作者姓名写在正文之后，标记为"执笔人：×××"。如果经验总结研究报告是上交本单位，则不必写单位名称。日期可以写在署名之下，亦可写在正文后。专题性教育经验总结研究报告一般不写日期。

（3）摘要。摘要是对中心内容、文本结构及主要论点的概括和提炼。要求重点突出、内容精炼、观点明确，一般不用第一人称，300 字以内为宜。摘要是一篇独立的短文，要求用最简洁、最精炼、最准确的词语表达出该报告的实质内容。这些内容包括研究的问题、方法、结果等。

（4）关键词。关键词必须是规范的科学名词术语，一般每篇文章有 3~5 个关键词（主题词）。有的报告文本没有摘要和关键词，署名后即为正文，行文中省略"正文"两字，直接在行文中将各栏目一一表述清楚。

（5）正文。全面性教育经验总结研究报告和专题性教育经验总结报告的正文均分为引论、本论、结论三部分，也可将此三部分融为一体。具体来说，包含以下四个方面的内容：

① 基本情况概述。这是报告的开头部分，写法需视具体情况而定。一般来说，有的概述工作的全貌、背景；有的说明指导思想和成果；有的将主要的成绩、经验、问题简明扼要地提出来，给人以总的印象；有的则点明全文的中心思想。

② 主要成绩经验。这一部分是教育经验总结研究报告的核心部分。成绩的叙述在全面性教育经验总结研究报告中有时单独立项；在专题性教育经验总结研究报告中，它通常被融合到经验的条项之内叙述。无论是全面性教育经验总结研究报告还是专题性教育经验总结研究报告，都必须总结经验体会。经验体会是通过摆事实、讲道理、展示过程、讲述成绩概括出规律性的东西，是感性认识上升到理性认识的一种思维形式。总结的根本任务在于总结经验，找出规律性的东西，不断把工作推向前进。

③ 存在的问题和教训。全面性教育经验总结研究报告主要是反映成绩和经验，但也应实事求是地反映问题和教训。问题是指已经认识到但还来不及解决或解决得不好的事；教训是指认识上或错误、或片面，或方法上不对头，造成工作上的失误，从而得出来的反面经验。总结这方面的情况是为了进一步提高认识，明确今后努力的方向，特别是影响较大的问题和教训，更应该如实反映，为今后的工作提供借鉴。

④ 努力方向。这一部分是教育经验总结研究报告的结尾。它是根据已取得的成绩和经验、问题和教训提出来，起表明决心和展望前景的作用。

上述教育经验总结研究报告四个方面的内容并不是每篇都要有。不管是四个方面，还是三个方面或两个方面，情况和经验是必不可少的。

（6）附录。附录是指内容太多、篇幅太长，不便于写入研究报告又必须向读者交代的一些重要资料。

二、教育研究论文

教育研究论文是一种创造性思维的结晶，是严肃的学术讨论、研究成果，在学术研究领域里，让读者在短时间内看了就能迅速领悟。教育研究论文必须陈述规范、语言精练、观点鲜明、推理严密、结论清楚。如果教育研究论文写得眉目不清，读者还会被一些无关内容干扰，消费时间和精力，这不仅与学术研究要求不相符，也与知识迅猛发展的信息时代不合拍。

（一）教育研究论文撰写的一般步骤

1. 拟定题目

确定好研究的内容和范围之后，就要给教育研究论文拟定题目。论文的题目是主题的直接反映，是文章的眼睛，因此，论文的标题必须新颖、准确、简明、醒目，要能准确地表达论文的内容，恰如其分地反映研究的范围和深度。标题样式繁多，可以明确点题，也可以交代研究问题的范围，或是以问题的方式表述。

2. 查阅资料

查阅资料是进行论文撰写前的必要环节。查阅的思路有两大方向：一是有关论题的原始资料，如围绕论题的基础理论和有关理论论著，自己以往对该论题的思考和研究资料等；二是有关论题的已有研究成果，这既可以避免盲目摸索、重复劳动，做到有效的继承吸收或批判舍弃，也可以及时准确调整自己的论证角度，使自己的论题不落窠臼，富有创见性。

3. 编写提纲

编写提纲就是设计论文的框架结构，进行撰写前的通盘考虑。这可帮助作者理顺思路，明确层次，统观全局。它可以把与论题有关的资料组成一个有关联的系统，形成一个结构轮廓，便于从全局和整体的角度考虑层次的安排及资料的取舍。

4. 写作初稿

在查阅资料、巧妙构思和编写提纲的基础上，便可以按教育研究论文的结构和规范写作。写作时要注意突出主题。平时收集的素材一定要经过筛选、研究，量材使用，做到以下三点：

（1）层次分明。论文的结构严谨、层次清晰、逻辑性强。

（2）方法科学。用科学的立场、观点和方法提出、分析和解决问题。

（3）语言精练。突出说理性、逻辑性、准确性的特点，明了清晰、文理通顺，充分体现论文研究的新成果。

5．修改润色

初稿写好后，要进行推敲斟酌、修改润色。修改的内容包括以下五个方面：

（1）增删论据，使论文的内容更为充实。

（2）调换章节布局，使文章的逻辑更为严密，条理更为清晰。

（3）润色语言，使文章表述更为简练，观点更为明确。

（4）重审题目，看标题是否规范、新颖、醒目，揭示主题。

（5）检查错漏，同时还要看看文章的标点符号是否正确、有无错别字等。

（二）教育研究论文撰写的结构

教育研究论文的写作是有其基本的结构的，但不同体例的教育研究论文，其结构也有所不同，因此，我们只能就教育研究论文的一般形式阐述。教育研究论文的结构一般包括以下七个部分：

1．论文题目

标题是论文内容的反映，标题要确切、简练、醒目，要能体现论文的主要内容，不能出现所谓的"文不对题"的现象。标题不能和论文中的某个小标题一样，一般不要超过 20 个字。为避免标题太长，可以采用副标题。副标题是将主标题的范围更加缩小，使研究的问题更加明确、具体。标题要有新意，使读者一看题目就有想看下去的欲望，所以一篇论文要仔细推敲标题。

2．作者姓名和单位

这一项属于论文署名问题，一是为了表明文责自负；二是记录作者的劳动成果；三是便于读者与作者的联系及文献检索（作者索引）。大致分为两种情形，即单个作者论文和多作者论文。后者按署名顺序列为第一作者、第二作者等。重要的是坚持实事求是的态度，对研究工作与论文撰写实际贡献最大的列为第一作者，贡献次之的列为第二作者，其余以此类推。注明作者所在单位同样是为了便于读者与作者的联系。

3．内容摘要

摘要是对论文的主要内容进行简短的说明，读者通过阅读摘要可以明白以下三项内容：一是论文研究的是什么问题；二是论文采用的是什么研究方法；三是研究得出了什么结论。切忌在此部分大谈研究的意义和价值，而对研究结论不做说明或简单"一带而过"。一般不要超过 200 字。有的论文还需要英文摘要。

4．关键词

关键词是文献学的一个术语，是用来表达文献主题内容的词或词组。在论文的正文前面标引关键词的意义有以下两点：

（1）它是一篇论文的重要信息点，可使读者在极短的时间内通过扫描式的阅读方法，掌握论文的主题要点，从而可为读者有选择地阅读正文提供依据。

（2）它是一篇论文的重要检索点，不仅可使论文的主题编入国际、国内的情报检索系统，还可为读者查找专题论文带来方便。读者可以先从检索系统查到有关主题词，然后再查寻和关键词有关的论文。

一篇论文一般可选出 3 ~ 5 个关键词（主题词），多的可选 7 ~ 8 个，将它们依次逐个列于摘要之下。关键词要以选准、选全为原则，同义词、近义词不要同时选为关键词。

5. 正文

正文具体包括引论、本论和结论三个部分。

（1）引论。也称"前言""引言""导言"等，一般用来说明写作的缘由、目的和意义以及对问题的提出，引论要求文字精练、表达准确、篇幅短小。

（2）本论。这是论文的主体部分，对问题的分析、观点的证明都在这一部分中完成，因此，要求写得丰富、深刻、有见地。在分析问题、阐述观点时，一个中心论点可以分解成几个分论点；同样，一个大道理可以分解成几个小道理来论说。在此基础上，把这些分论点、小道理再按先后、主次排序组织。为了使论文的结构层次醒目，同时也为了便于读者阅读，一般可给每个分论点或小道理加上标题或编上序号，使之条理有序。

（3）结论。结论是论文的收尾部分，是整篇论文的总结和深化，也是论文的归宿。结论是在归纳所论述的问题及内容后，提出总体看法、结论性意见。除此之外，还可以指出研究中存在的不足，指明哪些方面还应继续努力，为自己或他人今后的研究提供一些线索和建议。结论部分的表述应该精炼、透彻、清楚。

6. 引文

任何科学研究活动都是在前人研究的基础上前进和发展的，教育科学研究也不例外。在进行研究的过程中，应该广泛阅读文献资料、参考已有的成果，只有这样，才能减少不必要的重复劳动，取得有价值的成果和突破。但是，也应该尊重别人的劳动，凡是引用他人的资料或研究成果，都必须加以说明、注明出处。如果不注明引文的出处，就无法考证引文的可靠性和真实性。

引文加注的方法有许多种，在论文中普遍使用的主要有以下三种：

（1）加注。在引文后直接加注说明出处。

（2）脚注。又称"页注"，在本页下方注明该页中所用引文的出处。

（3）尾注。在论文末尾加注本论文中曾使用的引文的出处。

在采用脚注或尾注时，应按引文出现顺序标明数码，即在引文右上角用小圆圈和阿拉伯数字标注。

引文注释的内容应包括作者、资料标题、书名或刊名、翻译人员、出版机构名称、出版时间、卷期、页码等。如果引用未经翻译的外文资料，应用原文注释，以资查证。

7. 参考资料

参考资料是指在报告中参考和引用别人的资料、文章、论著等。应注明作者、资料标题、书名或刊名、翻译人员、出版机构名称、出版时间、卷期、页码等。如果引用未经翻译的外文资料，应用原文注释，以资查证。

三、个案研究

个案研究采用各种方法搜集有效、完整的资料，对单一对象进行深入细致的研究过程。个案研究的对象可以是一个人、一个机构、一个社会团体等。资料搜集可以运用查阅档案记录、问卷、测验、访谈、观察等方式。在教育课题研究中，个案研究往往适用于对不良问题的针对性研究或对某些难以重复、预测和控制的事例进行的研究，如学生辍学、学业失败、家庭破裂的诊断和矫正研究。

（一）个案研究的特点

个案研究讲究实效，同其他研究方法一样有自身的显著特点。

1. 个案研究的真实性和问题性

个案研究要具备真实性，绝不能杜撰或假设推论。一个好案例必须要有生动的情节，但在文本创作中不能为满足情节而背离事实，它必须是已经发生过的情节在创作者那里的真实再现。同时，创作的文本要含有研究问题或疑难情境，没有问题的文本创作不能称为"个案研究"。

2. 个案研究的对象的典型性

个案研究的对象要呈现出单一性，即比较有个性、特殊的人和事件。个案研究的对象要有典型性，能够代表一类人或事件，可以引发普遍性的推理。可以通过若干个典型个案研究的比较，找出规律性的东西，以指导工作。

3. 个案研究方法的综合性

个案研究需要搜集丰富的个案资料，从多角度把握研究对象的发展变化，往往要结合教育观察、教育调查、教育实验、教育测量等多种研究方法，综合多种研究手段。

4. 个案研究注重信息反馈和经验总结

个案研究的根本目的是通过个别研究总结出有规律性的东西，以指导普遍性的工作。对教师而言，个案研究最重要的价值是提高自己的专业技能和素养。

（二）个案研究成果的结构

个案研究结束后，需要撰写个案研究成果。个案研究成果的撰写没有统一格式，从一般的常规结构上来讲，大致包括以下八个部分：

1. 标题

标题要明确，研究什么应标出来，让人一看标题便能大致了解研究的对象。

2. 署名

署名包括集体署名和个人署名。如果是集体署名，作者出现的顺序要按照对该研究的贡献大小而定。贡献大小的排定主要依据提出研究设想、承担研究工作、解决关键问题的贡献大小。署名一般用真名，还应署上作者的工作单位。对一些只参加部分具体工作、提供某些资料的研究人员则不必署名，但可在附录中说明他们的贡献。对课题组集体研究的成果，一种是依据集体署名的方式署名，另一种是以"×××课题组"的方式署名。

3．摘要

摘要是对中心内容、文本结构及主要论点的概括和提炼。要求重点突出、内容精炼、观点明确，一般不用第一人称，300字以内为宜。摘要是一篇独立的短文，要求用最简洁、最精炼、最准确的词语表达出该报告的实质内容。这些内容包括研究的问题、方法、结果等。

4．关键词

关键词必须是规范的科学名词术语，一般每篇文章有3～5个关键词（主题词）。有的报告文本没有摘要和关键词，署名后即为正文，行文中省略"正文"两字，直接在行文中将各栏目一一表述清楚。

5．正文

正文是个案研究成果的主要内容，可从以下五个方面来考虑：

（1）背景介绍。这部分包括问题的提出、研究的目的和意义，要明确提出研究的现象和问题、个人目的和公众目的、理论意义与现实意义，如选择的个案是什么、为什么要对这个个案进行研究、研究这个个案是为了达到什么样的目的等。这一部分应简洁、明快，使读者一目了然。

（2）研究方法的选择和运用。这部分介绍的抽样，即个案选择的标准，进入现场以及与被研究者建立和保持关系的方式；采用什么方法收集和分析资料；关于研究伦理的考虑；研究实施过程，即研究持续时间的长短，访谈、观察的时间表及频率等。此部分的叙述要足够详细，使读者能够透彻地了解研究过程。

（3）情景描述与分析。情景描述是案例的构成主体，是对原始资料进行筛选，有针对性地向读者交代特定的内容。情景要真实、具体，有细节，特别是关键性的细节一定要交代清楚，不能从预设目的直接到结果，中间应当有从预设目的直接到结果的历程，让人明白结果从何而来。情景描述不仅要说明思路、描述过程，还要交代结果——某种教学措施的即时效果，包括学生的反应和教师的感受等。情景描述可以是一个或多个案例，反映纵向的变化或横向的比较，恰如其分地再现当时的情景。在描述的同时，要对案例进行分析，包括对观察资料、访谈资料、实物资料的概括分析。

（4）解决问题。问题发现以后，解决问题就成了重要的一环。这里要展现解决问题的过程、步骤以及解决问题的过程中出现的反复、挫折，也会涉及对解决问题有了初步成效的描述。这部分内容在一定程度上是整个案例的主体，切忌把解决问题简单化、表面化。案例这种文体之所以与其他文体不同，一个突出的特点就是它对事实记叙的详细、对解决问题过程的细致描述。当然，在教育、教学过程中也会遇到一些尚未解决的问题，把这样的问题形成案例时，虽然真实的解决问题的过程还未出现，但可以把解决问题的种种设想和打算罗列出来，以供读者参考、评论。

（5）反思与讨论。教育、教学个案是根据第一线的教学实际情况撰写的，撰写个案的过程就是对自己解决问题的心路历程进行再分析的过程，也是梳理自己相关经验和教训的过程。因此，系统地反思自身的教育、教学行为，对提升教育智慧，形成自己解决教育、教学问题的独特艺术等至关重要。反思与讨论主要涉及的问题如下：问题解决中有哪些利弊得失？问题解决中还将发生或存在哪些新的问题？在以后的教育、教学中，如何进一步解决这些新的问题？解决问题的过程中有哪些体会、启示？等等。

6. 附录

并不是每个案例都有附录，是否安排附录视个案的具体情形而定。附录的内容，是对正文的主题有补充说明作用的资料，若放在正文中，会因篇幅过长等问题影响正文的叙述。例如，在以课堂教学改革为主题的个案中，可选取一节典型性的课堂教学设计或者是选取某位学生的作业置于文后作为附录。

7. 注释

引文注释的方法有许多种，在个案研究成果中普遍使用的主要有以下三种：

① 加注。在引文后直接加注说明出处。

② 脚注。又称"页注"，在本页下方注明该页中所用引文的出处。

③ 尾注。在全文末尾加注本文中曾使用的引文的出处。

在采用脚注或尾注时，应按引文出现顺序标明数码，即在引文右上角用小圆圈和阿拉伯数字标注。

引文注释的内容应包括作者、资料标题、书名或刊名、翻译人员、出版机构名称、出版时间、卷期、页码等。如果引用未经翻译的外文资料，应用原文注释，以资查证。

8. 参考资料

参考资料是指在个案研究中参考和引用别人的资料、文章、论著等。应注明作者、资料标题、书名或刊名、翻译人员、出版机构名称、出版时间、卷期、页码等。如果引用未经翻译的外文资料，应用原文注释，以资查证。

四、教育叙事研究

教育叙事研究以叙事、讲故事的方式表达对教育的理解和解释。它不直接定义教育是什么，也不直接规定教育应该怎么做，只是给读者讲一个或多个教育故事，让读者从故事中体验教育是什么或应该怎么做。

个案研究与教育叙事研究之间存在着千丝万缕的联系，很难说教育叙事研究就是个案例研究中的案例事件部分，或者说个案研究就是教育叙事研究中的一个个案例。笔者认为，个案研究更多的是从一个个典型案例中发现教育故事的精彩之处；教育叙事研究则是通过一个个案例加上研究者自己的主观意识，讲述具有情节性的教育故事，并做出评价、判断。因此，无论是从内容上，还是从形式上，两者完全不同，独立存在。

（一）教育叙事研究的主要特点

1. 叙述的故事是已经过去或正在发生的教育事件

教育叙事研究的内容是实际发生的教育事件，而不是教师的主观想象。教育叙事研究十分重视教师个人的处境和地位，尤其肯定教师的个人生活史和个人生活实践的重要意义。在教育叙事研究中，教师既是说故事的人，也是他们自己故事或别人故事中的角色。

2. 叙述的故事中包含与事件密切相关的具体人物

教育叙事研究特别关注教师的亲身经历，不仅把教师置于事件的场景之中，而且注重对教师个人或学生的行为做出解释和合理说明。

3. 叙述的故事具有一定的情节

教育叙事研究谈论的是特别的人和特别的冲突、问题或使生活变得复杂的任何东西，所以教育叙事研究不是记流水账，而是记述有情节、有意义的相对完整的故事。

教育叙事研究非常重视教师的日常生活故事及故事的细节，不以抽象的概念或符号替代教育生活中鲜活、生动的情节，不以苍白的语言来描述概括的教育事实。

（二）教育叙事研究成果的结构

教育叙事研究成果的撰写没有统一的结构或格式。在一些研究者看来，教育叙事研究所追求的旨趣决定了教育叙事研究成果不需要固定的样式。在具体的实践中，教育叙事研究成果的撰写仍然遵循一定的学术规范。

1. 标题

标题要明确，研究什么应标出来，让人一看标题便能大致了解研究的对象。

2. 署名

署名包括集体署名和个人署名。如果是集体署名，作者出现的顺序要按照对该研究的贡献大小而定。贡献大小的排定主要依据提出研究设想、承担研究工作、解决关键问题的贡献大小。署名一般用真名，还应署上作者的工作单位。对一些只参加部分具体工作、提供某些资料的研究人员则不必署名，但可在附录中说明他们的贡献。对课题组集体研究的成果，一种是依据集体署名的方式署名，另一种是以"×××课题组"的方式署名。

3. 摘要

摘要是对中心内容、文本结构及主要论点的概括和提炼。要求重点突出、内容精炼、观点明确，一般不用第一人称，300字以内为宜。摘要是一篇独立的短文，要求用最简洁、最精炼、最准确的词语表达出该研究成果的实质内容。这些内容包括研究的问题、方法、结果等。

4. 关键词

关键词必须是规范的科学名词术语，一般每篇文章有3~5个关键词（主题词）。有的文本没有摘要和关键词，署名后即为正文，行文中省略"正文"两字，直接在行文中将各栏目一一表述清楚。

5. 正文

此处介绍教育叙事研究成果的一种常见写作框架：研究背景—研究过程与方法—结果与分析—结论①。

（1）研究背景。主要介绍本研究的选题来源、目的和意义、学术和应用价值以及国内外研究现状及水平。

（2）研究过程与方法。

① 研究对象的选择。主要介绍研究对象根据什么原则选择、这样选择的研究对象是否符合研究目的。

② 进入现场及研究的实施过程。主要介绍首次进入现场同研究对象接触的情形、双方关系的建立及发展状况、研究过程中面临的问题和思考。

③ 资料的收集、整理和分析。包括资料的收集方式、收集过程（可以用表格的方式清晰、简明地展示出来）、整理过程、分析方法。

（3）结果与分析。这是文章的主干。它既可以是围绕一个主题的一个个小故事，也可以是将小故事连接成一个较长的故事。但在整体上应保持故事的完整性和情节性，每一个故事都涵盖一个相应的教育主题或教育理论，而且各个教育主题和教育理论之间有某种内在的连接。具体采用夹叙夹议或先叙后议的手法。

（4）得出结论。教育叙事研究成果一般不会提出明确、可以推广的结论，仅限于研究者对研究的一些个人的思考。当然有些研究成果在最后也会提出一些初步的结论。利用参与者的视角，教师个人教育叙事研究成果的创作更加灵活、多样，可以用诗歌、散文、教育随笔等各种不同的体裁来撰写，形成描述、解释、讨论的成果等多种形式。

6. 附录

并不是每个教育叙事研究成果都有附录，是否安排附录视研究的具体情形而定。

7. 注释

引文注释的方法有许多种，在教育叙事研究成果中普遍使用的主要有以下三种：

① 加注。在引文后直接加注说明出处。

② 脚注。又称"页注"，在本页下方注明该页中所用引文的出处。

③ 尾注。在全文末尾加注本文中曾使用的引文的出处。

在采用脚注或尾注时，应按引文出现顺序标明数码，即在引文右上角用小圆圈和阿拉伯数字标注。

引文注释的内容应包括作者、资料标题、书名或刊名、翻译人员、出版机构名称、出版时间、卷期、页码等。如果引用未经翻译的外文资料，应用原文注释，以资查证。

---

① 徐勤玲. 国内教育叙事研究的问题、原因及对策 ［J］. 教育导刊，2006（9）.

8. 参考资料

参考资料是指在教育叙事研究成果中参考和引用别人的资料、文章、论著等。应注明作者、资料标题、书名或刊名、翻译人员、出版机构名称、出版时间、卷期、页码等。如果引用未经翻译的外文资料，应用原文注释，以资查证。

五、教学设计

在基础教育层面上，学校的课堂教学是整个教育的核心。无论是从事普通的教学研究，还是纳入课题范围的教育科学研究，都离不开对课堂教学的研究。因此，课题研究的宗旨是为课堂教学服务，这是基础教育最为显著的特点。

教学设计是对整个教学过程的系统的设计。这是一个把一般的教学理论应用于教学实践，即课堂教学的过程。在进行教学设计时，必须先分析学习者的特点、教学目标、学习条件、学习内容以及教学部分组成的特点，然后统顾全盘，提出具体可行的方案。教学设计的种类很多，如电脑程序教学设计、小学作文教学设计、单元教学设计、课文教学设计、板书教学设计等。这里主要从以课文为主的课堂教学设计中探讨教学设计的一般规律。

（一）教学设计的理念

1. 精心设计教学结构

教学结构是教学思想、目的和进程的外在体现。从课堂教学的进程来说，课堂最好是疏密相间的波浪式结构。密的地方容量大、速度快，要求学生集中注意力、思维敏捷、反应迅速；疏的地方坡度缓、进展慢，让学生心驰神往、静观默想、思索回味。这种波浪式结构既符合学生注意力发展的特点，又符合课文内容有重有轻、有详有略的特点。

要努力构建省时、高效的教学结构，摒弃一成不变的串讲或满堂问的教学结构，做到围绕课文的重点、学生理解的难点设计教学过程。设计教学结构要注意减少不必要的"中介环节"，即在讲课过程中教师的提问、板书、演示，运用图片、图像，使用多媒体等，让课堂更注重实效。

2. 精心设计教学方法

可从以下三个方面考虑：

（1）根据课文的特点设计选择教法。各学科或同一学科课文与课文之间都存在差异，丰富多彩的课文如果教法千篇一律，必定会使学生学得兴味索然，所以要根据不同的课文施以不同的教法，常教常新。语文课里指导学生朗读，不能机械、无目的、一遍又一遍地念读。读的形式要多样，要注意根据课文中不同句子、段落的特点，运用多种方法指导学生朗读，或以读代答对着读；或提示关键承接读；或按结构特点分合读；或图文对照读；或创设情境读；或中心开花读；或精彩句段欣赏读；或在近似之处对照读；或在褒贬句段对比读；或在重点地方反复读；或在含义深刻的句段深究示范读等。

（2）要根据儿童的年龄心理特点设计选择教法。小学生年龄小，好奇好动，注意力难以持久，教师要设计用新颖的方法吸引学生的注意力。

①引人入胜的起始导入。好的开头等于成功的一半，要以言简意赅、丰富多彩、精巧生动的开讲紧紧抓住学生的注意力，激起他们浓厚的学习兴趣。

②扣人心弦的悬念设计。悬念是艺术欣赏的一种心理状态，针对小学生爱问为什么的心理，可设计悬念的办法在课堂上紧紧抓住学生的注意力。

③发人深省的巧妙提问。如何提问存在着很多学问，既要考虑到学生的接受能力，也要吃透教材，把握实质；既要避免满堂问、句句问，又要避免该问而不问直接把答案告诉学生。提问要引起学生的积极思考，讲究一个"巧"字。

④短小、精悍的故事趣谈。小学生的心理特点是最容易接受一些生动、具体又有趣的东西。因此，教学中，教师可精选一些与课文内容密切相关的故事趣谈，用生动的语调讲出来，创造愉快而紧张的氛围，尽可能丰富学生的无意识心理，并在教学中有意识的转化。

⑤生动、形象的直观教学。直观性原则是一条很重要的教学原则，无论是实物直观、模型直观、图像直观，还是语言直观，都能引起学生的极大兴趣。

⑥形式多样的游戏练习。众多教学实践证明，采用游戏练习激发学生的学习兴趣是一种行之有效的方法，如让学生根据课文内容做动作、表演，或将课文的题解、体裁、作家、作品等知识编成精要的填空题、连线题、迷宫题等在课堂上做游戏练习，学生在乐中学、学中乐，对所学内容就会产生极大的兴趣。

⑦余兴未尽的教学结尾。一节课讲完了，给学生留下想象的余地，诱发学生去自我汲取新的知识，就会使学生始终对语文课抱着极大的兴趣。

（3）要注意教学方法的优化组合。教学有法，教无定法，贵在用法。现在国内各种教学方法如雨后春笋般层出不穷。面对这些成功的教学方法，要认识到各种教学方法都有其长处和短处，应该博采众长、取长补短、优化组合、为我所用。

3．精心设计学法指导

（1）把学法指导列为课堂教学重要内容。必须使学法指导在课堂上占有一定位置，在教学中真正得到落实。

（2）制订明确的学法目标。依据课程标准和教学参考书等教学的依据，制订出基础教育各学科、各年龄段、各年级的学法指导重点，甚至每篇课文学法指导建议，以实现学法指导的序列化，使学法指导落到实处。

（3）研究学法指导的具体内容。学法指导不能处于随意、无序状态，想指导什么就指导什么。要以课程标准、教材为依托，制订出一套学法指导序列，使教师们明白整个教学阶段学生应掌握哪些学法，每个年级、每个单元应掌握哪些学法，以克服学法指导的盲目性。

（4）学法指导注意可操作性。只有掌握了每种方法的操作程序，变为技能，才算真正掌握了这种方法。因此，每教学生一种学法都要站在学生的立场上，思考该怎么具体操作。同时，方法的表达要有科学性，要注意儿童的年龄特点和儿童的情趣。

（5）加强课堂上的训练。只有加强训练每种学法，达到高度熟练，以致成为习惯的程度，才算真正掌握了这种学法。因此，课堂上落实学法指导就要以教材为训练资料。训练目标要集中，突出重点，切忌面面俱到。

（二）教学设计的步骤

1. 课前准备教学设计

（1）钻研教材。钻研教材是提高教学质量的关键环节。只有深入钻研教材、把握教材的整体结构，才有可能正确把握教材的知识要求和思想感情，把知识、能力和思想教育有机结合起来；只有确定合理的教学目的，才有可能设计出恰当的问题，启发学生思考，推进教学过程，使课程标准的精神落实到教学中，切实提高教学效率。提高课堂教学效率的关键是认真备课，而认真钻研并掌握教材是备好课的基础。因此，作为一名教师，必须学会深入钻研教材。[①] 需要注意的是，钻研教材进行教学设计时，一定要注意教学的整体性，处理好教学的纵向联系和横向联系，把课堂教学中的课文教学作为一个整体来看待。

（2）确定课题。教学课题通常放在教学计划的起始部分。

（3）教学目标（教学目的、教学要求）。课堂教学目标有别于学期教学目标，它是某一教学课题在教和学方面要达到的主要目标。对于教学目标，一要紧扣基本功训练重点；二要针对具体课题和学生实际；三要明确而具体。教学目标可分成认知领域目标、情感领域目标和技能领域目标三类。根据素质教育的要求，完整的教学目标应该包含德育目标、智育目标、美育目标三部分。

（4）教学时数。教学时数是教师对某一教学课题在教学时间上的总体规划。确定教学时数时，应保证重点教学内容的教学，不能把时间平均分配给教学课题的所有组成部分；要科学合理，符合教育教学规律；要留有余地，避免临时变动造成时间紧张等。

（5）教学重点、难点。教学重点是教学过程中着重加以关注的内容。教学难点是学生学习过程中的困难。教学重点的确定可根据本课题的教学目标，从主要教学内容、重点训练项目中去把握。教学难点要根据学生学习水平而定，一般来说，教学难点也是教学重点。

2. 课中教学过程设计

制订教学过程时，应考虑教学内容及教学步骤、教学方法、教学用具等的安排。制订教学过程就是教师把备课内容精心设计、整理出来，它是课堂教学计划的核心内容。教师要把教学内容分解成若干操作步骤，考虑每步用什么教学方法去处理最易使学生掌握；在什么情况下还要借助什么样的教学辅助手段（如教具）等，这些都要一一弄清楚。

（1）课前探究部分要求设计出引导学生进行课前准备和探究的方案。

（2）导入新课部分要求设计出每节新课的教学引语，教学引语要起到凝神、起兴、

---

① 陈忠良. 中小学教师专业成长必备技能集粹［M］. 杭州：浙江教育出版社，2005：121.

点题三个作用。

（3）师生互动部分要求如下：

① 设计出每节新课的教学结构（板书结构）。

② 写出每步的设计目的（设计意图）。

此外，在教学结构设计中要注意体现下列六个要求：

① 突出学生的主体地位。

② 从学生的问题出发营造教学情境，设计教学问题并引导学生探究、解决问题。

③ 设计出师生互动方式。

④ 争取准备两三种针对不同群体学生的教学安排。

⑤ 对教材内容做适当的处理，发掘出教材内容之间的逻辑联系及育人作用。

⑥ 课堂教学要减少讲解，增加学生的自主探究，增加学生的分组活动。

（4）板书设计部分。板书是课堂的书面语言，是对教学内容的加工和提炼，是教师教学能力的综合体现，也是帮助学生学习的必要途径。简而言之，板书是教师施教的"蓝图"，是学生获取知识的视觉渠道，是师生信息交流互动的桥梁。好的板书会让课堂绽放独特的光芒，更好地实现教学目标，使学生对特定的应该掌握的资料内容印象更鲜明、深刻，理解更清晰、全面，记忆更牢固、持久。要注意的是，学习是一个动态生成的过程，为此，在设计板书时，切忌用预设的板书禁锢学生的思维，对课堂上学生迸出的思想火花，教师应努力发现其中值得研究的线索，产生引人深思的问题。教师要善于捕捉，敢于越"雷池"，不要为了板书而板书，应让板书真正为学生的学习服务。

（5）课堂总结部分要求如下：

① 设计出针对教材知识内容的系统的回忆巩固问题及方案。

② 设计出发散、扩展、升华学生思维的问题及复习巩固方案。

（6）课后作业部分要求每节课设计若干道选择题（突出对教材知识点的记忆、理解与掌握）、若干道资料解析题（突出引导学生运用所学知识分析、解决问题）、若干道问答题（突出学生的概括、分析、比较、评价能力）。

3．课后研讨、反思教学设计

课后研讨、反思，即教学后记要求如下：

（1）评价每节课的教学设计的实施结果。

（2）对每节课的教学设计进行及时的修改、补充、完善。

（3）写出教学感想、心得、体会。

六、教育专著

在教育科研课题研究中，一方面，我们要阅读吸收别人的著作成果，为自己所用；另一方面，我们要通过研究努力撰写出属于自己的教育专著。教育专著的撰写相对于其他研究成果，难度要大得多。教育科研著作的价值不是由研究题目的大小来决定的，而是由纯学术性理论探索所达到水平的高低来决定的。因此，影响撰写教育专著其学术水平的高低因素很多，需要我们认真对待。

（一）科研专著的界定

国家科学技术学术著作出版基金委员会将科研专著分为以下三类：

1. 学术专著

作者在某一学科领域内从事多年系统、深入的研究，撰写的在理论上有重要意义或实验上有重大发现的学术著作。

2. 基础理论专著

作者在某一学科领域基础理论方面从事多年深入探索研究，借鉴国内外已有资料和前人成果，经过分析、论证而撰写的具有独到见解或新颖体系、对科学发展或培养科技人才有重要作用的系统性理论著作。

3. 应用技术专著

作者根据把已有科学理论应用于生产实践的先进技术和经验撰写的给社会带来较大经济效益的著作。

以下三种著作不属于学术专著范围：译著、论文集、再版著作；科普读物；教科书、工具书。

（二）教育专著的特点

1. 创新性

如果一本专著里没有自己的研究视角，没有形成属于自己的研究成果和结论，是谈不上撰写专著的。

2. 系统性

全书比较完整，对专著的选题有一个全面的阐述。

3. 时代性

撰写的专著能反映最新的研究成果。

4. 逻辑性

在专著撰写过程中，注重知识的循序渐进，从头到尾贯彻如一。

5. 生动性

要求语言通俗易懂、深入浅出，表现方式多样化，体例新颖。

（三）撰写专著的流程

1. 选题

选题是进行科学研究的第一步，而且是至关重要的一步。选题既决定着研究者现在和今后教育科研工作的主攻方向、目标和内容，也在一定程度上规定了教育科研活动应采用的方法和途径。

（1）选题的价值。选题应有理论价值和应用价值。

（2）选题应有创新。应选择前人未曾解决或尚未完全解决的问题，通过国内外各种数据库进行创新性检查。

（3）选题的科学性。选题既要有坚实的理论基础，又要以一定的经验事实为依据，具有客观的现实基础，还要有基于人们的经验及经验赖以产生的客观事实基础。选题所选的课题应具体，要明确研究的对象、范围、内容乃至方法，不能空泛、模糊。

2. 写作准备工作

（1）文献阅读。大量阅读有关文献，增加自己的知识储备量，包括泛读和精读，合理搭配，节约宝贵时间。

（2）期刊阅读。按时阅读相关研究领域的主要期刊，了解相关研究团体的最新动向，并参与团体交流。

3. 组织撰写

（1）体例编排。参考优秀专著的编写形式，设计自己的编写体例。做到编写过程中语言简洁、通俗易懂；案例丰富、广征博引；图文并茂，表现形式多样化。

（2）撰写工具。熟练掌握 Word 文档等文字处理系统，输入文字。熟练应用 MathType 公式编辑器，与常见的文字处理软件和演示程序配合使用，能够在各种文档中加入复杂的数学公式和符号。掌握 EndNote 文献管理工具，用以收集储存个人所需的各种参考文献，包括文本、图像、表格和方程式等。熟练地使用电脑进行写作，对储存、修改、打印、传输、交流等书稿的处理十分方便。

4. 审订内容

（1）核心的研究成果要反复推理，确保可信、可证。

（2）引用他人的成果一定注明，避免知识产权纠纷。

（3）及时吸纳自己新的成果以及他人的建议。

附录1　文后参考文献著录规则

中 华 人 民 共 和 国 国 家 标 准

GB/T 7714 – 2005 代替 GB/T 7714 – 1987

2005 – 03 – 23 发布 2005 – 10 – 01 实施

中华人民共和国国家质量监督检疫总局 中国国家标准化管理委员会发布

（正文略）

附 录 A
（资料性附录）
顺序编码制文后参考文献表著录格式示例

A.1 普通图书

［1］广西壮族自治区林业厅. 广西自然保护区［M］. 北京：中国林业出版社，1993.

［2］蒋有绪，郭泉水，马娟，等. 中国森林群落分类及其群落学特征［M］. 北京：科学出版社，1998.

［3］唐绪军. 报业经济与报业经营［M］. 北京：新华出版社，1999：117－121.

［4］赵凯华，罗蔚茵. 新概念物理教程：力学［M］. 北京：高等教育出版社，1995.

［5］汪昂.（增补）本草备要［M］. 石印本. 上海：同文书局，1912.

［6］CRAWFPRD W, GORMAN M. Future libraries: dreams, madness, & reality［M］. Chicago: American Library Association, 1995.

［7］International Federation of Library Association and Institutions. Names of persons: national usages for entry in catalogues［M］. 3rd ed. London: IFLA International Office for UBC, 1977.

［8］O'BRIEN J A. Introduction to information systems［M］. 7th ed. Burr Ridge, III.: Irwin, 1994.

［9］ROOD H J. Logic and structured design for computer programmers［M］. 3rd ed. ［S. 1. ］: Brooks/Cole Thomson Learning, 2001.

A.2 论文集、会议录

［1］中国力学学会. 第3届全国实验流体力学学术会议论文集［C］. 天津：［出版者不详］，1990.

［2］ROSENTHALL E M. Proceedings of the Fifth Canadian Mathematical Congress, University of Montreal, 1961［C］. Toronto: University of Toronto Press, 1963.

［3］GANZHA V G, MAYR E W, VOROZHTSOV E V. Computer algebra in scientific computing: CASC 2000: proceedings of the Third Workshop on Computer Algebra in Scientific Computing, Samarkand, October 5－9, 2000［C］. Berlin: Springer, c2000.

A.3 科技报告

［1］U. S. Department of Transportation Federal Highway Administration. Guidelines for bandling excavated acid-producing materials, PB 91-194001［R］. Springfield: U. S. Department of Commerce National Information Service, 1990.

［2］World Health Organization. Factors regulating the immune response: report of WHO

Scientific Group ［R］. Geneva：WHO，1970.

A. 4　学位论文

［1］张志祥. 间断动力系统的随机扰动及其在守恒律方程中的应用［D］. 北京：北京大学数学学院，1998.

［2］CALMS R B. Infrared spectroscopic studies on solid oxygen［D］. Berkeley：Univ. of California. 1965.

A. 5　专利文献

［1］刘加林. 多功能一次性压舌板：中国，92214985. 2［P］. 1993 – 04 – 14.

［2］河北绿洲生态环境科技有限公司. 一种荒漠化地区生态植被综合培育种植方法：中国，01129210. 5［P/OL］. 2001 – 10 – 24［2002 – 05 – 28］. http：//211. 152. 9. 47/sipoasp/zlijs/hyjs – yx – new. asp？recid = 01129210. 5&leixin.

［3］KOSEKI A，MOMOSE H，KAWAHITO M，et al. Compiler：US，828402［P/OL］. 2002 – 05 – 25［2002 – 05 – 28］. http：//FF&p = 1&u = netahtml/PTO/search – bool. html&r = 5&f = G&1 = 50 &co1 = AND&d = PGOl&sl = IBM. AS. &OS = AN/IBM&RS = AN/IBM.

A. 6　专著中析出的文献

［1］国家标准局信息分类编码研究所. GB/T 2659 – 1986 世界各国和地区名称代码［S］∥全国文献工作标准化技术委员会. 文献工作国家标准汇编：3. 北京：中国标准出版社，1988：59 – 92.

［2］韩吉人. 论职工教育的特点［G］∥中国职工教育研究会. 职工教育研究论文集. 北京：人民教育出版社，1985：90 – 99.

［3］BUSECK P R，NORD G L，Jr. ，VEBLEN D R. Subsolidus phenomena in pyroxenes ［M］∥ PREWITT C T. Pyroxense. Washington，D. C. ：Mineralogical Society of America，c1980：117 – 211.

［4］FOURNEY M E. Advances in holographic photoelasticity［C］∥ American Society of Mechanical Engineers. Applied Mechanics Division. Symposium on Applications of Holography in Mechanics，August 23 – 25，1971，University of Southern California，Los Angeles，California. New York：ASME，c1971：17 – 38.

［5］MARTIN G. . Control of electronic resources in Australia［M］∥PATTLE L W，COX BJ. Electronic resources：selection and bibliographic control. New York：The Haworth Press，1996：85 – 96.

A. 7　期刊中析出的文献

［1］李炳穆. 理想的图书馆员和信息专家的素质与形象［J］. 图书情报工作，2000

（2）：5 - 8.

［2］陶仁骥. 密码学与数学［J］. 自然杂志，1984，7（7）：527.

［3］习亚洲地质图编目组. 亚洲地层与地质历史概述［J］. 地质学报，1978，3：194 - 208.

［4］DES MARAIS D J, STRAUSS H, SUMMONS R E, et al. Carbon isotope evidence for the stepwise oxidation of the Proterozoic environment［J］. Nature，1992，359：605 - 609.

［5］HEWITT J A. Technical services in 1983［J］. Library Resource Services，1984，28（3）：205 - 218.

A.8　报纸中析出的文献

［1］丁文祥. 数字革命与竞争国际化［N］. 中国青年报，2000 - 11 - 20（15）.

［2］张田勤. 罪犯 DNA 库与生命伦理学计划［N］. 大众科技报，2000 - 11 - 12（7）.

A.9　电子文献（包括专著或连续出版物中析出的电子文献）

［1］江向东. 互联网环境下的信息处理与图书管理系统解决方案［J/OL］. 情报学报，1999，18（2）：4［2000 - 01 - 18］. http：//www. chinainfo. gov. cn/periodicalgbxbgbxb99/gbxb9902 03.

［2］萧钮. 出版业信息化迈入快车道［EB/OL］.（2001 - 12 - 19）［2002 - 04 - 15］. http：//www. crea der. comnews20011219/200112190019. htmi.

［3］CHRISTINE M. Plant physiology：plant biology in the Genome Era［J/OL］. Science，1998，281：331 - 332［1998 - 09 - 23］. http：//www. sciencemag. org/cgi/collection/anatmorp.

［4］METCALF S W. The Tort Hall air emission study［COL］The International Congress on Hazardous Waste, Atlanta Marriott Marquis Hotel, Atlanta, Georgia, June 5 - 8, 1995：impact on human and ecological health［1998 - 09 - 22］. http：//atsdrl. atsdr. cdc. gov：8080/cong95. html .

［5］TURCOTTE D L. Fractals and chaos in geology and geophysics［M/OL］. New York：Cambridge University Press，1992［1998 - 09 - 231. http：//www. seg. org/reviews/mccorm30. html.

［6］Scitor Corporation. Project scheduler［CP/DK］. Sunnyvale, Calif.：Scitor Corporation，c1983.

附 录 B
（资料性附录）
文献类型和电子文献载体标志代码

B.1 文献类型和标志代码

表 B.1 文献类型和标志代码

文献类型	标志代码
普通图书	M
会议录	C
汇编	G
报纸	N
期刊	J
学位论文	D
报告	R
标准	S
专利	P
数据库	DB
计算机程序	CP
电子公告	EB

B.2 电子文献载体和标志代码

表 B.2 电子文献载体和标志代码

载体类型	标志代码
磁带（magnetic tape）	MT
磁盘（disk）	DK
光盘（CD－ROM）	CD
联机网络（online）	OL

附录2　出版物常见序号使用问题

出版物常见序号使用误区及正确使用方法[①]

广东省教育研究院教学教材研究室　杨建国

我们写文章、著书立说、起草文件等都离不开序号，没有序号你写的东西很难让人看出条理来。正因为如此，序号在生活中无处不在，作用很大。在这里将专门谈谈出版物常见序号使用误区及正确使用方法问题。

一、常见的序号形式

我们在这里梳理一下常见的序号有哪些类型。

（一）序号的级别顺序

1. 汉字数字序号、阿拉伯数字序号、英文字母序号。可分为如下层次：

第一层为汉字数字加顿号，如一、二、三、……

第二层为括号中包含汉字数字，如（一）（二）（三）……

第三层为阿拉伯数字加下脚圆点，如1. 2. 3. ……

第四层为括号中包含阿拉伯数字，如（1）（2）（3）……

第五层为带圆圈或半圆圈的阿拉伯数字，如①②③……或1）2）3）……

第六层为大写英文字母，如A. B. C. ……如果需要细分，可使用（A）（B）（C）……

第七层为小写英文字母，如a. b. c. ……如果需要细分，可使用（a）（b）（c）……

……　……

同一层次各段内容是否列标题应一致，各层次的下一级序号标法应一致，若层次较少可不用若干加括号的序号。

2. 理科类、国家标准、外文类出版物等正文层次标题序号。

理科类、国家标准、外文类出版物等正文层次标题序号需使用阿拉伯数字连续编码，不同层次的两个数字之间用下脚圆点分隔开，末位数字后面不加圆点，如"1""1.2""1.2.1"等。

3. 用"第一编　第一章　第一节"或"壹"表示文章、著作的层次。

"第一编""第一章""第一节"或"壹"的后面不用标点，与后面的文字之间空一个字位即可，如"第一章　水的作用"。

---

① 杨建国. 出版物常见序号使用误区及正确使用方法［J］. 出版参考，2013（10）上旬刊：26, 27.

（二）序号的中文表现形式

1. 用汉字大写表示，如壹　贰　叁　肆　伍　陆　柒　捌　玖　拾

2. "第"的形式，如第一，第二，第三，……第一条　第二条　第三条……

3. 用天干地支表示，如甲　乙　丙　丁……子　丑　寅　卯……

4. 用叙述的形式表示，如首先，其次，再次，最后。

5. 用"是"的形式，如一是××；二是××；三是××……

（三）用外文表述序号

1. 英文字母表示，如大写 A. B. C. ……小写 a. b. c. ……

2. 罗马数字表示，如Ⅰ. Ⅱ. Ⅲ. ……

（四）中文加阿拉伯数字或中文数字表示序号

正文中图、表、公式、算式等的序号一律用阿拉伯数字分别依序连续编排序号，其标注形式应便于互相区别，如"图1、表2、式3"等，对长篇研究报告也可以分章（条）依序编码，如"图2.1、表4.2、式（3.3）"等，其前一个数字表示章（条）序号，后一个数字表示本章中图表、公式的序号。

（五）用星号表示序号

文中注释极少量的可用"＊""＊＊"表示。

（六）文后参考文献序号

正文部分标注的序号（在相应文字的右上角依序标出）和文章最后参考文献列出的序号要一致，依次列出。顺序编码是按正义中引用的文献出现的先后顺序连续编码，并将序号置于方括号中。参考文献的序号标注一般用方括号的阿拉伯数字，如［1］［2］［3］……

（七）附录序号

文章、著作等附录序号应该用大写英文字母标示，如"附录A、附录B、附录C……"。附录中的图、表，式、参考文献等另行编序号，与正文分开，也一律用阿拉伯数字编码，但在数码前冠以附录序码，如图A1、表B2，式（C3）、文献［D4］等。

（八）页码序号

页码标注由正文的首页开始，可以标注在页眉或页脚的中间，也可以放在页边，放在页边时，单数在右边，双数在左边。封一、封二、封三和封底不编入页码。可以将扉页、序、目录等前置部分单独编排页码。各页页码应标注在相同位置。

（九）连续性读物序号编排

1. 丛书类读物。丛书类读物编序号可以按照数字依次来编，也可以按照册数来编，如第一册，第二册、第三册……

2. 教材类。目前，义务教育阶段一般按照年级来编，如一年级上册（一年级第一学期或一年级第一册），高中阶段按必修、选修来编，如《语文》必修1、《语文》必修2、

《语文》必修3……

（十）竖排文字序号

竖排文字时，凡汉字数字序号后接排顿号，阿拉伯数字序号后加下脚圆点，凡带括号的序号依次为上括号、数字、下括号。

二、容易出现的错误和正确使用方法

（一）序号后下脚标写最为混乱，没有规则，想当然的情况比较严重

有以下几种情况：

1. 汉字数字序号"一""二""三"等后面用逗号（，）或圆点（.）不规范，应该用顿号（、），即"一、""二、""三、"。

2. 阿拉伯数字序号"1""2""3"和英文字母序号"A""B""C"等后面用顿号（、）或其他，不规范，应该使用圆点（.），即"1.""2.""3."或"A.""B.""C."。

3. 带括号的序号和带圆圈的序号，如（一）（二）（三）（1）（2）（3）①②③等后面下脚不再加标点符号。

4. "第一""第二""第三"或"首先""其次"等后面用顿号不规范，应该用逗号，即"第一，""第二，""第三，""首先，""其次，"等。

5. 用"一是""二是""三是"表示顺序时，与后面的文字直接，中间不再有标点符号或空一个字位。有些学者认为"一是"等连接下文可在"一是"等之后分别用逗号，从文章句子上来讲是不通的。

6. 特殊符号"●""▲""★"等后面下脚用顿号（，）或圆点（.），不规范，其后不再用标点符号。

（二）序号的格式要引起重视

许多人在写作时在格式上随意性太大，不够严谨。以下情况要注意：

1. "1""1.2""1.2.1"等正文层次标题序号，各层次的标题序号均左顶格排写，最后一个序号之后空一个字距接排标题，如"8.4.2　出版者"，表示第八章第四节第二条的标题是"出版者"。

2. "第一编""第一章""第一节"起头的标题，一般整行题目都居中排版。数字序号占一行时，也是居中排版。

3. 其他情况一般都是空两个字位开始写序号。特殊情况下也有左顶格排写的。

三、出版物序号使用的几点思考

目前，出版物序号使用问题还是比较多，国家标准尽管出台不少，但不可能完全涵盖到每个角落，许多方面都是长期形成的习惯，一下子改不过来，造成新旧标准混在一起，序号标注不伦不类。在已经出台的政策规定中，必须坚持以国家标准为基础，在没有详细规定的方面，暂时可以按照形成的习惯性做法来理解变通。这里结合实际出现的

情况，对出版物序号使用中出现的问题提出一些思考。

（一）对序号级别使用的思考

序号级别的使用，暂时还看不到国家标准的有关规定，大多是根据人们长期以来养成的习惯形成的基本共识。在实际的应用中可以考虑下面三点：

1.《党政机关公文格式》（GB/T 9704—2012）。党政机关公文是党政机关实施领导、履行职能，处理公务的具有特定效力和规范体式的文书，其明确规定，在"正文"中"文中结构层次序数依次可以用'一''（一）''1''（1）'标注"。这种汉字数字序号和阿拉伯数字序号结合使用的规定，比较符合当前的公文格式，也可以推移到一般的论文、著作等出版物使用里。因此，四级标注法为常见的写作奠定了基础，得到了肯定。

2. 在四级标注法基础上又有多种形式的演变、生成，在社会上和出版界形成默契。建议使用下面的基本的序号级别一览表。

第一层	第二层	第三层	第四层	第五层	第六层	第七层
一、	（一）	1.	（1）	①	A.	a.
二、	（二）	2.	（2）	②	B.	b.
三、	（三）	3.	（3）	③	C.	c.
		第一，			（A）	（a）
		第二，			（B）	（b）
		首先，			（C）	（c）
		其次，				

3. 上面的"序号级别一览表"并非代表了所有的序号级别，在实际应用中可以在此基础上演绎变化。

（二）对文中注释和参考文献标注的思考

各类出版物的注释一般分散著录在该页下（脚注），或集中著录在文后（尾注），或分散著录在文中。各种标注法可视情况而定，建议如下：

1. 分散著录在该页下（脚注）。一般注释较多，或文章较长，或为著作，统一注在文后翻检较麻烦，最好用脚注。

2. 集中著录在文后（尾注）。一般注释较少，或文章较短，或著作内部的章节较短，可统一注在文后，在排版上比较好处理，格式上也较整齐。

3. 分散著录在文中。一般指那些较少的注释，注释的内容也比较简单的，选择文中注释较好。

4. 不论是正文中的注释还是文后参考文献的注释，按照国家标准一律把阿拉伯数字序号放在方括号里。正文中注释不再用圆圈阿拉伯数字。

有关出版物序号国家标准的出台，对规范序号标注意识，强调文章、著作书写质量有一定的意义。任何标准都不可能一成不变。作为严格意义上的出版物，必须紧跟变化，与时俱进地调整自己，使得规范意识深入人心。

第九章

课题研究结题验收

正规的课题研究还必须有一个结题的环节。结题由课题批准部门或机构组织审核，并经具有权威性的评审专家组论证同意，方可结题。课题研究只有结题了才算正式完成，其结果也只有结题了才算真正被承认。结题要做好一系列前期准备工作，如撰写课题结题报告、召开课题结题报告会等。

第一节　课题研究结题概述

课题研究结题工作不仅仅是通过某种方式宣传课题研究工作的完成，实际上它是对课题研究的总结，进一步研讨、检验，上升到理论高度进行阐述，并且提出新问题的过程。课题研究者通过结题可以进一步形成、开发、应用课题研究的经验及研究成果。

一、课题研究结题工作的意义

结题工作为课题研究者提供了听取专家和同行评议、反思自己研究过程和研究行为的机会，有利于发现研究中存在的问题或产生的新问题，为自己的研究在今后的方向上更深入的开展开辟新的道路。其意义主要有以下三个方面：

（一）是对课题研究过程的基本要求

课题研究不但要看其结果，而且更注重其过程的要求。课题研究负责人（课题组组长）为了向课题管理部门或有关专家汇报本课题组研究工作全过程的实施情况、研究结果、成果和存在的问题，应按照规定的格式撰写并提交课题结题申报表、课题结题报告，以便学校管理部门及时了解课题研究全过程的具体情况，进行过程性评价和终结性评价，进而根据具体情况及时对课题研究进行有关的指导、鉴定。

（二）对课题研究全过程进行整体论证

通过做好课题研究结题过程的整体论证工作，可以发现自己在这个过程研究中存在的偏差、缺点和问题，如全过程研究中查阅的文献资料是否充分，调查、考察或实验所获得的资料能否对研究假设的支撑产生作用以及全过程研究中有没有未被发现的问题或产生的新问题等，对全过程研究工作的科学性、实效性和创新性进行论证。

（三）有利于修订原来的研究假设，提出新的接力研究的问题

这主要是因为课题研究创新性成果与研究假设有时会有一定的差异。为了更有效地推广完成下一轮课题研究工作，还必须根据上述结题反馈的情况，在了解所获得的研究结果、成果和全过程研究中存在的偏差、缺点和问题的基础上，提出新的研究问题。

二、基础教育课题研究结题工作的基本要求

基础教育课题实验学校或个人准备结题时，要做好一系列准备工作，认真、有序地结题。结题工作的基本要求各部门大同小异，可根据实际情况做调整。下面是结题工作的一般程序说明。

（一）分析结题条件

结题前必须对课题的研究情况予以详细、周密的审查，客观分析是否具备结题条件。其内容主要包括以下四个方面：课题研究的目的是否达到？课题研究各阶段、各方面的工作、活动是否落实？课题研究的质量、水平如何，是否达到预期目标？课题研究的各项资料是否齐全？在全面分析这些条件的基础上，课题组方可对所研究课题的完成情况做出综合性判断。

（二）整理研究资料

结题工作往往是从整理资料开始的，其基本要求是真实、可靠、全面。其主要方法有以下三种：

1. 鉴别

课题研究资料纷繁复杂，必须对所有资料进行鉴定区别，剔除不可靠或不必要的资料。

2. 分类

对研究资料予以归纳、整理、分类，区分研究参考资料与结题资料。研究参考资料是在研究过程中搜集的与课题研究相关的资料，大都是他人现成的间接资料。

3. 编目

对各种研究资料经鉴别、分类后，填写资料类别、编号、名称、来源等项目，编写资料目录，便于查阅。

（三）撰写课题研究工作总结报告

课题研究工作总结报告，即结题报告，是对从课题立项到成果形成的研究情况、工作、活动进行全面的回顾、分析和概括。

（四）做好经费结算

有经费资助的课题在结题前必须进行经费结算。课题经费来源一般包括主管部门拨款、单位资助、课题组自筹三个方面，要统一清理、分别结算。要根据科研经费管理制度检查经费支出是否符合管理原则，支出是否合理、有效，开支手续是否遵循常规，单据是否齐全，收支是否相符，如有结余或超支如何处理。经费使用情况检查、结算后，应填写收支清单，附上单据。

第二节　结题资料的撰写

所谓课题结题资料，从时间概念上来说，是课题研究工作全部完成后的成果展示，是课题组向学校和相关管理部门汇报课题组研究工作整体进展情况的书面资料。从效果层面上来说，结题资料旨在检查课题组整体研究工作的进展是否达到预期目标，即对研究假设是证明还是证伪，以求获得相关管理部门的认可和评价，并有针对性地提出下一步研究的方向。

一、课题结题申报表

在确定好结题后，经向有关部门申请，获得课题结题申报表进行填报工作。课题结题申报表包括以下内容：

（一）封面页

主要包括以下三个方面的信息：课题编号；课题名称；有关信息填写，包括课题类别、研究领域、课题名称、课题主持人、所在单位、填表时间。

（二）填表说明

主要包括表格（一式几份），如何操作，填写注意事项，课题组的地址、邮政编码、联系人、电话、传真、邮箱等信息。

（三）具体表格填写

1. 基本情况

包括课题名称（或子课题名称）、实验研究单位、课题主持人信息、课题顾问信息、研究时间段、结题方式、主要研究人员信息等。

2. 课题实验说明

包括实验过程简述、理论价值、应用价值等实验成果简述和课题负责人签名等内容。

3. 重要阶段性研究成果

包括成果名称，作者，形式，字数，完成时间，承办单位或发表刊物名称、刊号，获奖、转载、引用、应用情况等。

4. 审核意见

此部分由相关部门审批，不需要课题主持人填写。

（1）课题主持人所在单位意见：成果质量是否达到鉴定要求？课题管理和经费使用是否符合规定？鉴定所需经费是否有保证等。

（2）结题会议评审专家意见：拟研究的问题是否解决？研究目标是否实现？研究成果有何理论及应用价值？有何创新之处？尚存在哪些需要改进和进一步研究的地方？等等。结题会议评审专家名单。

（3）主管审批部门意见：是否同意结题？

二、课题结题报告

课题结题报告是以课题组名义撰写的，是反映课题研究过程和结果的书面报告。通过撰写结题报告向有关专家、上级管理部门汇报开展课题研究工作的情况和取得的成果，获得专家和上级管理部门的承认、支持和理解。通过课题结题报告在同行之间进行交流，在学术刊物上发表自己的研究成果以扩大影响。此外，总结和反思自己的研究工作，不断提高自己的科研水平，培养创新精神和实践能力。课题结题报告的撰写过程是一个严密的思维过程，不仅需要撰写者有一定的分析、综合、抽象概括的能力，还要具有准确运用语言文字的能力和技巧。

（一）课题结题报告的类型

全国教育科学规划办公室要求课题结题时，提交工作报告和研究总报告。工作报告包括研究的主要过程和活动；研究计划执行情况；研究变更情况（课题负责人、课题名称、研究内容、成果形式、管理单位、完成时间等）；成果的出版、发表情况，转载、采用、引用情况；成果的代表作等。研究总报告包括研究的主要结论与观点、研究方法的主要特色与创新、研究的突破性进展、学术价值的自我评价、成果的社会影响、研究中存在的问题、今后的研究设想等。研究总报告是结题的重点，根据研究方法和内容的不同，教育研究报告可分为理论性教育研究报告、文献性教育研究报告和实证性教育研究报告。

（二）课题结题报告的结构

课题结题报告可分为标题、署名、摘要、关键词、正文、附录、引文注释与参考文献八个部分。其中正文是主体，主要包含以下四个方面的内容：

1. 课题的提出

包括研究问题的概述、研究的假设与研究的目标、研究的目的与意义、文献综述等。要求讲清楚课题研究的理论意义和实践价值；交代清楚为什么研究这一问题，即课题研究提出的原因和研究的意义；要研究什么，即课题研究的假设、研究目标及关键概念的界定；课题研究的时代背景，即目前国内外该课题的研究情况，包括前人研究成果与观点、研究现状（存在的问题以及发展趋势）等。

2. 研究过程

充分反映课题研究的全过程。

（1）交代研究方法。主要指研究对象、研究工具与资料、测量方法与程序等。要求交代清楚研究的操作定义，研究采用的特殊工具、设备和方法，研究对象的确定（总体、样本、抽样方法等），调查的方法与项目，实验因素的操作和无关因素的控制，资料的收集和处理等。研究方法的交代要具体，条理要清楚。

（2）分析研究成果。主要概述研究发现与结果，对假设、目标的结果进行描述，统计检验的结果等。要求将收集到的原始资料与数据进行数量统计，做出定量分析；对非数量化的资料，要进行整理、分析、比较、归纳，加入逻辑推理和定性分析。数据可用图表形象地表示出来。研究结果最好把一般与典型、数据与事例相结合来表述。

（3）讨论相关问题。主要诠释研究结果、探寻本身的局限性和意义、对未来有何启示等。讨论课题研究结果的可靠性，对研究结果做理论上的分析，提出自己的看法和意见，包括质疑与他人研究结果进行比较、论证和分析。还要讨论课题研究方法的科学性、可行性，以便为同行进行同类研究提供参考和建设性意见。

3. 研究结论

包括对结果的概括和推论、针对问题提出建议与措施等。要求简明地归纳出研究成果的基本要点，即研究了什么问题、有什么结果、说明了什么问题。同时要根据研究情况得出下一步应深入研究的问题。要求客观真实、简洁明确、鲜明集中，能让人们从中获得有用的信息。课题形式的多样性决定了其研究报告撰写的灵活性，可根据需要或个人喜好产生一些变式。

4. 总结心得体会

通过这个课题研究，独立地获得了哪些知识？提高了哪些方面的能力？对自己智力因素、非智力因素及人格的形成产生了哪些影响？对存在的问题或产生的新问题提出讨论意见。

三、研究成果汇编

在结题工作中，要把与结题有关的资料整理出来，统一装订在一起，编辑成研究成果汇编，以便于结题的时候容易翻阅。这些结题资料是课题研究活动的产品及有关资料，大体可分为以下四类：

（一）成果资料

包括主件、附件，主要有课题结题申报表、课题结题报告、论文等文字资料以及光盘、图表等非文字成果。成果主件只能是一件，其余相关资料可作为对成果主件进行补充说明的附件。

（二）原始资料

在研究过程中通过观察、调查等方式搜集到的所有与本课题研究相关的有保存价值的资料。

（三）课题工作资料

主要有课题立项申报书，批复文件，课题合同书，实施计划、方案，工作小结或阶段总结等。

（四）有关成果效益与影响的资料

这主要是针对一些实验性课题而言，应包括一些社会客观反映或与课题研究效益有关的资料。

在对各种研究资料经鉴别、分类后，统一填写资料类别、编号、名称、来源等项目，将这些资料编写好目录，便于查阅。

第三节　结题验收

凡实验时间达到规定的学校，可以准备结题，并向相关管理部门提出申请，获取有关的课题结题申报表等结题资料。结题实验时间以主管部门审批的课题申报表里的签字日期为准。准备好结题资料之后，课题研究者便可以申请结题验收。结题验收分会议结题验收、通信结题验收和免于结题验收三种。

一、结题前准备阶段

实验学校或个人在提出结题申请后，应积极开始着手结题的有关事务性准备工作。

（一）结题申请①

课题主持人要做好以下五个方面的工作：

第一，与课题主管理部门联系，送交结题鉴定文档、课题管理部门审查文档，核实资料是否齐全、是否完成课题的全部研究任务。

第二，与课题主管部门联系，领取有关级别的规划课题成果鉴定书，详细咨询撰写方法。

第三，与课题主管部门协商结题的鉴定方式，一般由课题主持人提出，经课题主管部门同意。重点资助课题一般要求采取会议鉴定的形式，充分发挥会议鉴定对课题研究

---

① 易志勇. 教育科学省级规划课题的结题鉴定 [J]. 当代教育论坛, 2008 (9).

的作用。

第四，与课题主管部门协商组成专家鉴定组。一般来说，课题成果鉴定组成员为5~7人，不少于3人，最好是单数便于表决。课题组成员（包括顾问）不能担任本课题的鉴定专家，所在单位及其上级主管部门参与鉴定的专家不得超过三分之一。

第五，与鉴定组专家联系，双方商讨鉴定的时间和方式。此阶段课题主持人要开展许多联系、沟通的工作，要留有较宽裕的时间。

（二）结题前工作

第一，召开课题组会议，明确分工，分头总结实验资料、收集数据，进行分析总结。

第二，将有关资料分门别类，整理后装订或归入档案盒内，便于查阅。整理的有关资料包括开题报告；活动报告（含研究记录表）；中期研究报告；与研究有关的其他所有原始资料，如调查问卷、实验报告、访谈记录、测定数据、录音、录像、图片等。

第三，按要求认真撰写课题结题报告。

第四，填写好课题结题申报表。

第五，需要时，可准备课例，交流验收时进行观摩。

第六，做好宣传工作，与周围学校交流，扩大影响。

第七，咨询有关专家（或顾问），做好验收前的准备工作。可将课题结题报告在自评和互评之后及时提交给有关专家（或顾问）提出修改意见。

二、会议结题验收

实验学校召开课题结题现场会，可以邀请相关领导、周边学校、课题组全体教师、实验学校领导和课题主持人参加。在课题结题报告会上，先由课题主持人做课题结题报告，报告课题研究全过程（包括研究成果与结论）。

（一）结题验收

课题结题现场会至少需要半天时间，由课题组上报课题管理部门同意，建议组成专家组人员进行验收。

第一，由课题单位介绍到会的有关领导和专家，并提议推选出专家组组长。

第二，根据课题研究需要，可安排听实验教师的课，至少一节。

第三，专家组查阅资料。

第四，课题组主持人向专家鉴定组汇报课题研究报告和研究工作总结。

第五，课题组研究人员对鉴定组专家提出的问题进行答辩。

第六，必要时进行现场考察或召开相关座谈会。

第七，专家发表个人鉴定意见。

第八，休会，召开专家组会议并形成鉴定组的集体意见。专家组意见有结题、暂缓结题或不能结题。

第九，鉴定组组长发表总结性意见，并宣读专家鉴定组的鉴定意见。

第十，鉴定组全体成员在专家鉴定书上签字。

第十一，课题主持人和实验学校领导表态。

第十二，课题学校宣布现场结题会结束，合影留念。

（二）结题验收资料上报和审批

结题验收工作结束后，可由实验学校或个人将有关资料上报课题主管部门审批。上报的资料一般有子课题结题申报表（一式 3 份）、课题结题报告（1 份）、结题验收专家组意见表（必须有不少于 3 位专家的签名）（1 份）、其他需要说明的资料（如没有可不报）。

课题主管部门接到课题组上报的资料后，组织有关专家对资料进行核实、审查，如符合结题要求，批复同意并颁发课题结题证书。

三、通信结题验收

通信结题验收是省级以上规划课题结题验收的主要形式，一般课题（包括自筹经费课题）应用得比较多。通信结题鉴定相对会议鉴定而言，成本较低，但课题主持人没有与同行专家面对面交流的机会。专家对课题研究的了解不一定充分，对课题所做的鉴定可能存在偏差，不利于课题组成员进一步总结和提升研究成果，提高自己的研究水平。

通信结题验收的基本程序如下：

第一，课题组将审批的结题资料分送结题鉴定专家，每位专家都要写出书面的鉴定意见。

第二，专家组组长综合其他专家的意见，写出课题成果最终鉴定意见并签字。

第三，课题鉴定结题后，课题组将修改的研究报告、成果公报、佐证资料等报送课题主管部门存档备案。

第四，省级以上教育科学规划办颁发课题结题证书和课题成果鉴定书。

四、免于结题验收

各省市教育科学省级规划课题免于结题验收的要求不同，如湖南省教育科学主管部门规定凡具备下列条件之一可申请免于结题验收：[①]

第一，获国家级奖、省部级评奖二等奖以上的。奖项包括国家科学技术奖、国家教学成果奖、全国教育科学优秀成果奖及省级社会哲学奖、省级科学技术进步奖、省级教学成果奖等。

第二，主要成果主体部分被省级以上教育行政部门明确采纳的。

第三，课题最终成果主体内容在《中国社会科学》《新华文摘》《教育研究》上发表或转载，或有两项以上在中国人民大学《复印报刊资料》上转载的。

---

① 易志勇. 教育科学省级规划课题的结题鉴定 ［J］. 当代教育论坛, 2008 (9).

第四节　结题验收中应注意的问题

课题组主持人在结题验收会上作课题结题报告，报告结束后需要答辩、验收。在这个过程中需要关注一些要求。

一、课题结题报告答辩评审

课题结题报告答辩评审由陈述、展示、提问与回答、评语四个部分组成。课题结题报告答辩评审的过程，实际是一个小型的学术讨论会，应该注意以下四个方面的问题：

（一）课题研究陈述与问辩的要领

第一，摘要的介绍是否简明扼要？

第二，研究过程的介绍重在遇到了什么困难和问题、采用了什么措施或策略、运用了什么途径与方法、得到了什么结果和成绩等方面。

第三，研究结论的陈述重在真实性、科学性、实用性和创新性等方面。

第四，研究工作存在的问题要实事求是，不夸大，也不缩小。

第五，研究工作中产生的新问题是有还是无？

第六，下一步研究的打算有没有合理性和创新性？

第七，心得与体会的合理性与可信程度怎样？

（二）答辩评审应特别注重课题研究者的问题意识

课题研究的选题应该来自疑问，也就是问题，问题就是未知世界。课题研究就是以问题为核心提出研究假设，从已知条件出发，通过收集资料、观察试验、研究推理等寻求解决的方法，探求解决的途径，最后对提出研究假设达到证明或证伪的效果，即登陆未知彼岸的过程，如"牛顿研究"的课题结题报告既没有从科学角度谈牛顿力学，也没有从教育的角度提出牛顿为什么成为经典力学的创始人，只是把牛顿的生平事迹简要介绍了一番，这样的所谓研究既没有提出问题，也没有回答问题，当然就不叫"研究"，只能叫"介绍"。因此，课题中要看得出问题，没有问题就没有研究，也不需要研究。

（三）答辩评审应特别注重课题研究结果的创新价值

课题研究结果有没有创新价值，一般体现在是否"提出了新问题""研究的是新对象，采用的是新方法""得到了新结论"，而不是去重复别人的研究，概括别人已经得出的结论。

（四）答辩评审应特别注重量化实证研究意识

量化实证研究是从西方自然科学研究的分析方法发展出来的，它既是一种研究方法，又是一种思维方式。其特点是重视数据分析，重试验，重调查，其研究过程是把研究对象分解成若干个相关的要素，并运用统计学等自然科学研究方法对这些要素进行微观的分析，由量的研究归纳出对整个事物性质的判断。量化实证研究的优点是把对事物的研究建立在理性分析的基础上，往往把握准确、论据充分、论证严密。量化实证研究一般多用于自然学科的课题研究，人文和社会科学的课题研究有时也要借助量化实证研究方法，如要研究厂名、店名用字中的不规范用法，你就要去统计，看看有多少是错字，有多少是别字，出现的比例占多少，这些字的分布如何、来源如何，跟其他城市比较一下，看看严重不严重，跟历史上某一阶段比较一下，看看是否有改进，问题出在哪里。这样一统计，结论自然就有了，整改建议也有价值。

二、成果鉴定的指标内容

基础教育课题研究成果的鉴定主要以其成果的理论意义作为鉴定的标准，可从以下三个方面进行考虑：①

（一）基础研究成果的鉴定指标

1. 创造性

创造新内容、提出新思想是科学研究的根本目的。有无创造性、创造性的大小是理论性成果鉴定的首要条件。创造性有全新创造和部分创新之分，各有不同标志。

（1）全新创造。全新创作是指成果有全新的内容或创见，其表现形式如下：

① 提出了新的理论、观点、概念，论证成理。

② 对已有理论做出了新的解释、论证，使原有理论深化。

③ 探索出了事物的新规律或变未知为已知，深化了认识。

④ 对学术界争鸣的问题发现了新的资料，提出了新的见解，使问题有所突破，并得到学术界的认可。

⑤ 纠正了原有理论、概念、原理的错误。

⑥ 为本学科、边缘学科开辟了新的研究方向或提出了有研究价值的新问题，并进行了首次科学论证。

⑦ 填补了某项科学空白，具有国内、国际意义。

（2）部分创新。部分创新是指成果有某些新内容或新意，其表现形式如下：

① 对已有知识进行了充实和条理化、系统化。

② 对已知原理、观点进行了某种合理的改变或补充。

③ 对事物之间的关系进行了较深入的分析，初步说明了事物的本质，得出了某些新结论。

④ 资料、观点不新，但论述角度不同，论证方法是新的，给人以新意。

2. 学术价值

（1）对学科建设或学科分支建设有一定的贡献。

（2）对学科、学科分支的发展有一定的影响。

---

① 高尚刚，徐万山. 中小学教师课题研究指导 ［M］. 北京：中国轻工业出版社，2013：201－203.

（3）对应用研究有重要指导、推动作用。

（4）理论紧密联系、指导实际。

3．社会反映

（1）对国家或地区、部门决策和管理产生了较大作用和影响。

（2）对人们的思想文化、伦理观念、价值观念、行为方式的改变具有一定的价值，产生了一定的影响。

（3）本单位研究人员的评论实事求是。

（4）省内、国内学术界同行的反应强烈。

（5）专家的意见具体、肯定。

（6）报刊转载、评论、争鸣、引用等。

4．逻辑性

（1）文字通顺、准确、精炼。

（2）方法科学先进，论证充分。

（3）结构严谨，逻辑性强，推理清楚。

（4）资料较系统、全面，方案科学，适用性强。

（二）应用研究成果的鉴定指标

应用性教育课题研究成果的鉴定主要以成果的应用价值作为鉴定的指标。

1．成果的实用价值

（1）成果对国家、地区或部门教育决策产生了重大的积极影响。

（2）成果对国家、地区或部门教育决策产生了一定的影响。

（3）成果所提政策建议方案符合实际情况。

2．成果对教育过程和教学的影响

（1）研究成果对当前教育改革和现实矛盾有无针对性？是否教育工作所急需？

（2）研究成果是否是从教育实践中总结和提炼出来的？是否经过了科学的验证，获得了稳定的成效？

（3）研究成果有无推广与应用的可能性？是否形成了一套可操作的方法？

3．成果的现实意义

（1）理论上的新颖性，有无新观点、新假说等？

（2）实践方面的新颖性，有无新规划、新方法、新建议等？

（3）革新的水平如何？在已有的理论和实践中是否提出了新观点？

（三）开发研究的鉴定指标

开发性教育课题研究成果的鉴定主要以成果的社会价值为鉴定的指标。

（1）成果对国家、地区或学校宏观决策和管理产生了重大作用和影响，并直接或间接产生了社会效益或经济效益。

（2）提出的方案、计划、程序被国家、地区或学校采用并实施。

（3）提出的方案、计划、程序被部分采用或实施。

（4）提出的政策建议方案部分符合实际情况。

附录1 课题结题申报表示例

广东省教育厅教育科学"十五"规划一般课题

口语交际与综合性学习①

课题实验结题申报表

课 题 类 别：教育科学课题子课题

学　　　　科：小学语文

子 课 题 名 称：_____

子 课 题 负 责 人：_____

填 表 时 间：_____

广东省教育厅教研室

"口语交际与综合性学习"总课题组

---

① 本课题为杨建国主持的广东省教育厅教育科学"十五"规划一般课题口语交际与综合性学习。该申报表示例为子课题结题申报表。

填表说明

1. 本表一式三份，填好后加盖单位公章，一并寄到广东省教育厅教研室小语科"口语交际与综合性学习"总课题组秘书处，审批后，一份留总课题组存档，一份交实验单位所在市科研管理部门备案，一份交实验单位。

2. 封皮"子课题负责人"可填 1～2 人。

3. 邮寄地址：广州市越秀区广卫路 14 号广东省教育研究院教学教材研究室杨建国收，邮政编码：510035；联系电话：××××××××；传真：××××××××；电子邮箱：××××××××。

一、登记表

子课题名称									
实验研究单位						邮政编码			
子课题负责人		职　务		职　称		年　龄		性　别	
	电话（办公·家庭·手机）								
子课题顾问		职　务		职　称		年　龄		性　别	
	电话（办公·家庭·手机）								

主要参加人员	姓　名	性　别	年　龄	职务或职称	联系电话	实验研究分工

二、子课题实验说明

1. 实验过程简述

2. 实验成果简述

子课题负责人签名：

年　月　日

三、课题实验单位意见

单位（公章）：

单位领导签字：

年　月　日

四、实验片指导委员意见

指导委员签字：

年　月　日

五、总课题领导小组意见

总课题组（公章）

组长签字：

年　月　日

附录2　课题结题报告示例

《小学生中华传统文化教育研究》结题报告[①]

广东省教育研究院教学教材研究室

主持人　杨建国

2015 年 7 月

2006 年本人申报了广东省中小学教学研究"十一五"规划课题"小学生中华传统文化教育研究"。2006 年 5 月 22 日通过广东省教育厅立项，课题编号：J06—136。自立项以来，我们积极做好了各项准备和研究工作，于 2014 年 12 月之前，进行了两轮实验，参与实验的学校两批 100 多所。两批实验前后进行了七年多时间。在原广东省教育厅教研室和现广东省教育研究院的指导下，全体课题组实验学校按照课题计划认真开展研究，完成了预期的目标。

一、课题的提出

（一）基本情况

2001 年 7 月，教育部出台了《语文课程标准（实验稿）》，并在"总目标"里指出："认识中华文化的丰厚博大，吸收民族文化智慧。"在分学段要求里强调：第一学段"诵读儿歌、童谣和浅近的古诗，展开想象，获得初步的情感体验，感受语言的优美"。第二学段"诵读优秀诗文，注意在诵读过程中体验情感，领悟内容。背诵优秀诗文 50 篇（段）"。第三学段"诵读优秀诗文，注意通过诗文的声调、节奏等体味作品的内容和情感。背诵优秀诗文 60 篇（段）"。这相比以往的教学大纲有了很大提高，明确了目标。同时，也体现了语文综合性学习的课程改革理念，体现了学生的自主性和活动性。目前，有关小学生中华传统文化的探究，尽管引起了各方面的关注，但还处于探索阶段，所以有必要在课改实验中加强研究。

中华传统文化中的古诗词文以丰富的情感、深邃的意境，生动形象、含蓄凝练、富有节奏感和音乐美的语言，成为人类精神营养丰富的滋补品。古诗词是博大、精深的中华传统文化中的一颗璀璨明珠，祖先给我们留下了璨如星辰的优秀诗篇。千百年来，这些优秀诗篇唱和着中华民族的脉搏，时时刻刻撞击着国人的灵魂，滋养着国人的性情。我国的古诗词文从表现形式和表达内容上都有其独特的写作特点和深厚的历史背景，它

---

① 本课题为杨建国主持的广东省中小学教学研究"十一五"规划课题。

不仅映射着中国文化的文学之美，而且蕴含着中华民族的胸怀、风骨、智慧、情趣。一个屹立于世界民族之林的国家，必须要有优秀的民族传统、民族人文精神，这就要求我们的新一代具备这种人文素养，而这些千古传诵的古诗文就是培养人文素养的重要精神资源。在中华发展的历史长河中，虽然有丰富的人文精神和传统，但尚未形成科学、有效的人文精神理论体系。可见，塑造新时期的人文精神是必要的。人文精神教育，即人文教育，是将人类优秀文化成果通过知识传授、环境熏陶，使之内化为人格气质、修养，成为人的相对稳定的内在品格。《语文课程标准（2011年版）》中明确指出工具性与人文性的统一是语文课程的基本特点，更说明了人文底蕴培养的重要性。

（二）课堂教学情况

课堂教学中，大多数教学模式都侧重知识的掌握及答题规律的探索，对传统文化的传播有所缺失。即使有也只不过在文言古诗词中涉及，教师也不过是一味地要求机械背诵和重点字词之意的学习，对文章蕴含的思想美、情感美，文中的民俗风情及作者的经历，其他作品的扩展很少提及，这就大大削弱了传统文化在课堂上的传播。我们试图通过这个研究改变现状，给教师提供一个科学、合理、有效的语文教学模式，以更好地弘扬传统文化。本课题的研究将会使教师改变观念、转变思想，调动教师弘扬传统文化的积极性，也会加速人们认识、呼唤、振兴国学的进程。

（三）经典教育的目的

学校的教育目的是打好人生的根基。这样的根基可以概括为高尚的情操、良好的涵养、坚强的意志、强健的体魄、敏捷的头脑和丰厚的人文底蕴。有了这样的根基，无论经受怎样的磨难、风浪，都能昂首挺胸地走出来。小学阶段是人成长的关键时期，在小学阶段进行经典古诗文诵读活动，实施有效的教学是学生品德形成和智力发展的有效载体。我们也深刻认识到，中华古诗词内涵深刻、意存高远，包含许多哲理，学习古典诗词有利于陶冶情操、加强修养、丰富思想。小学阶段诵读、学习经典诗词文符合学生的心理特点，也一定能为孩子营造快乐的童年、诗意的人生。

踏入信息时代的今天，在各国文化的冲击下，我们的孩子接触着良莠不齐的文化。更令人痛心的是有些本国的优秀文学作品却淡出孩子们的视野，对我们中华传统文化宝库的瑰宝——古诗词文更是知之甚少，或仅能流利地吟诵十几首，而对其中优美的意境、所表达的思想感情和对经典诗词文的喜爱、研究之情更谈不上。

（四）本课题要解决的主要问题

小学阶段中华传统文化的探究主要是想通过综合性学习活动提高学生的欣赏能力，扩大视野，更好地了解祖国的优秀文化遗产，培养热爱祖国的情感。我们拟从以下七个方面开展研究：背诵一定量的古诗、古词、古文；背诵一些实用的对句等；了解古诗、古词、古文的大意；了解古诗、古词、古文的结构特点；能仿写简单的古诗，知道一些韵律知识；了解一些中华传统文化的背景；其他有关中华传统文化的知识。

针对以上问题，作为省级教育研究部门，有责任做好引领工作。并且，过去的一些教研方式也确实存在一些问题，影响了教师参加教研的积极性和教研活动的实效性。因此，通过创新教研方式，促进小学语文教师的中华传统文化的发展，使小学语文教师获得专业的智慧和幸福的工作体验，是教育改革，也是提高整体教育质量重点研究的课题。基于以上原因，我们在全省选定了一些实验学校，开展小学生中华传统文化教育研究，促进小学语文教师的专业成长和小学生对传统文化的认识。

二、课题的界定和理论依据

（一）课题的界定

1. 什么是中华经典文化

本课题界定为四书五经，唐诗宋词，现代、当代的名篇美文，传统文化习俗等，其中，《中华传统文化精选读本》作为主要阅读资料。我们所主张的经典不是狭义的"经"，而是着眼于大文化的大经典，它的外延应当是开放性的。

2. 什么是语文素养

语文素养是一种以语文能力为核心的综合素养，其要素包括语文知识、语言积累、语文能力、语文学习方法和习惯以及思维能力、人文素养等。本课题以《中华传统文化精选读本》为主，选取常用的语海与文化知识为学生的积累资料，组织学生学习、背记，用于平时的口语交际和习作训练中，用此来研究学生所获得的进步或发展是否达到课程标准对促进学生语文素养方面的基本要求；验证阅读、写作这两项最基本的语文技能在促进学生语文素养发展的过程中的作用。

3. 研究的对象是 "经典"

包括古今中外千古名篇，历代诗词和近、现代文学名著等。推陈出新，发展经典。我们所主张的经典不是凝固不变的，它的内涵应当是与时俱进的，我们把它比喻成一条流动的河。

4. 关于 "私塾功底"

一句话，就是背诵的功夫。私塾就是利用孩子记忆的黄金时期，把一些经典不加讲解地牢牢铭记到孩子的脑海里，随着心智的成熟，这些幼时积淀在生命深处的东西慢慢酝酿、发酵，最后化为一个人独特的素质和修养——这是后天无论怎么学习也无法弥补和赶上的，这就是所谓的"童子功"。

5. 阅读与诵读

只要孩子们阅读了大量由汉语言文字构成的中外古今的名著，只要孩子们滚瓜烂熟地背诵下了几百篇汉语言文字的精华篇章，孩子们有了这样广读博览的体验，有了丰富的语言积累和知识储备，就好比一个人攀上了群山之巅，自然而然就有了一种居高临下、一览众山小的气魄，有了一种开阔的胸襟和宏大的视野。

6. 传承经典

只要中华民族存在，把这个民族几千年以来流传下来的经典性的东西传递给孩子，他们就有了成长的基础，就会从中受益。只要我们这个民族的语言不消亡，那么把这个民族语言最精华的东西牢牢背诵下来，成为一种基本的素养，孩子在将来的生活中就可以游刃有余。

（二）研究依据

1. 课题开题研究初期

十多年前，有关中华古诗文诵读、背诵的研究越来越受到人们的关注，许多海外人士也很关心传统文化的发展，甚至在海外的中华儿女出于对祖先文化的情感，大力提倡继承和发扬中华传统文化的美德，开展诵读活动。在国内，教育部出台的《语文课程标准（实验稿）》指出："认识中华文化的丰厚博大，吸收民族文化智慧。"并且在分学段要求里，强调了各个年段的目标，规定了基本的诵读儿歌、童谣和浅近古诗的量。这相比以往的教学大纲有了很大提高，同时，也体现了语文综合性学习的课程改革理念。目前，有关小学生中华传统文化的探究，在全国各地的许多学校早已自发形成了校本特色，甚至编写出了校本教材。尽管这方面的研究引起了各方面的关注，但在实际的操作中还处于探索阶段，尤其是针对小学生的特点不够切合实际，缺乏计划性、系统性。所以有必要在课程改革实验中加强研究，研究出一套适合小学生特点的语文中华传统文化探究的方式、方法。本课题也是想就此展开探究，为教学改革服务。

2. 最近两年的新发展

2014年3月26日，经国家教育体制改革领导小组审议同意，教育部印发了《完善中华优秀传统文化教育指导纲要》文件。文件强调了加强中华优秀传统文化教育的指导思想、基本原则和主要内容。

（1）加强中华优秀传统文化教育的指导思想。坚持以邓小平理论、"三个代表"重要思想、科学发展观为指导，深入贯彻落实党的十八大、十八届三中全会精神和习近平总书记系列重要讲话精神，全面贯彻党的教育方针，积极培育和践行社会主义核心价值观，围绕立德树人根本任务，以弘扬爱国主义为核心的团结统一、爱好和平、勤劳勇敢、自强不息的民族精神为主线，以推进大中小学中华优秀传统文化教育一体化为重点，整体规划、分层设计、有机衔接、系统推进，促进青少年学生全面发展，培养富有民族自信心和爱国主义精神的社会主义事业建设者和接班人。

（2）加强中华优秀传统文化教育的基本原则。

——坚持中华优秀传统文化教育与培育和践行社会主义核心价值观相结合。坚持历史唯物主义和辩证唯物主义的立场、观点和方法，深入挖掘和阐发中华优秀传统文化讲仁爱、重民本、守诚信、崇正义、尚和合、求大同的时代价值。处理好继承和创新的关系，重点做好创造性转化和创新性发展。

——坚持中华优秀传统文化教育与时代精神教育和革命传统教育相结合。既要大力弘扬以爱国主义为核心的民族精神，又要积极弘扬以改革创新为核心的时代精神，继承和弘扬革命传统文化。

——坚持弘扬中华优秀传统文化与学习借鉴国外优秀文化成果相结合。既要高度重视培育学生的民族自信心、自豪感，又要注重引导学生树立世界眼光，博采众长。

——坚持课堂教育与实践教育相结合。既要充分发挥课堂教学的主渠道作用，又要注重发挥课外活动和社会实践的重要作用。

——坚持学校教育、家庭教育、社会教育相结合。既要发挥学校主阵地作用，又要加强家庭、社会与学校之间的配合，形成教育合力。

——坚持针对性与系统性相结合。既要根据不同学段学生身心发展特点，区分层次，突出重点，又要加强各学段的有机衔接、逐步推进。

（3）开展中华优秀传统文化教育的主要内容。中华优秀传统文化是中华民族语言习惯、文化传统、思想观念、情感认同的集中体现，凝聚着中华民族普遍认同和广泛接受的道德规范、思想品格和价值取向，具有极为丰富的思想内涵。加强对青少年学生的中华优秀传统文化教育，要以弘扬爱国主义精神为核心，以家国情怀教育、社会关爱教育和人格修养教育为重点，着力完善青少年学生的道德品质，培育理想人格，提升政治素养。

——开展以天下兴亡、匹夫有责为重点的家国情怀教育。着力引导青少年学生深刻认识中国梦是每个人的梦，以祖国的繁荣为最大的光荣，以国家的衰落为最大的耻辱，增强国家认同，培养爱国情感，树立民族自信，形成为实现中华民族伟大复兴的中国梦而不懈努力的共同理想追求，培养青少年学生做有自信、懂自尊、能自强的中国人。

——开展以仁爱共济、立己达人为重点的社会关爱教育。着力引导青少年学生正确处理个人与他人、个人与社会、个人与自然的关系，学会心存善念、理解他人、尊老爱幼、扶残济困、关心社会、尊重自然，培育集体主义精神和生态文明意识，形成乐于奉献、热心公益慈善的良好风尚，培养青少年学生做高素养、讲文明、有爱心的中国人。

——开展以正心笃志、崇德弘毅为重点的人格修养教育。着力引导青少年学生明辨是非、遵纪守法、坚韧豁达、奋发向上，自觉弘扬中华民族优秀道德思想，形成良好的道德品质和行为习惯，培养青少年学生做知荣辱、守诚信、敢创新的中国人。

三、课题研究过程和具体做法

课题研究共分两批：第一批为 2006 年 12 月至 2010 年 5 月；第二批为 2010 年 12 月至 2015 年 5 月。第一批实验学校按原计划实施，在结题后，许多学校感到中华传统文化教育是长久之计，而且觉得三年的实验给学校带来了很大变化，希望能继续开展进一步的提高实验，同时，有许多学校受影响希望能参加实验，因而总课题组决定继续开展第二批实验。现就第二批实验工作进行总结。

（一）准备阶段（2010 年 12 月至 2011 年 7 月）

在此期间，课题组认真研读了《语文课程标准（实验稿）》和国内、海外如台湾王财贵博士和德国医学博士林助雄的大脑开发理论，确定了研究方向，搜集和学习与培养诵读能力相关的理论资料。经过论证之后，提出并制订了研究方案。许多实验学校学生参与人数不等，坚持全程跟踪、记录，以学生诵读过程的前后表现为比较参数。

（二）实施阶段（2011 年 8 月至 2012 年 7 月）

1. 开展调查分析，了解研究情况

在实施课题之前。总课题组对中华经典诵读情况进行了问卷调查，并进行了数据统计及分析，通过调查可以看出，绝大多数同学是喜欢学习中华经典文化，认为学习中华经典文化，特别是唐诗宋词、名篇美文，对学习语文有很大的帮助，有利于积累，并且表示要长期地坚持下去。但大部分同学却没有科学的古诗文学习方法，因此，很有必要对学生进行系统的科学指导。

2. 加强过程管理、 重视理论学习

课题研究需要科学的教育理论支撑，其重要性是不言而喻的，而这恰恰是我们较为薄弱的，因此，我们高度重视对教育、教学理论的学习，以提高教师的理论素养，使课题研究在科学的理论指导下展开。从内容上看，我们主要学习了关于课程改革的纲领性文章《语文课程标准（实验稿）》、进行解读的指导性文章和切合课题研究的专题性理论，如《古诗知识》《律诗知识》《怎样对学生进行诵读训练》等。从形式上看，采取集体学习和个人学习相结合、集中学习和分散学习相结合，上网浏览了部分教育专家、特级教师的理论文章和教学实例评析。实验片指导委员充分发挥组织领导和检查督促作用，定期和不定期相结合组织检查了解诵读情况，发现情况及时处理。

3. 着眼整体规划，着手层层推进

（1）营造诵读氛围，提高诵读兴趣。许多学校的教学楼走廊、校园橱窗张贴着图文并茂的优秀古诗文书法作品。各层楼的墙壁上挂满了名言警句，张贴着学生的古诗文书法优秀作品，悬挂着名家书法格言，学生可随时欣赏吟诵。以此激发学生对书法对诗词的热情，让学生沐浴在浓郁的传统文化氛围之中。

（2）制订背诵计划，检查评价落实。由于各年级学生的知识积累不同，为了这项活动扎实开展，一些学校制订了背诵计划，如每学期低年级学生背 15 首诗词以上，中、高年级背 20 首诗词以上。根据这一计划，教师们利用学校规定的每周一节的故事课或阅读课，集中背一首诗，另外，学生还可以根据自己的爱好自由读，并做好背诵记录。对于必背的内容，语文科组成立了检查评价小组，每周进行抽查评价。

（3）结合年龄段特点，丰富活动内涵。许多学校各年级组根据学生的年龄特点确定计划，开展活动。一些学校具体的做法如下：

低年级：

① 以赛激趣。针对一年级孩子刚入学的特点，一年级备课组认为对孩子进行了礼仪教育、行为习惯教育极为重要。孩子们先得学会做人，然后才是求知，所以把《弟子规》作为孩子入学读的第一本经典。每天早晨、中午、晚上的放学时间，每节课上课铃响之前等点点滴滴的时间都是朗诵的好时机。低年级孩子喜欢热闹，喜欢集体朗诵，采用小组评比、男女评比、个人挑战等。比如小组评比，哪一组背得好，那么整组都能奖励一颗绿星，积五颗绿星可以换一颗红星贴在墙上的光荣榜里，这样孩子们朗读兴趣很浓。

② 自荐古诗。自荐古诗就是让学生每个星期到教师或班长面前推荐自己喜欢的诗，推荐者可用一两句话说说为什么喜欢这首诗，这样做主要是加深学生对诗的印象。选中诗后，由这位学生把诗、作者、朝代抄在黑板一角，可自配插图或自己喜欢的装饰，由于孩子们小，这样做能激发学生的朗读兴趣。再利用每节课课前准备的 2 分钟时间一齐朗读，学生一天的几节课课前 2 分钟准备时间就能背熟一首诗，再经过第二天的巩固朗读，基本能熟记脑中。这种做法不仅让学生学到了知识，也不增加学生朗读负担，还能培养学生良好的课前准备习惯，更能锻炼学生的能力，学生都乐于推荐古诗，带领同学们一起诵读。

③ 由曲引情。诗词与曲自古以来就是互相依存的姊妹艺术。优美的歌曲能创造特定的情景，能把学生带进一种特殊的艺术氛围中去，从而为学生领会古诗词的情感创造条件。因此，我们在教学诵读古诗词时，常用歌曲、音响来引发学生的情感。有的教师在教学《春晓》时，指导学生反复朗读，打着节拍把声音的高低、快慢、强弱、轻重以及语调的抑扬顿挫读出来。随着学生年级的升高，一定能帮助学生以诵读古诗的语言美去理解诗人的思想感情，领会其深远的意境。学生会诵读后，又可用活泼、轻快的曲子教学生唱《春晓》这首诗，学生兴趣盎然。

④ 设计书签。为了让学生养成积累的习惯，便于对诵读过的古诗词进行整理、记录，避免学生混记、遗忘等现象，举办"古诗词文诵读书签设计比赛"。学生人人参与，随时记录下背过的诗篇。这样，学生背得明明白白，不致出现背混等现象，再加上学生的互相赠送、传阅，使学生的诗文背诵得到了有效的巩固。

中年级：

① 按规律读诗词文。培养朗读能力，正确掌握经典诗词文的朗读规律。古诗词诵读讲究抑扬顿挫，经过指导，学生看到古诗词，基本上能够按照规律读出其韵律和节奏。

② 自赏诵读诗词文。自赏诵读就是让学生每人准备一盘录音磁带，不定期把自己诵读的内容录下来，先自己欣赏，直至满意自己的诵读吟唱，然后把录音磁带带到班级播放，与教师、同学们一起听自己的录音，再让同学们评一评自己的诵读情况，便于提高诵读水平。由于这项活动的开展对学生诵读能力提高较快，现在学生诵读时，还真有一种小诗人诵读的味道。

③ 多元互评诗词文。在学生诵读经典诗词文时，请其他同学认真倾听，并进行评价，通过生生互评、师生互评等多元评价方式培养学生认真倾听的习惯。

④ 即兴背诵诗词文。语文教学和古诗文诵读不能脱节，两者应做到有益的补充，提高学生诵读的兴趣。有的教师教完四年级上册第 4 课《火烧云》后，设计了这样一个问题：你能由一个表示颜色的词语想到一首诗并背出来吗？学生们纷纷举起小手，由"红"一词背出了唐朝诗人杜牧写的《山行》"霜叶红于二月花"，由"黄"一词背出了南宋诗人杨万里《宿新市徐公店》"儿童急走追黄蝶，飞入菜花无处寻"。由"绿"一词背出了诗人贺知章写《咏柳》"碧玉妆成一树高，万条垂下绿丝绦"等。每次学生即兴背诵诗词文，教师都不失时机地鼓励、夸奖同学们了不起，这样背诵，坚持到六年级，

肯定比教师还棒。中年级学生好胜心强，都想赶超老师，背诵的劲头更足了，效果更显著。

高年级：

① 多读多诵，积淀知识。一些学校高年级级组为了增强孩子们诵读古诗文的兴趣，除学校规定的每周两次的诵读时间之外，还经常组织各种形式的诵读比赛，如男女生诵读大比拼，五、六年级级组诗文朗诵赛等。让小学生在这记忆的黄金时期多记多诵。"读书百遍，其义自现"，学生通过天天诵读，学到了有关天文、地理、历史及文化各类知识，长期的诵读也提高了学生的语文能力，增强了阅读理解能力，提高了语言表达能力、习作能力。在学生的习作中，他们能把自己诵读的诗句运用进去，作文中会经常出现"书籍是人类进步的阶梯""黑发不知勤学早，白首方悔读书迟""不经一番彻骨寒，怎得梅花扑鼻香""慈母手中线，游子身上衣""纸上得来终觉浅，绝知此事要躬行""春蚕到死丝方尽，蜡炬成灰泪始干""问渠那得清如许，为有源头活水来"这样的诗句、格言。这些能力的形成正是语文素养的体现。随着年龄的增长、知识的沉淀，必将厚积薄发，它对习作的影响是潜移默化的，是润物细无声的。

② 创造情景，激发兴趣。如李白的《送孟浩然之广陵》，有的教师先让学生想象诗境，揭开"烟花三月"是什么样的情景，李白有心情赏春吗？为什么？当他久久伫立在天边，目送流向天际的流水，心里会想些什么？假如你是诗人，你会对朋友说些什么话？他们的动作、神态和心理怎样？这样，通过创造情景能激发学生大胆想象。想象诗人分别时互诉衷肠、互道珍重的语言，践行离别的场面可以找同伴演一演。学生学得愉快、演得轻松，学习古诗文的兴趣自然得到提升。

③ 生活处处皆古诗。一是座右铭自勉。当孩子诵读一定量的古诗词文后，对古诗词文越来越了解，也越来越喜欢。教师让孩子每人选一两句，作为自己的座右铭，并想想自己为什么选它？它让你想到了什么？给你什么样的启示？有的用"黑发不知勤学早，白首方悔读书迟"来激励自己抓紧年少时努力学习；有的用"不经一番彻骨寒，怎得梅花扑鼻香"来告诉自己必须付出艰辛的努力才会有成功的喜悦。有的用"三人行，必有吾师焉，择其善者而从之，其不善者而改之"告诫自己要谦虚，多吸取别人的长处。学生把这些名人佳句当成自己学习、生活的座右铭，张贴在教室内、挂在自己的书房中、写在日记里，作为自己思想行为的准则，不断上进，汲取力量。二是赠诗表意。学生每逢各种节日，父母、亲友、同学的生日都喜欢买礼品、贺卡赠送，甚至请吃饭，这种做法不仅加重了父母的经济负担，同时让学生养成不良的攀比习惯，不利于学生的健康成长。教师让学生遇到以上事情不用花钱，可赠诗，就是自制诗卡，把自己喜欢的诗根据不同的需要抄在卡上，并配上插图，写上祝词。在送卡时最好能有感情地朗诵所赠的诗给收卡人听，以表示自己的真心。孩子们虽然只是小学生，可是设计的贺卡却很不错。这种活动学生喜欢、家长满意，培养了学生良好的节约习惯，又让学生从小学会关爱他人，发扬了中华民族的传统美德。

以上丰富多彩的活动在不经意间、在点点滴滴中丰富了学生的语文素养，陶冶了学生的情操。

（三）实验验证阶段（2012 年 8 月至 2013 年 12 月）

这一阶段的主要工作是实验验证，总结提炼成果，为实验学校做好总结报告，对实验学校进行结题指导。各实验片指导委员发挥自己的作用，积极组织实验学校开展总结，并通过实验学校带动全区的学校开展经典诵读活动。

（四）总结阶段（2014 年 1 月至 2015 年 5 月）

总课题组做好调查研究，推广实验成果，总结提炼，汇编成果，撰写课题结题报告，并对优秀的实验学校采取表扬和宣传，激励学校有效地开展总结，迎接结题工作。

四、课题研究的方法和意义

（一）课题研究的基本方法

1. 行动研究法

在分析小学生和教师素养提升途径低效的现实基础上，有针对性地开展相关的中华传统文化教育研究和培训活动。在课题实施过程中围绕课题研究目标，开展多层次、多渠道、全方位的研究，边实践边总结，在行动中研究，在研究中行动，以行动促研究，不断摸索出经验和规律的东西。

2. 文献研究法

运用文献研究法，掌握国内外已有的研究成果和研究动态，从而提高课题组教师的理论水平，加深对学生和教师传统文化素质提升的认识，为课题研究提供科学的理论依据。

3. 调查研究法

调查造成当前小学生和教师传统文化素养提升途径低效的原因、影响教师素质提升的内外部因素，为课题研究提供充分的事实依据，并根据调查结果及时调整相应的做法，明确研究的方向。

4. 经验总结法

定期根据开展的各种相关调查、研究和培训活动，进行反思交流，不断总结好的课题研究经验和方法，形成相关的研究论文和调查报告。

（二）具体研究方法

1. 大量背诵，给学生带来终身受益的好处

（1）背诵基本量：

① 古诗：1～6 年级 300 首。

② 古词：1～6 年级 300 首。

③ 古文：1～6 年级 150 篇。

④ 语海与文化：1～6 年级 3000～5000 个成语、格言、歇后语、谚语等，历代基本文化常识介绍。

⑤ 现代文学。1～6 年级 300 首现代诗、儿歌、绕口令等。

（2）掌握诵读技巧，背诵出感情。

（3）简单理解，重在记诵。

（4）综合活动，调动学生的积极性。

（5）集中开设课程与分散记诵相结合。

（6）发挥家长的积极性，配合督促。

（7）组织竞赛活动，调动学生的积极性。

（8）有计划地检查完成情况，防止走形式。

2．优化诵读，寓教于乐

（1）放声读，声音先于义理。要求：读准音，正确断句，读通顺，读流利。

（2）读而悟，学而不思则罔。要求：不求深刻，粗知大意即可，关注特别的字词。

（3）明大意，古文今说洗耳听。要求：将原文与译文对照理解，加深理解文意，重在体验解读的乐趣。

（4）巧用背，熟读成诵、过目不忘。要求：集体背、小组比赛背、个人擂台赛背等。

（5）格言美，引经据典、古为今用。要求：背诵格言，练习说话。

（6）喜欢听，相关链接——故事屋。要求：就经典本身的句段、典故收集资料讲故事。

3．抓重难点，为教师提高科研水平创造机会

（1）研究学生记诵方法。

（2）提高科研意识，学会研究问题。

（3）与学生一同成长，加强教师的经典学习意识。

（4）教与学并进，提高诵读水平。

4．开展校本教研，规划编写校本教材

（1）总课题组组织全省力量编写相关教材。

（2）总课题组只规定基本内容，起抛砖引玉的作用。

（3）实验学校根据具体情况自行设计研究方向的诵读内容，扩大范围。

（4）积极鼓励实验学校根据学校情况编写校本教材，增强实验教师的积极性。

（三）课题研究的意义

加强中华优秀传统文化教育是深化中国特色社会主义教育和中国梦宣传教育的重要组成部分。中国特色社会主义道路是在对中华民族5000多年悠久文明的传承中走出来的，具有深厚的历史渊源和广泛的现实基础。加强中华优秀传统文化教育对引导学生更加全面、准确地认识中华民族的历史传统、文化积淀、基本国情，认清中国特色社会主义的历史必然性，坚定走中国特色社会主义道路，实现中华民族伟大复兴中国梦的理想信念，具有重大而深远的历史意义。

加强中华优秀传统文化教育是构建中华优秀传统文化传承体系、推动文化传承创新的重要途径。当今世界，文化在综合国力竞争中的地位和作用更加凸显，越来越成为民

族凝聚力和创造力的重要源泉，博大、精深的中华优秀传统文化是我们在世界文化激荡中站稳脚跟的根基。学生是祖国的未来、民族的希望，加强对学生的中华优秀传统文化教育对培养中华优秀传统文化的继承者和弘扬者、推动文化传承创新、建设社会主义先进文化具有基础作用。

五、课题研究成果

经过多年的实验，大部分学校能做到：1~2年级学生可背诵70首以上诗词，3~4年级学生可背诵120首以上诗词，5~6年级学生可背诵150首以上诗词。六年中可以背诵50篇以上古代文章或《三字经》《百家姓》《千字文》《弟子规》《论语》《孟子》等篇目。许多实验学校具体有以下课题研究成果：

（一）探索出了一套在激发学生兴趣、提高诵读质量方面行之有效的方法

1. 读文人简历，讲诗词文故事

此项活动意在使学生走近、了解诗人，丰富诗文常识，并在故事中感受诗人写诗时的呕心沥血、精益求精及诗人的睿智。从骆宾王的《咏鹅》到《贾岛推敲》、从杜甫的"两句三年得，一吟双泪流"到白居易的写诗向老妪请教、从辛弃疾《京口北固亭怀古》的借物咏怀到苏轼以诗讥讽不学无术的秀才等，都使学生在读诗中了解了诗人的阅历，感受了诗人的情怀和对学问、对人生的态度、丰富了诗文知识。

2. 寻成语来源，诵读成语背后的古诗

成语是汉语言中一个特殊的现象，其含义深刻丰富、包罗万象。成语又和诗词文有着深厚的渊源，很多耳熟能详、使用率很高的成语就是由古诗词文提炼、简化而来，如"别开生面"由杜甫的"开国功臣无颜色，将军笔下开生面"而来，"春风得意"由白居易"春风得意马蹄疾，一日看尽长安花"而来。另外，还有"名不虚传""飞鸿踏雪""青树暮云""鞠躬尽瘁，死而后已""守株待兔""叶公好龙"等。追寻成语来源，诵读成语背后的古诗词文，让学生理解成语与背诵古诗词文两者相互促进，共同提高。

3. 为图题诗词文

抓住学生爱看图画片的特点，教师事先准备好几幅图画，让学生根据图画的意蕴，从自己背诵过的古诗词文中选择一首符合图意的诗词文题写在图画上。这样做，让使学生情趣盎然，加深对其意境的体会。

4. 给诗词文配图

诵读诗词文后，根据其意思和教师的描绘，学生浮想联翩，抓住自己体会最深的一点，给诗词文配上合适的插图。这样，既考查了学生对诗词文的理解程度，又锻炼了学生的绘画能力，一举两得。

5. 办诗词文小报

诗词文的内容丰富多彩，五言诗、七言诗，长短句词，名句名段文章摘抄，也可写自己的理解和体会、文人的简介等，评出优胜者，展览作品，享受成功的喜悦。

6. 制作诗词文书签

诗词文书签上面有用钢笔描绘的非常精致的诗词文配画和书写认真的古诗词文，既培养了学生诵读的乐趣，又提高了学生的书法水平。

7. 有趣的诗词文游戏

游戏是学生最喜欢的活动，将诗词文活动融于游戏，增强了学生学诗词文的兴趣，轻轻松松的背诵巩固了经典诗词文。

（1）古诗词接龙。规则与成语接龙一样，用上句的末字作下句的首字，可以字音相同，也可是这个字的谐音。

（2）古诗词文、成语配对。很多古诗词文的含义与成语的含义一致，让学生将其与成语配对，看谁配得多。

（3）对诗对词。让一个学生背诵某诗词中的一句，谁能背得下整首诗词，就让谁出题，让其他学生对，依次下去。

（4）击鼓传诗词。让每生都在纸条上写一首诗词的题目或其中一句，每人写3～4首，击敲声停时，纸条传到谁手中谁就背纸条上所写的诗词，背下来再传自己写的题目，背不过的可请教同学，并让那位同学传诗词题，这样依次把题目传完。

（5）在学生常做的游戏中融入诗词文活动，如"三个字""丢手绢"等，把背诵诗词文加入游戏规则。

8. 激烈的诗文背诵对抗赛

学生背诵的范围很广，有诗、词、古文、民歌、成语等，有的是学校发的教材中的，有的是买的课外读物中的，还有的是通过其他渠道中搜集来的，教师不可能一个人一个人、一首一首地听学生背，这样检查环节就有了难度。怎样能把检查作为一项常规，既让学生巩固背过的诗，又能体现出背诵成绩？教师们吸取足球联赛的规则，让学生进行诗文背诵对抗赛，每位同学与全班其他70名同学各进行一轮比赛。比赛时，比赛双方轮流背诵，不许重复，在规定时间内想不出的为输，不加分；赢者加3分，未分输赢各加1分。每星期二、星期四下午课外活动为指定比赛时间，比赛成绩不仅列入个人星级队员评比，还要加入团体总分，奖励先进小组。这项活动使学生学而时习、温故知新，达到了巩固的目的。另外，还鼓励学生做袖珍诗词文集，随时随地都可诵读。学生在轻松学习的基础上陶冶了性情、提升了素养。

（二）教师的教学理念得到了改变

教师基本掌握了新课程改革理念，通过对中华传统文化教育的实践与研究，能认真学习、领会建构主义和多元智能理论以及其他新的教育理念，大胆借鉴学习外地和其他同行的经验，对自己传统的教学风格能够反思革除弊端，基本上做到了新课程要求的"三维目标"的统一。

1. 增强自身的科研意识

教师基本上从生活逻辑和学生的成长出发，联系学生的社会生活实际情况，积极开发和利用当地的有效课程资源。课堂立足学生的发展需求，学生通过教师的引导能够自主、合作、大胆地提出、探究有关现实和理论问题，在快乐、有趣的学习经典文化课堂氛围中，激发了学生探求知识的欲望和锻炼能力的兴趣。寓教于乐，把诗歌寓于社会生活的主题之中，"春雨润物细无声"地引领学生树立正确的人生观、价值观、世界观。

2. 教师扬弃了传统的授课模式，总结新经验

教师在读古诗—识诗人—解古诗—背古诗—默古诗的基础上，经过学习和实践探索，总结出古诗新课程教学的大致流程如下：

（1）设置情景，提出问题。根据内容，借助多媒体或其他教学手段设置探究情景，提出有价值的探究问题。

（2）思考、讨论合作解决问题。

① 启迪思维，独立思考。

② 分组讨论，思维的火花碰撞、交流、借鉴。

③ 多边互动，各抒己见，集体探究。

④ 共同总结、概括、提炼升华观点。

3. 善于总结，指导培养一批年轻教师成长

各实验学校课题组的全体成员参加了不同程度的新课程培训，在实验片指导委员的具体引领下，不仅开阔视野、学习理论，还为本课题研究打好坚实的理论基础，并把自己的理念及实践经验进行总结，编写了《中华传统文化精选读本》、各种校本实验教材和论文教学设计集等。学校成熟的教师结对指导新教师，帮助新教师尽快成长，在组织培训、优质课、中队观摩等活动中，精心指导年轻教师，一批年轻教师基本上成长起来了。

4. 培养了一支梯队清晰、素质高的骨干教师队伍

经过多年的辛勤付出、扎实工作，我们培养了一支梯队清晰、能写善教的骨干教师队伍，这些老师的教龄有 3～20 年不等。他们在各市内、广东省内，甚至全国享有盛誉，在各级的优质课比赛场内、在各级的论文教学设计评比中、在各级各类的教研活动中都活跃着他们的身影。多年来，全省各地的实验学校教师有大批的论文获得各级别的奖励。广东省的教师参加全国的素养大赛取得了较好成绩。具体如下表。

广东省参加全国教师素养大赛情况

年　份	姓　名	学　校	奖　次	排　名
2009 年第一届	陆晓霖	珠海市香洲区第一小学	一等奖	第四名
2010 年第二届	胡　娟	珠海市香洲区第十五小学	一等奖	第四名
2011 年第三届	吴桂贤	东莞市长安镇第二小学	一等奖	第四名
2012 年第四届	陈德兵	东莞市松山湖实验小学	特等奖	第一名
2013 年第五届	秦　娟	佛山市顺德区大良实验小学	一等奖	未公布

六、课题研究的反思和展望

教师专业发展是教育永恒的话题，教师的发展决定了教育观念的转变，决定了教育质量的高低。我们在七年多的探索中取得了很多成果，实实在在地推动了教师的专业发展和成长。

（一）课题研究反思

随着基础教育课程改革的实施，在古诗文诵读实验取得了显著的成果的基础上，如何赋予经典诗文教育研究以时代内涵，将研究引向深入，对此，我们进行了深刻的反思：

1. 经典诗文学习与诵读应走研究性学习之路

"以史为镜，可以知兴替；以人为镜，可以明得失"。站在育人的高度，我们感到古诗文诵读研究应深入到那些诗人、词人和作者的生活，观照他们所生活的环境，了解当时、当地的历史、地理、社会、科学知识，了解他们的成长历程、生命轨迹，从而感悟超越知识的智慧。这一切应由学生通过自己的研究去解决。目前存在的问题如下：

（1）如何在经典诗文诵读过程中形成普遍意义的研究性学习策略？

（2）如何处理研究诗文诵读研究中的共性问题与个性选择？

（3）在以小组学习的过程中如何进行内容、方法等的微观调控？

（4）如何处理历史与文学的关系问题？

（5）如何开拓学生的视野，加强实用性的经典文化教育？

2. 实验应该与当前综合实践活动相结合

在实践中，我们有感于古诗文教育活动的封闭性和古诗文内容的"陈而不旧"的特点，觉得应带着学生走出书斋，"带着古诗文走向社会"，"从社会生活中感受古诗文"。围绕古诗文教育进行社会综合实践活动，如对自己生活的小区居民进行调查，看看中国传统文化在普通老百姓身上的继承情况，与地方乡土文化研究相结合，对家乡的历史文化名人进行研究，指导学生研究他们的作品和生平，从中获得人文的熏陶、情感的陶冶；收集平常人们言语之中常常被引用的古诗文语句；去书店调查关于中国传统文化的书籍是否热销等，使学生亲身感受中华经典文化在当今社会的价值，从而激发学生弘扬祖国传统文化的热情，使课题研究更具有鲜明的时代气息，实现古诗文诵读由封闭走向开放的转变，将研究引向深入。

3. 科学的理论指导欠充分

开展本课题研究的都是教学一线的教师，所用的都是行动研究法，而不是理论上的建构，教师们普遍感到缺乏系统、严密的科学理论来指导。所以在以后的课题研究中，我们将加强教育科研理论学习与进修，提高理论思维的水平，借助于理性思维的力量，提出解决问题的新设想、新方案，增强科学的预见性，避免行动中的盲目性。

4. 课题缺少理论上的升华

本课题在研究的过程中专家的引领和系统设计还不是很充分，大都是基于问题的研究。另外，由于理论水平的不足，总课题组对研究成果缺乏深入细致的研究与提炼、升华。

5. 定量研究工作开展得不够

在早期的探究活动中，由于经验不足等方面的原因导致探究活动的不完善。开展调查问卷活动时，一些问题设计得不够完善，影响了调查结果的质量；有关数据收集得较少，有些地方缺少应有的数据，资料的积累还存在一定的问题。

（二）研究展望

尽管如此，这些不足仍将成为我们的一笔宝贵的财富，相信在各位专家的指导下，我们的研究方向会更明确，切入点会更小，角度会更低，研究会更加细致。我们将在今后的研究中不断深化，重点拟在以下五个方面深化研究：

第一，加强与各省市的交流活动。这样可以使我们的视野更开阔，以提高教师的素养。

第二，教师主持和参与教育科研工作。让教师在亲历科研的过程中提升自我的实践与理论的水平。

第三，加大学校各学科间的交流。最大限度拓宽语文教师的专业视野，有效地继承和发展中华优秀传统文化。

第四，开展各项活动，促进教师的专业素养发展。

第五，课题结题绝不是结束。结题是要将课题的成果推广、扩大下去，使其在教师专业成长中发挥更大效益。

学生和教师的传统文化素养发展是一个复杂的过程，我们期待通过努力让更多的教师获得成长的智慧和人生的幸福。

附录3　研究成果汇编示例

《小学生中华传统文化教育研究》研究成果汇编目录

第一部分　课题实验基本资料

广东省中小学教学研究"十一五"规划课题立项通知书

关于开展"小学生中华传统文化教育研究"课题实验的通知

广东省中小学教学研究"十一五"规划课题申请评审书

第一批课题实验学校课题实验说明

第二批课题实验学校课题实验说明

第二部分　课题实验报告

总课题组结题报告

子课题实验学校结题报告选录

课题实验报告选录

第三部分　课题实验成果选录

《中华传统文化精选读本》剪影

校本实验教材剪影

实验论文

教学设计

学生作品

第四部分　实验集锦

课题研究方案

实验心得体会

实验测评方法

精彩活动剪影

荣誉证书

附录4　专家鉴定意见示例

结题验收专家组意见表

子课题名称				
实验学校				
子课题负责人		指导委员		
鉴定意见				
专家组成员				
专家姓名	单　位	职　称	签　名	

年　月　日

附录5　结题证书示例

结题证书

课题名称：小学语文教师专业知识与专业素养提升途径

课题负责人：杨建国

核心成员：周卫华　朱碧波　余志君　杨晓红

经项目专家组鉴定，该研究课题通过验收，准予结题。特发此证。

教育部基础教育课程教材发展中心

第十章

基础教育科研管理

基础教育科研管理是指教育行政管理部门和学校管理者对教师的研究活动进行计划、组织、领导、控制和协调的过程。基础教育科研管理对教师能否顺利成长为研究型教师具有直接影响。针对教师的反思性实践、行动研究和科学研究等研究类型，基础教育科研管理不仅要有所侧重，而且具体管理方式也不相同。

第一节　教育科研管理概述

我们已经进入了一个新的时代，研究教育科研管理制度，一方面，要从学校实际需要出发，解决学校教育科研管理工作中的突出问题，建立健全制度体系。另一方面，要从新的视角进行制度创新，将制度建设架构在教育改革和教育发展的宏观背景中，适合时代对学校教育科研管理制度建设的要求。

一、教育科研管理的含义

教育科研管理制度指的是为了指导和规范学校有关的组织、机构、人员参与教育科研活动而制订的成文的规章体系以及一些无形的习惯、约定、规范等。学校教育科研管理是学校管理职能的重要组成部分，是深化教育改革、提高教育质量的重要条件和动力，是提高教师队伍素质水平的重要途径。学校教育科研管理以现代管理科学的基本原理为理论基础，遵循教育科研规律，运用决策、计划、组织、控制等基本管理技能，用科学方法管理学校教育科研工作，有效发挥人、财、物、信息等要素的作用，以实现学校教育科研目标的活动过程。

二、教育科研管理的内容

加强学校教育科研管理不仅是促进教育科研事业健康发展的需要，也是优化教育科研资源配置、调动教育科研人员的积极性、充分发挥教育科研社会效益的需要。这里，我们将对其目的、原则和意义做阐述。

（一）教育科研管理的意义

1. 学校教育科研管理制度建设是探索现代学校制度建设的重要切入点

在科教兴国和人才强国的战略指导下，教育承担起科教兴国和人才强国的重任，承担起开发人力资源的重任。完成时代赋予教育的使命，使下一代成为国家社会的人力资本，就需要进行教育制度的改革。为应对新的挑战，人们应把关注的视角转向体现现代教育管理特征的"现代学校教育科研管理制度"的建设上来。探索现代学校制度建设的目的是以制度创新为突破口，为学校的发展拓展空间，激发学校的办学活力，提高学校的教育科研管理质量和服务水平。

2. 学校教育科研管理制度是教育科研管理现代化的有力保障

学校教育管理现代化是教育现代化的重要基础之一，学校教育科研管理现代化又是学校教育管理现代化的一个重要环节。因此，教育科研管理现代化要依托现代化的制度环境。学校教育科研管理制度建设应当融入鲜明的现代化的元素，如制度建设的科学性、前瞻性、民主性、开放性，制度运用的法制化、信息化、简约化、高效能等。学校教育科研管理制度建设对于促进教育科研管理现代化有着积极的推动作用，通过科学、合理的制度安排能够促进学校人际关系不断和谐，资源配置不断合理化，管理手段不断信息化，使学校教育科研管理具有科学管理操作程序和相对稳定的工作流程。

3. 建立学校教育科研管理制度是教师专业化发展的迫切需要

随着基础教育改革的深化，教师正在成为教育科研的主体。越来越多的教师参与到教育科研中来，在学校情景中开展校本教育科研，在课题研究中学习先进的教育思想，理解先进的教育理论，并自觉用教育理论指导教育教学的实践。实践证明，教师在参与教育科研的过程中能够不断提升自身的专业素养，教育科研是教师发展的动力，参与教育科研是教师专业发展的必由之路。因此，建立学校教育科研管理制度，从知识管理的理念出发，通过学习型组织制度、资料管理制度、交流合作制度、激励评价制度等一系列与教师息息相关的制度的制定和安排，获得信息资料和向专家咨询的渠道，促进教师参与教育科研活动，帮助教师开展课题研究，支持教师取得教育科研成果。

（二）教育科研管理的原则

学校教育科研管理的根本目的是高效率地完成教育科研任务。投入尽量少的时间、金钱和精力，取得尽量多高质量、有用的成果，并在成果的运用与推广过程中提高教育质量和效益，促进学校的发展。因此，学校教育科研管理要掌握以下四个原则：

1. 提高教育质量和效益服务的原则

学校教育科研是要探索我们还未掌握的教育工作的性质和规律，以便更好地运用这些性质和规律来提高教育、教学的效率和水平，深化教育、教学改革，提高教育、教学的质量和效益。

2．以人为本的原则

学校管理中十分重视人的发展，关注人的生理和心理特点。学校教育科研管理制度建设提倡以人为本的原则，就是要从满足教师成长发展的需求出发，以为全体教师服务为宗旨，提出的制度要求和规则合乎学校的实际并为学校师生员工所接受。学校管理者依靠教师自我追求、发挥教师的智慧来推动学校教育科研管理的发展。

3．科学性原则

既要遵循教育、教学的规律，还要遵循科学管理的规律，要努力通过科学化的管理来提高教育科研方法和成果的科学化水平。在管理过程的每一个环节都要坚持科学的标准，特别是检查指导、评估验收两个环节，更要把科学性这个标准放在首位。

4．因校制宜原则

既要坚持科学的标准，又不能犯教条主义的错误，应该从学校的实际情况出发，具体问题具体对待。由于学校的性质、规模等各方面的情况不同，学校在制订教育科研管理制度时，不应照搬某种模式，而应依据本校的实际情况设计适合本校实际需要、有鲜明校本特点的制度结构，进而形成校本制度文化。具体到制度设计中，一定要遵循因校制宜原则，制度条例不在全、多、细，而在有用、有效、可行，有所选择地设计制度。

三、学校教育科研管理的运作

学校教育科研管理主要是用多种途径与方法搭建平台，形成制度，促进知识的获取、传播、共享、利用和创新。通过引导教师形成多样化适合自己特点的研究方式，包括各种正规和非正规的研究活动，全方位、多层次地挖掘教师的实践创新与智慧。其主要途径与方法如下：

（一）开展各种非正规的研究

开展各种非正规的研究活动，适合各类教育科研刚刚起步的学校以及初涉教育科研领域的教师，这样比较容易调动其研究的积极性与自信心。

1．挖掘已有的成功经验

对教师个体已有经验进行提炼和升华，也可以从学校集体现有信息（包括数据）与经验中挖掘有用知识。具体方法如下：

（1）教师自我经验总结基础上的"教例研究"。教师从自己亲身的大量教育实践中，选择同研究主题关系密切且有启发性的教育、教学实例，撰写描述性的教育叙事报告。

（2）优秀教师的个案总结。优秀教师的教育、教学经验是教育与学校的宝贵财富，学校应在确立典型个案、展开研究及形成优秀个案报告上协调力量，个案可以是某一位优秀教师成长的过程总结，也可以是结合某一专题的片断研究等。

（3）撰写"教学一得"。从"一课一得"入手扩展到教学中的"一得"，扎扎实实研究教学。

2. 针对教师身边的问题开展研究

鼓励教师在做的过程中创造、形成新的知识，主要载体是形成多样化不同层次的研究专题。具体方法如下：

（1）上好一堂课。通过与教研组的老师一起说课、听课与评课等环节，以先进理念与经验的引领开展个体的反思与群体的反思，磨出一堂堂优质课，并撰写成课例报告。

（2）从调查研究入手。从调查研究入手既可以真实地了解学生，从学生的需要和学生的实际出发，又可以准确地把握问题及其根源，更有针对性地解决问题。

（3）撰写反思札记。有的学校鼓励教师深入思考教育、教学实践中遇到的问题，并倡导教师撰写反思札记。在这些内容具体、表达生动、思考有深度、发人深省的反思札记中充满了教师的教育智慧。

（二）开展各种正规的研究

1. 龙头课题繁衍教师的"课题群"

这是一种自上而下的选题思路，让龙头课题繁衍适合教师研究的"课题群"，既有利于借用学校龙头课题的优势资源指导教师开展分课题研究，又有利于聚集组织的智慧。

2. 汇集教师个体智慧的"核心课题"

这是一种自下而上的选题思路，使教师个体智慧孵化学校"核心课题"，如某校形成的"创设实践性、研究性学校课程的理论与实践"的总课题，正是在集结校内教师十多个课程改革和研究的子课题基础上形成的，使学校的研究有了人力、信息等可靠的基础。

第二节　教育科研管理的主要形式和内容

基础教育学校的教育科研管理逐渐形成了自己的特色，教育科研形式在不断发展、变化、改进。从以围绕课堂教学为主的教育形式到今天教师们对教育科研的逐步适应，产生出各类课题研究、校本教研、小课题研究、研究性学习、教学法研究等。

一、课题研究

课题研究有多种形式，一般来说，教育规划课题研究相对比较正规。基础教育学校绝大多数都是经过正规渠道向上级申报，获得课题研究的资格，也可以从已获得课题申报通过的课题项目中申请子课题的研究，成为总课题组的一部分。课题研究要求规范有序、认真严谨，从申报、立项、开题、研究、结题到将成果运用于教育教学实践中，整个过程都十分规范、严谨。因而，课题研究属于最为正规的项目研究。本书前面的论述，基本都是围绕教育科研进行论述的，这里就不再单独介绍了。

二、校本教研

随着我国基础教育改革的不断深入，学校办学权力日益扩大，对办学方向、课程设置、教学研究、教师培训、教师招聘等有了更大的自主权。校本理论通过各种途径在我国教育理论界传播并被接受，于是校本教研的理念逐渐成为教育界的共识，科研兴校逐渐成为学校发展的重要目标。

（一）教研队伍的建设和校本教研的发展①

教育部 1952 年 3 月 18 日颁发试行的《小学暂行规程（草案）》第六章"组织、编制、会议制度"中最早提出："教导研究会议由全体教师按照学科性质，根据本校具体情况分别组织教研组，各组设组长一人，主持本组教导研究会议，每两周举行一次，必要时召集临时研究会议或联合各教研区内几所小学联合举行。"

在同日颁发试行的《中学暂行规程（草案）》中亦规定："中学各学科设教学研究组，由各科教员分别组织，以研究改进教学工作为目的。""各科教学会议由各科教学研究组分别举行，以组长为主席，校长、教导主任分别参加指导。其任务为讨论及制订各科教学进度、研究教学内容及教学方法。各科教学会议每两周举行一次，必要时举行各组联席会议。"

这两个暂行规程的出台规定了教研的组织结构、研究的内容以及目的等，可以看成是教研组在制度上的教研规约。从此，教研成为学校的一种制度，教研组成为学校的一个组织。

1956 年，从省到地（市）、县先后成立的教育教学研究室，是在当地教育行政部门领导下，承担当地基础教育教学业务工作的事业单位。各级（省、地、县）教研室大部分是独立建制的单位，有些设置在教育学院或进修学校内。

从 20 世纪 80 年代开始，从省到地（市）、州又先后成立了教育科学研究所，有十余个省（自治区、直辖市）还成立了教育科学研究院，有的地方将教研室并入教科院或教科研中心，但多数地区县级教研室仍独立设置。经过多年努力，全国基本建立健全了省、地（市）、县、乡、校教研网络，建立了一支专兼职结合的教研员队伍，是中小学教师队伍中一支数量可观、经验丰富、业务水平较高的群体。

2001 年 6 月 8 日，教育部印发《基础教育课程改革纲要（试行）》，其中明确提出："在教育行政部门的领导下，各中小学教研机构要把基础教育课程改革作为中心工作，充分发挥教学研究、指导和服务等作用，并与基础教育课程研究中心建立联系，发挥各自的优势，共同推进基础教育课程改革。"

2002 年 12 月 30 日教育部下发了《关于积极推进中小学评价与考试制度改革的通知》。在"建立有利于提高学校教学质量的评价体系"中提到："学校应建立以校为本、

---

① 胡庆芳，等. 校本教研实践创新 [M]. 北京：教育科学出版社，2007：1 - 3.

自下而上的教学研究制度。"这是校本教研正式出现在国家教育行政部门的文件中。

2004年9月，教育部创建以校为本教研制度建设基地项目专家组在上海召开项目组工作会议，正式确立了全国30个省、自治区、直辖市、84个区（县）为全国首批"创建以校为本教研制度建设基地"，是全面开展创建以校为本教研制度的探索。

半个多世纪以来，在国内形成了建制完备的四级教研网络，即省教研室、区（县）教研室、乡镇教办（中心校）、学校学科教研组。在教研制度的保证下，各级教研人员在稳定正常的教学秩序、执行国家课程计划（教学计划）或教学大纲、加强教学业务管理、组织教改实验、指导开展课程教材教法研究、总结推广教学经验、普及教育科学、提高教师业务能力等方面做了大量工作，起到了独特的作用。各级教研员不但在数量上弥补了专业研究人员的不足，而且架起了教学理论与教学实践的桥梁，成为独具优势的开展校本教学研究的中介。

与此同时，全国各地各学校的教研组作为正式的教研组织在攻克教材难点，摸索有效的教学方法，强化教研技能，研讨教育、教学问题，促进课程改革以及提高教育、教学质量等方面起到了不可替代的中流砥柱作用。

（二）校本教研的含义

校本（School-based）可以理解为以校为本或以学校为本。校本有三层含义，即为学校（For School）、在学校中（In School）和基于学校（Based School）。

2002年12月6、7日，教育部基础教育司、基础教育课程教材发展中心在江苏省无锡市锡山区召开"以校为本的教研制度专题研讨会"。教育部基础教育司副司长朱慕菊同志在会上指出："以校为本的研究是推进实验学校教研的新模式，有利于教师投身于课改并在改革中成长。"

校本教研出现在教育行政部门正式文件始见于2002年12月30日教育部颁发的《关于积极推进中小学评价与考试制度改革的通知》中："建立以校为本、以教研为基础的教师教学个案分析、研讨制度，引导教师对自己或同事的教学行为进行分析、反思与评价，提高全体教师的专业水平。"

校本教研说不上是新概念，但在新课程背景下却有新的含义，即以新课程为导向，并伴随着新课程的推进而产生的一种教学研究制度，具有非常明显的新课程改革的时代特征。因此，校本教研可以定义如下：将教学研究的重心下移到学校，以新课程目标为导向，以促进每个学生的发展为宗旨，以课程实施过程中学校、教师所面对的各种具体问题为研究对象，以教师为研究的主体，通过一定研究程序得出研究成果并把研究成果直接应用于解决教学实际问题的研究活动。

（三）校本教研的特点

校本教研的主要目的是提高中小学教师教学质量，服务于学校，服务于教师，促进每一名学生的发展。校本教研有别于专业研究人员进行的定性或定量的专业研究，也不同于完全的行动研究。因此，校本教研具有以下五个特点：

1. 校本性

校本性是指校本教研把现实生活中具体的学校作为教学研究的基地。学校进行教学研究必须以校为本，即要从学校教育、教学实践中的问题出发，通过全体教师共同研究，达到解决问题、提高质量的目的，即为学校、在学校中和基于学校。

（1）为学校。以解决学校、教师在实施新课程、促进学生发展和教师专业发展中所面临的问题为指向，选择学校、教师研究。

（2）在学校中。学校自身在实施新课程中出现的问题，由学校自己提出来，分析研讨，自己来解决，改变"等"（等专家指导）、"靠"（靠上级教育行政部门和教研部门）的现象。

（3）基于学校。从本校和教师自身的实际出发，充分发挥学校教职员工的积极性，激活学校的教育资源，适时邀请校外专家、学者参与研究，广泛开展各种创造性的研究，解决新课程实施中的问题。

2. 教师的主体性

教师的主体性是指在校本教研中，各学科的教师是研究的主体。教学研究是教师的权利和责任。教学研究是以教学为中心、以教师为中心的研究。教师，即研究者，首先必须研究"自己的课"，强调研究的生活性、日常性、实效性和可持续性。

3. 实用性

实用性是指校本教研在本质上是一种科学研究活动。问题的解决追求一点一滴的实在进步，体现教育科研的真正价值。中小学教师以科学的态度、研究者的眼光审视、分析自己在教学实践情境中遇到的真实问题，用科学的方法选好研究的课题，找准研究的切入点，制订出科学的研究方案，持之以恒地进行创造性的探索。学会研究，突出了"怎么教"实践能力的培养，以改进教育、教学工作，提高教学质量和效益。

4. 改进性

改进性是指校本教研直接指向中小学教师教学过程中的实际问题，并进行研究和实践，提高教育、教学质量，研究着眼于解决实际问题、改善现实。因此，改进是校本教研的重要特征。校本教研不仅解决教学过程中的实际问题，而且在日常的教学实践中进行，提高教育教学质量，促进学生发展。同时，教师在解决问题的教研过程中进行反思，直接促进教师专业发展，提升学校的办学水平。

5. 开放性

开放性是指在校本教研中仍然注重借助校外专业研究力量。开放性是校本教研的一个显著特点。校本教研最重要的支持、支撑网络是专家系统对学校里发生的问题的关注和支持，专家系统是学校发展的服务系统。校本教研反对学校自我封闭，强调合作与开放，在合作与开放中解决学校的问题，发展学校特色。

三、小课题研究

小课题，也称为"微型课题"。由于小课题研究源自一线教师对自身教育、教学工作的总结与反思以及对教育实践困惑的追问，研究的范围小、周期短、过程与方法比较简单。因此，许多研究者认为小课题研究不够规范，不能算是真正意义上的课题研究。对此，学术界和教育科研管理部门存在不同的认识。

（一）小课题研究的含义

我们把一线教师在教育、教学过程中发现的微小、具体、突出的，影响教育、教学效率和效益，并且有条件、有能力解决的实际问题称为"微型课题"。如此，可以给小课题研究下一个大致的定义：小课题研究是研究者采用一般的科学方法对自身教育实践中细微的问题进行观测、分析和了解，从而发现日常生活中常见教育现象之间的本质联系与规律的认识活动。小课题研究是一种研究范围较小、周期短、过程相对简便的教育科研方式。

相对于在各级各类教育科研管理机构、学术团体立项的"大"课题，小课题研究的含义主要是从以下四个方面界定的：

1．研究目的

解决教师实践中遇到的困惑和问题。

2．研究内容

教育、教学实践中某些具体的细节问题。

3．研究周期

控制在一个较短的时间，常常是一年以内，也有"学期课题"的研究，更短的微型课题会在一两个月就可以完成。

4．研究者

一线教师为主，参与人员少，甚至只有一个人开展研究。

（二）小课题研究的特点

1．小，即小型

小课题研究的"小"体现在研究的切入口小。小课题研究主要聚焦于教育实践中的矛盾和疑难，研究的内容主要是教师教育、教学过程各个环节中有价值的具体细节。问题应该具体到一次活动组织的教学案例设计、某一类教学活动的导入方式、某一领域集体教学活动中的提问设计、师生互动环节的反思等。

小课题研究的"小"还表现在研究涉及的范围小、人员少、时间短，因而规模小，研究所占用的资源小。

2．活，即灵活

小课题是一种"非正式"的研究活动，从课题研究的步骤与过程来看，不用像省、市规划课题那样经过比较严格的选题论证、方案设计、立项开题、过程管理等相关程序才能开展研究。小课题研究以灵活的方式存在于教师日复一日的教育生活中，教师只要发现具有研究价值的问题，就能以自己的方式开展研究。在研究的组织形式上，教师可以自己单独开展研究，也可以合作研究。管理上，更多的地区在组织小课题研究的过程中，对课题申报时间没有统一要求，教师在教育、教学过程中只要发现问题且考虑成熟的，随时可以申报；对正在思考的问题，甚至可以先研究后申报。教师在研究过程中可以根据行动研究的特点与进程对研究计划随时进行调整。

3. 实，即实在

（1）选题"务实"。小课题研究立足当前教育、教学工作，选择教师教育工作中遇到的盲点、热点、难点、疑点问题，贴近学校、教师、教育、教学实际。

（2）研究过程"踏实"。源自教育、教学实践的问题还应在教育、教学实践中解决。小课题研究在教中研、研中教，研究是教育、教学实践的组成部分，不是游离于教育、教学实践之外的活动。

（3）研究结果"真实"。小课题研究成果的表述不同于大课题，强调在"做得好"的基础上"写得好"。从表达形式上看，它不需要编写专著，也不一定要撰写长篇、专业性很强的结题报告和专业论文。教师用自己的语言叙述自己的实践，从自己的实践中提炼自己的经验。

4. 短，即周期短

小课题研究的时间视研究的内容而定，可长可短。时间短的2~3周就可以解决问题，长的3~5个月，最长的一般不超过1年。它不需要固守3~5年的研究周期。

5. 快，即见效快

由于研究的周期短且基于在实际工作中解决具体问题，因而速度快、效率高。一个问题解决了，就可以转入下一个问题的研究，就可以得到一点收获。它不需要触及该问题的方方面面，更不需要形成系统的经验总结，也不苛求一定要将自己的研究心得发表，关键是要让自己体味到"眼前一亮""心头一喜"的愉悦。

（三）学会让课题变"微"

选题"大"是一线教师做小课题普遍存在的问题。选题之所以大而空，除求大、求全的心理影响之外，是因为缺乏课题设计的技巧和方法。小课题怎么才能"微"？我们可以从以下三个方面把一个大课题逐步转化为研究目标更明确、研究内容更具体、研究思路更清晰且可操作的小课题：

1. 限制研究对象的范围

从选题的角度来看，小课题的"微"体现在研究对象的范围上，也就是研究样本的大小。如果范围（研究样本）很大或较大，那就不是小课题了，因为小课题研究的对象和内容决定了研究的范围不能大，大了就无法操作。因此，限制研究对象的范围就显得很重要。

2. 限制研究的内容

研究的内容是小课题研究选题比较突出的问题之一。小课题研究的内容往往都是教育、教学实践中的一些"过程性问题"和"特殊性问题"。这些问题都是一线教师在工作中遇到的具体矛盾和困惑，往往切口小、内容单一。切口小、内容单一是小课题研究的主要特征。如果研究的内容大，不仅难以实施，也失去了小课题研究改进工作、提高效率的应有价值。因此，控制好研究的内容是小课题研究成败的关键。

3. 限制研究的方法

不管做什么事情都有章法，小课题研究不会因为追求操作简便而不要方法。作为一个小课题，它不需要用很多的方法，尤其是研究那些描述性的小问题，用一种方法就可以了。当然，研究内容与研究方法并不是一对一的关系，同一个问题可以用几种方法来解决。适当控制研究的方法同样可以使课题变小。

小课题研究选题在避免大的同时，还要注意以下四个问题：

第一，不宜"生"。不要选择自己生疏的问题，要选择自己熟悉的问题。

第二，不宜"虚"。不要选择脱离实践的问题，要立足课堂，选择贴近工作实际的问题。

第三，不宜"散"。研究的内容不能散，要明确方向、集中精力，专注解决主要问题。

第四，不宜"深"。不要选择理论性较强的问题，要选择自己有条件、有能力解决的应用性问题。

四、研究性学习

研究性学习与传统的接受性学习相对。一般来说，凡是学生通过自己亲身参与的实践活动（如观察、调查、访谈、试验、设计、制作、评估等）获取知识、得出结论、形成产品，而不是由教师将现成的知识、结论通过传递式教学直接教给学生的学习方式，都属于研究性学习。

（一）研究性学习的含义

2001 年 4 月 9 日教育部颁发的《普通高中"研究性学习"实施指南（试行）》中指出："研究性学习是学生在教师指导下，从自然、社会和生活中选择和确定专题进行研究，并在研究过程中主动地获取知识、应用知识、解决问题的学习活动。"这里首先提出了研究性学习"专题"的概念。同时还指出："依据研究内容的不同，研究性学习的实施主要可以区分为两大类：课题研究类研究性学习和项目（活动）设计类研究性学习。"

课题研究类研究性学习以认识客观世界和人自身的某一问题为主要目的，具体包括调查研究、实验研究、文献研究等类型。项目（活动）设计类研究性学习以解决一个比较复杂的操作问题为主要目的，一般包括社会性活动设计和科技类项目设计两种类型。前者如一次环境保护活动的策划，后者如某一设备、设施的制作、建设或改造的设计等。

根据实践操作体验，课题研究类研究性学习要求学生从一定的理论层面去研究和解决自己确定的研究专题，偏重于上升到理论层面进行的研究；项目（活动）设计类研究性学习要求学生从一定的实践操作层面去研究和解决自己确定的研究专题，偏重于应用性研究。在研究性学习中，学生的课题研究不像成年人的课题研究那样精密，但是，也不能简单地认为，只需要运用一种研究方法。在具体运用多种课题研究方法时，常具有极强的综合性。研究性学习中常用的课题研究方法有很多，传统的如调查法、观察法、实验法、比较法、历史研究法、文献研究法、经验总结法、行动研究法、个案研究法等。近年来，还有不少中学生十分重视有效吸收和移植其他的研究方法，如系统分析法、数学模型法、统计测量与分析法等，并与已有的研究性学习课题研究方法融合沟通、结合使用。

（二）研究性学习的分类

研究性学习一般分为小组合作课题研究、个人独立课题研究、全班集体讨论课题研究三种，其分类实际上是按照研究的组织形式来分的。

1. 小组合作课题研究

这是经常采用的组织形式。一般由 2~6 名学生组成课题组，自主推选组长，并聘请有一定专长的成人（本校教师、校外人士等）为指导教师。课题研究过程中，课题组成员有分有合，各展所长，协作互补。

小组合作课题研究的选题形式可以取自由形式、半自由形式和集中形式三种。

（1）自由形式。全年级或班级不设统一研究主题，学生自由提出小组研究题目，自愿组成合作研究小组，各小组研究的课题互不重复。各小组的研究题目完全由学生根据兴趣爱好自主选择决定，选题领域不受限制，比较适合学生兴趣与特长的发展。各小组的研究课题互不重复，其成果丰富多样，经展示交流将拓宽同学的视野；选题领域广泛，学生同社会的联系面比较宽。

（2）半自由形式。全年级或全班先确定一个共同、内涵丰富的研究主题（如"人与自然""科技与社会"等），然后由学生提出一个在该主题范围内自己感兴趣的研究题目，将这些题目交全班讨论予以调整（合并相近题目、删减不适当的题目等），最后确定一批可供开展合作研究的题目。由研究兴趣相近的学生组成课题研究合作学习小组，实施研究。各小组研究的主题相同，但具体题目互不相同。学生必须在统一的主题范围内，自主选择研究题目。设定统一主题有利于将学生目光引向当今与人类生活密切相关的领域，引导学生研究、探索科学与社会发展的热点问题。

（3）集中形式。由全体学生讨论或师生共同交流，确定一个引起广泛兴趣的研究题目，如将"怎样从自己做起，关心农民工问题"作为唯一的研究题目，各合作学习小组从不同的视角、方法、过程独立开展研究。这种形式的研究题目非常集中，但各合作小组就同一个题目独立地开展研究，其研究的视角、方法、过程及结果各不相同，差异大，所以学习活动仍然具有开放性特点。组间竞争可能比较激烈，相应地引发组内学习伙伴间较强烈的合作动机。在小组合作学习的基础上可以组织全班（或全年级）就同一问题成功地开展讨论与交流。这种组织形式不仅适用于综合性活动型研究性学习，而且适用于学科教学。

究竟采取上述哪种组织形式，应视学校、年级、班级学生的不同，考虑课程的类型、学习的内容、教师的条件、学生的兴趣与能力特点予以确定。

2. 个人独立课题研究

可以采用"开放式长作业"形式，即先由教师向全班学生布置研究性学习任务，可以提出一个综合性的研究专题，也可以不确定范围，然后由每个学生自主确定具体题目，并各自相对独立地开展研究活动，用几个星期、几个月，甚至更长时间完成专题的研究性学习作业。

3. 全班集体讨论课题研究

全班同学需要围绕同一个研究主题，各自收集资料，开展探究活动，取得结论或形成观点，再通过全班集体讨论，共同分享初步研究成果，进行思维碰撞，由此推动同学们在各自原有基础上深化研究。采取全班集体讨论课题研究的形式，要以个人的独立思考和认真钻研为基础，强调集体中每个人的积极参与，避免出现一部分人忙、一部分人闲，少数人做、多数人看的现象。

五、教育科研管理的具体制度

我国各级教育科学规划机构或教育管理部门都有规范化的科研管理制度，有比较完备的课题申报程序和申报办法。一般情况下，这些机构每年或每隔几年都会组织教育研究课题的申报立项工作，我们可以从这些机构发布的课题指南中选择研究课题并进行课题申报。从管理的不同部门来说，有以下三种申报途径：

（一）教育科学规划课题

教育科学规划课题是指由教育行政部门批准立项的课题，分为国家、省、市、区（县）级课题等，由教育行政部门委托各级教育科研部门进行规划、申报、评审和管理。因此，这一类课题的管理机构为从中央教科所、省（市）教科院（所）到城市教科院（所）、区（县）教科所（室）这一条线，是目前最主要的教育类课题申报途径。

1. 教育科学规划课题的申报程序

从申报程序上看，无论是规划课题还是自选课题，都必须遵循由上级教育行政部门（或由教育行政部门委托的教育科研管理部门，即各级教育科学研究院所）发出申报、评审通知，由基层教育科研管理部门组织申报的程序。

教育科学规划课题的申报程序如下：区县教科室（所）—市教科院（所）—省教科院—中央教科所，其中，每一级教科研管理部门都可以规划、立项本级教育科学规划课题。

2. 教育科学规划课题的管理

教育科学规划课题一经立项，就必须接受立项部门或委托管理机构对课题的管理。课题管理部门会对立项课题的管理机构、过程管理、经费管理等方面做出具体的规定。承担课题的学校必须认真研读相关的课题管理要求，并根据要求具体实施课题管理。需要说明的是，各级教育科学规划课题管理部门对所立项的课题管理要求会略有不同。

（二）教学研究类课题

教学研究类课题，顾名思义，是指与教学研究关系密切的部门及研究内容，它比较适合一线教师参与研究。

1. 教学研究类课题的特点

教学研究类课题是指经教育行政部门批准，由专门的教育研究机构（包括教研室、电教馆等）根据研究的需求进行申报、立项的课题。该系列课题根据立项部门研究领域的不同而各有侧重，如教研部门的课题注重课程教学及管理实践性和应用性，主要面向幼儿园、中小学等领域的一线教师及各类教学研究管理人员；电教部门的课题注重电教手段的分析、开发、整合、应用等方面的研究。一般情况下，与教育科学规划课题相比，教学研究类课题的数量有一定的限制，课题的研究时间相对比较短，大多数为两年以内。

2. 教学研究类课题的申报与管理

教学研究类课题一般分为重点课题和一般课题。重点课题会有一定的研究经费资助。

教学研究类课题的申报由各级教学研究机构承担，如教研类课题的申报必须经由区（县）、市、省的申报程序。同样，电教部门的课题也有经由区县电教中心、市电教馆、省电教馆以及国家级的申报程序。具体的申报要求会略有差异。

（三）学会类课题

教育学会、各种教育专业委员会、陶行知教育思想研究会、陈鹤琴教育思想研究会等都是与早期教育密切相关的群众性学术团体。指导会员开展研究、繁荣群众性教育科研是这一类学术团体的重要工作内容。因而，配合每一个五年规划，各学术团体均会开展课题申报、评审、立项的工作。有些团体在一个五年规划内还会开展一两批滚动课题的申报。学会类课题的研究时间往往没有特殊的要求，3～5年均可，但一般提倡三年左右。

一般而言，申报学会类课题的主持人必须是学会会员或学会的团体会员单位。学会类课题的申报程序需要遵循由县（区）、市、省至国家级学会的流程。但由于学会的行业性、领域性特点非常突出，各学会的机构建设情况也不尽相同，不同的学会要求不同。

附录　全国教育科学规划课题管理办法

第一章　总则

第一条　为加强和完善全国教育科学规划课题的管理，促进教育科学研究的繁荣和发展，依据《中华人民共和国教育法》和《国家社会科学基金项目管理办法》的有关规定和教育学科的实际情况，特制订本办法。

第二条 设立教育科学规划课题是为了搭建教育科学研究的平台，引领教育科学研究的发展方向，凝聚科研力量，体现国家和社会的需求。全国教育科学规划课题的研究必须坚持以马克思列宁主义、毛泽东思想和邓小平理论为指导，坚持党在社会主义初级阶段的基本路线和基本纲领，坚持"三个代表"重要思想，坚持科学发展观，坚持理论联系实际和"百花齐放、百家争鸣"的方针，继承发展，开拓创新，繁荣和发展教育科学，为教育改革和发展实践服务，为全面实施素质教育和提高教育质量服务，为建设社会主义和谐社会和创新型国家做贡献。

第三条 全国教育科学规划课题面向全国，坚持导向，突出重点，公平竞争，择优立项，确保质量。

第四条 全国教育科学规划课题实行目标管理与过程管理相结合，重点管理与一般管理相结合，集中管理与分级管理相结合，经济手段、法律手段和信用手段相结合，明确相关各方的责权利。

第二章　组织

第五条 全国教育科学规划领导小组由教育部组建，领导全国教育科学规划工作，制订五年规划、年度课题指南和课题管理办法，审批重点课题，审查一般课题和专项课题，领导重大学术交流活动和重要科研成果的宣传推广工作，促进教育科研事业的和谐发展。

第六条 全国教育科学规划领导小组办公室是全国教育科学规划领导小组的职能部门和办事机构，其主要职责是组织规划制订和实施、组织课题评审立项、负责课题日常管理、组织学术交流、组织成果评奖、推广科研成果等。

第七条 建立评审专家库，按学科划分建立学科规划组，其成员由全国教育科学规划领导小组办公室推荐、全国教育科学规划领导小组聘任。学科规划组的主要职责是制订学科发展规划和课题指南、评审年度课题、鉴定课题成果、提供学术指导和专业咨询。

第三章　课题类别和选题

第八条 全国教育科学规划每五年发布一次，通常在每个五年规划实施的第一年第一季度向全国公布；规划执行期间，每年发布年度课题指南并组织课题的申报和评审工作。

第九条 全国教育科学规划设立国家社会科学基金教育学重大课题、重点课题、一般课题、青年基金课题；设立教育部重点课题、教育部青年专项课题、教育部规划课题以及国防军事教育学科和其他部委重点课题。

第十条 国家教育决策部门急需研究的重要课题，以教育部特别委托的方式，经全国教育科学规划领导小组负责人审定后单独立项为教育部重点课题。

第十一条 为支持地方教育科研的发展，全国教育科学规划设立单位资助的教育部规划课题，其研究经费由申请者单位负责，其选题与全国教育科学规划资助课题的要求相同，其申报和初评由省级（自治区、直辖市、计划单列市）教育科学规划管理部门负责，评审结果由全国教育科学规划领导小组办公室审定，并报全国教育科学规划领导小组负责人批准。

第十二条　为支持部门和行业教育科研的发展，全国教育科学规划设立专项资助的教育部重点或规划课题，其研究经费由相关部委、教育部司局或直属单位负责，面向全国公开发布，其申报、选题与全国教育科学规划资助课题的要求相同，其申报由全国教育科学规划领导小组办公室负责，初评由全国教育科学规划相关学科规划组和资助单位共同负责，评审结果由全国教育科学规划领导小组办公室审定并报全国教育科学规划领导小组负责人批准。

第十三条　全国教育科学规划的选题，要以我国教育改革发展和现代化建设的重大理论与实践问题为主攻方向，突出应用研究，注重基础理论研究，鼓励新兴、交叉、边缘学科研究和跨学科的综合研究，支持成果开发与推广研究。要力求居于学科前沿，具有原创性或开拓性，避免低水平重复。

第四章　申报

第十四条　申请全国教育科学规划课题的负责人应符合以下条件：

1. 享有中华人民共和国公民权，遵守中华人民共和国宪法，拥护社会主义制度和中国共产党的领导。

2. 具有副高级以上专业技术职称。不具备副高级以上专业技术职称的，须有两名正高级专业技术职称的同行专家书面推荐。

3. 必须能够真正承担和负责组织、指导课题的实施。不能从事实质性研究工作的，不得申请。

4. 申请人同时只能申报一个课题。以往承担的全国教育科学规划课题必须按规定结题，未结题者不能申报。

5. 国家重大课题、国家重点课题的申请人必须有主持并完成过省部级以上教育科研课题的经历。

6. 青年课题的申请人和课题组成员年龄均不得超过 40 周岁（以申报截止日期为准）。

第十五条　每年度课题申报自申报公告发布之日起开始，课题申报受理期限一般为两个月。申请人可从全国教育科学规划领导小组办公室网站下载《国家社会科学基金教育学重大（重点）课题招标申请·评审书》《全国教育科学规划课题申请·评审书》和《全国教育科学规划专项课题申请·评审书》（以下简称"申请书"）及有关资料。

第十六条　申请人应根据课题指南和课题申请书的要求，认真、如实填写申请书，并送所在单位审核。申请人所在单位按本办法第十四条的规定进行审查，签署意见，并承诺提供研究条件和承担课题管理职能及信誉保证。在规定日期内，教育部各司局、部直属单位、部属高校将本单位审查合格的申请书集中报送全国教育科学规划领导小组办公室。其他单位的申请书送交各省（自治区、直辖市）教育科学规划领导小组办公室或相应主管机构，由其签署意见后集中报送全国教育科学规划领导小组办公室。全国教育科学规划领导小组办公室不受理个人和除教育部司局、直属单位、直属高校之外其他单位直接报送的课题申请书。

第十七条 申请有经费资助的课题或申请单位资助的规划课题，申报时应予明确。申请单位资助规划课题的，须出具课题所需研究经费有保障的证明资料。

第十八条 全国教育科学规划领导小组办公室在受理课题申报的同时，提供必要的课题申请资料。

第五章 评审

第十九条 全国教育科学规划课题实行同行专家评审制。每次随机抽取部分学科规划组成员组成课题评审组进行课题评审，也可根据实际需要特聘专家参与课题评审。凡申请课题的学科规划组成员和有关工作人员不参加当次课题评审工作。国家重大课题、国家重点课题实行公开招标制度。国家一般课题、国家青年基金课题、教育部重点课题、教育部青年专项课题和教育部规划课题采用会议评审方式。

第二十条 全国教育科学规划领导小组办公室在全国教育科学规划领导小组的领导下，负责课题评审的组织工作。

第二十一条 课题评审严格按照程序进行。学科规划组须有应到成员三分之二以上（含三分之二）出席方能进行评审和投票，出席成员三分之二以上（含三分之二）投票同意的课题方能通过初评，获三分之二多数票（含三分之二）的课题才有资格立项。

招标课题的评审程序如下：

1. 开标。由全国教育科学规划领导小组办公室主持，在投标人检查投标文件的密封情况后开标。

2. 审阅投标文件。评审专家独立审读课题论证等相关文件。

3. 论证、质询与评议。投标者进行课题论证陈述，评审专家对课题论证进行质询并听取答辩，在此基础上对投标者进行综合评议。

4. 评审投票。评审专家对投标申请进行投票。

5. 获得投票通过的拟立项课题报全国教育科学规划领导小组审批立项。

重点课题的会议评审程序如下：

1. 资格审查和分类。全国教育科学规划领导小组办公室按本办法第十四条和申请书的要求进行审查，合格者进入初评。

2. 活页匿名初评。评审专家依据统一制订的评审指标，对通过资格审查的课题活页论证部分进行匿名初评，全国教育科学规划领导小组办公室按初评分值高低选出拟立项课题数 2~3 倍的课题申请书进入会议综合评审。

3. 会议综合评审。对进入综合评审的课题，在认真审定课题论证的基础上，评审专家以记名投票方式产生本组拟立项课题。

对综合评审通过的拟立项课题，由评审专家填写建议意见，由评审组长签署评审结果。

4．全国教育科学规划领导小组办公室对各组通过的拟立项课题进行审核、汇总和综合平衡，并提出课题经费资助方案，报全国教育科学规划领导小组审批。

第二十二条　全国教育科学规划领导小组对拟立项课题和资助金额行使最终审批权。其中对拟列入国家哲学社会科学基金的各类课题，全国教育科学规划领导小组需进行投票。须有三分之二以上（含三分之二）成员出席，全国教育科学规划领导小组投票方为有效，出席成员三分之二以上（含三分之二）同意方为通过。立项课题报全国哲学社会科学办公室备案。

第二十三条　解放军系统重点课题的申报与评审，由全军军事教育科学规划办公室参照本办法自行组织进行。评审通过确定立项的国家社会科学基金和教育部重点课题须报全国教育科学规划领导小组办公室备案和全国教育科学规划领导小组审批。

第二十四条　单位资助的教育部规划课题，其初评由省级（自治区、直辖市、计划单列市）教育科学规划管理部门负责，评审结果由全国教育科学规划领导小组办公室审定并报全国教育科学规划领导小组负责人批准。专项资助的教育部重点或规划课题，其初评由全国教育科学规划相关学科规划组和资助单位共同负责，评审结果由全国教育科学规划领导小组办公室审定并报全国教育科学规划领导小组负责人批准。

第二十五条　评审组专家和工作人员必须严格遵守下列评审纪律：

1．不得以任何理由查询或透露课题论证活页的相关背景资料；

2．会议评审情况应予保密。评审结果正式公布前，不得对外泄露；

3．不得收受礼金或礼品。

第六章　经费

第二十六条　课题负责人接到资助课题立项通知后，填写回执，并按批准的资助金额编制开支计划，在规定时间内寄回全国教育科学规划领导小组办公室。否则按自动放弃课题处理。

第二十七条　课题资助经费一次核定、分期拨付、单独核算、专款专用。每个课题均预留20％的资助经费，待课题完成经鉴定进入结题验收阶段时拨付。

第二十八条　课题资助经费使用范围限于资料费、数据采集费、差旅费、会议费、国际合作与交流费、设备费、专家咨询费、劳务费、印刷费、出版费、管理费。

1．资料费：资料收集、录入、复印、翻拍、翻译等费用及必要的图书和专用软件购置费。

2．数据采集费：问卷调查、数据跟踪采集、案例分析等费用。

3．差旅费：国内调研活动交通费、食宿费及其他费用。

4．会议费：开展学术研讨、咨询以及协调项目或课题等活动所召开小型会议的费用。

5. 国际合作与交流费：赴国外及港澳台地区调研的交通费、食宿费及其他费用。

6. 设备费：购置或租赁使用外单位设备而发生的费用。

7. 专家咨询费：支付给临时聘请的咨询专家的费用。咨询费不得支付给课题组成员及课题管理的相关人员。咨询费的支出总额，国家重大课题一般不得超过课题资助额的5%，其他课题不得超过课题资助额的10%。

8. 劳务费：支付给直接参与课题研究的在校研究生和其他课题组临时聘用人员等的劳务性费用。劳务费的支出总额，国家重大课题不得超过课题资助额的5%，其他课题不得超过课题资助额的10%。

9. 印刷费：课题研究成果的打印费、印刷费和誊写费等。

10. 管理费：课题负责人所在单位为组织和支持课题研究而支出的费用。管理费的支出总额，国家重大课题每项不超过5000元；其他课题不得超过项目资助额的3%。严禁超额提取和重复提取。

第二十九条 在财务制度和本办法规定的范围内，由课题负责人按计划自主支配课题资助经费。课题经费有结余的应退回全国教育科学规划领导小组办公室。

课题负责人所在单位科研管理部门和财务部门对课题资助经费实施具体管理，并对经费使用情况行使监督、检查职责。

第三十条 课题进行中和完成后，课题负责人和所在单位财务部门应按规定分别报送经费使用报表和如实编制课题资助经费决算表。

第三十一条 对不按规定按时报送研究进度报告和经费使用报表的课题，将缓拨课题经费；对课题负责人因工作调动、出国、生病、死亡或其他原因不能继续研究而被撤销或中止的课题，将停止拨款，并追回已拨经费的剩余部分；对无故不完成研究任务或自行中止研究工作的课题，将停止拨款，并追回已拨出的全部款项。

对按规定予以撤销的课题，追回已拨经费。课题负责人无法赔偿的，由做出信誉保证的所在单位承担连带赔偿责任。

第三十二条 申请单位资助规划课题的需由课题负责人所在单位出具经费到位证明或经费保障证明，课题才可以进入评审程序，通过评审的方可被批准立项。其经费的筹集和使用必须符合国家有关财务制度，并由出资单位或课题负责人所在单位参照本办法的规定进行管理。

第七章 课题管理

第三十三条 全国教育科学规划课题实行分级管理。全国教育科学规划领导小组办公室对全部课题负有管理职责，并指导委托机构的管理工作。全国教育科学规划领导小组办公室分别委托省级教育科学规划领导小组办公室（或省级管理机构）和教育部直属高校科研处、直属单位科研处负责所属范围内各类课题的日常管理。解放军系统重点课题分别由军队主管部门管理，办法可参照本办法自定。所有列入规划的课题要按本办法有关规定做好课题自我管理。课题负责人所在单位负责课题的具体管理，对课题研究的过程进行检查和督促。全国教育科学规划领导小组办公室对课题执行情况和各地各单位课题管理情况进行必要的抽查。

第三十四条　课题负责人接到立项批准通知后，应尽快确定具体的课题实施方案，在三个月内组织开题，并及时将实施方案和开题情况报送全国教育科学规划领导小组办公室和相关科研管理部门。

第三十五条　课题重要活动和重要阶段成果应及时报相关管理部门。每年 12 月底前，课题应提交年度研究工作报告，经所在单位签署意见，报送相关管理部门。省级教育科学规划领导小组办公室和部属高校社科处在课题年度报告基础上，于次年 1 月底前向全国教育科学规划领导小组办公室提交所管课题进展、变更情况的年度综合报告。对进展正常的课题，全国教育科学规划领导小组办公室将继续拨款；对不按规定报送年度报告或经检查不合格的，将暂停拨款。各级各类课题均需按要求填写中期检查报告报送全国教育科学规划领导小组办公室和相关科研管理部门。全国教育科学规划领导小组办公室将视课题完成周期，适时对各类重点课题进行中期检查。

第三十六条　凡有下列情况之一者，须由课题负责人提出书面请示，经所在单位同意，省级教育科学规划领导小组办公室或直属高校社科处审核，报送全国教育科学规划领导小组办公室审批：

1. 变更课题负责人。
2. 改变课题名称。
3. 改变成果形式。
4. 对研究内容做重大调整。
5. 变更课题管理单位。
6. 课题完成时间延期一年以上或多次延期。
7. 因故中止或撤销课题。

对未经批准，擅自进行上述变更的课题，将不予结题。

第三十七条　凡有下列情况之一者，由全国教育科学规划领导小组办公室撤销课题，追回课题经费：

1. 以课题名义进行营利行为。
2. 盗用公章或私刻课题公章。
3. 私自篡改课题名称，对课题进行虚假宣传。
4. 研究成果有严重政治问题。
5. 剽窃他人成果，弄虚作假。
6. 研究成果学术质量低劣。
7. 获准延期，但到期仍不能完成。
8. 与批准的课题设计严重不符。
9. 严重违反财务管理制度。

被撤销课题的课题负责人三年内不得申请新课题。全国教育科学规划领导小组办公室对已撤销的课题将追回已拨经费，并追究所在科研管理单位责任。

第三十八条　加强对课题研究组织工作的管理。根据研究性质和研究需要，研究内容广泛、实践性强的课题可以设立实验学校。课题设立实验学校，事前须经课题负责人所在单位同意，省（自治区、直辖市）教育科学规划领导小组办公室或直属高校社科处审核，报全国教育科学规划领导小组办公室批准备案并上网公示。课题设立实验学校要严格掌握标准，适当控制数量，确保指导到位，并应得到实验学校所在地教育行政部门的认可。

根据课题研究需要，每个课题设立的实验学校不得超过 10 个，不得收取任何费用。课题组不得开展任何形式的评奖活动。课题组不得自行刻制印章，需要开展课题研讨活动的，一般以课题负责人所在单位代章即可。

第八章　成果鉴定和结题验收

第三十九条　列入全国教育科学规划的所有课题按期完成后，最终成果均须进行鉴定，通过鉴定后予以验收结题。

第四十条　最终成果的基本要求：国家重大（重点）课题应在国家出版社出版 40 万字以上学术专著 1 部、在 SSCI 或 CSSCI 期刊上发表 3 篇以上系列论文；国家一般课题应在国家级出版社出版 30 万字以上专著 1 部、在 CSSCI 上发表 3 篇系列论文；国家青年基金课题应在国家出版社出版 20 万字以上专著 1 部、在 CSSCI 期刊上发表 2 篇系列论文。教育部重点课题应出版 20 万字以上学术专著 1 部，或者在核心期刊（北京大学图书馆版）上发表 3 篇系列论文；教育部青年专项课题应出版 20 万字以上专著 1 部，或者在核心期刊（北京大学图书馆版）上发表 2 篇系列论文；教育部规划课题应出版 20 万字以上专著 1 部，或者在核心期刊（北京大学图书馆版）上发表 1 篇论文。所有课题均须填写《全国教育科学规划课题成果鉴定申请·审批书》，提交研究总报告和课题公告。

第四十一条　全国教育科学规划领导小组办公室负责全国教育科学规划重点课题（国家重大、国家重点、国家一般、国家青年基金和教育部重点、教育部青年专项课题）和教育部规划课题（专项课题、单位资助规划课题）最终成果的鉴定。全国教育科学规划领导小组办公室根据需要可授权委托省（自治区、直辖市）教育科学全国教育科学规划领导小组办公室负责所在地区承担的教育部规划课题最终成果的鉴定工作。

第四十二条　成果鉴定要求：

1. 一般采用聘请同行专家通讯鉴定方式。少量课题根据研究性质及成果形式需要进行会议鉴定的，须经全国教育科学规划领导小组办公室及其委托管理机构同意。

2. 每个课题的鉴定专家一般为 5 人，最多不得超过 7 人。鉴定专家由全国教育科学规划领导小组办公室或委托管理机构确定。课题组成员（包括顾问）不能担任本课题鉴定专家，所在单位及其上级主管部门参与鉴定的专家不能超过 2 人。

3. 课题组提供的鉴定资料，应包括《全国教育科学规划课题成果鉴定申请·审批书》、研究成果主件及必要的附件和课题申请书复印件各 7 份。采取会议鉴定方式的，上述资料应在鉴定会议召开前 15 天提交给鉴定专家审阅。

4. 鉴定专家在认真阅读研究成果的基础上，对照课题申请书预期达到的目标，实事求是地对成果提出客观、公正、全面的专家（个人）鉴定意见。采取通信鉴定方式的，鉴定专家应分别提出成果等级评定，由组织鉴定单位综合后确定成果的等级并确定课题最终是否通过鉴定。采取会议鉴定方式的，由鉴定组确定成果等级及是否通过鉴定，并填写专家组鉴定意见。

第四十三条　课题最终成果达到第四十条规定基本要求，申请免于鉴定的条件如下：

1. 列入国家社科基金的课题（国家重大课题、国家重点课题、国家一般课题、国家青年基金课题）同国家社会科学基金项目管理办法的具体规定，即获得省部级评奖二等奖以上奖励；提出的理论观点、政策建议等被省部级以上党政领导机关完整采纳吸收，并附有基本资料和证明。

2. 教育部重点课题和教育部青年专项课题最终成果的主体部分被省级以上教育行政部门完整采纳吸收，并附有基本资料和证明；或最终成果的主体内容在《中国社会科学》《新华文摘》发表或转载，并有明确标识。

3. 教育部规划课题最终成果的主体内容在《教育研究》《心理学报》杂志发表，并有明确标识。教育部重点课题和教育部青年专项课题达到列入国家哲学社会科学规划课题免于鉴定的条件，教育部规划课题达到列入国家哲学社会科学规划课题、教育部重点课题和教育部青年专项课题免于鉴定的条件，均可申请免于鉴定。申请免于鉴定的，在填写《全国教育科学规划课题成果鉴定申请·审批书》时，要说明理由，并随寄相关证明资料、发表或转载原件。

第四十四条　通过鉴定的和批准免于鉴定的课题即可办理结题验收。最终成果鉴定通过后，由全国教育科学规划领导小组办公室进行课题研究资料审核工作。履行立项申请承诺、通过课题鉴定、资料完备的，全国教育科学规划领导小组办公室发给《全国教育科学规划课题结题证书》。

第九章　成果的宣传、推广和评奖

第四十五条　全国教育科学规划领导小组办公室及其委托管理机构、各课题组和课题负责人所在单位，应采取各种积极措施加强对全国教育科学规划课题成果的宣传、推广和转化，充分发挥其在教育决策和教育改革发展实践中的作用。

充分利用有影响力的报刊、影视、网络等大众及专业媒体，建立相对稳定的成果宣传渠道。全国教育科学规划领导小组办公室及其委托管理机构、课题所在单位应积极协助优秀成果的出版。对具有重要应用价值、重要学术意义的成果要及时摘报各级教育决策部门，或向教育界广泛宣传。全国教育科学规划领导小组办公室及其委托管理机构不定期召开课题成果报告会，发布研究成果信息，组织多种形式的专题培训或学术研讨，促进成果的应用推广。

第四十六条 验收合格的全国教育科学规划各类课题的最终成果，在出版、发表或向有关领导部门报送时，须在醒目位置标明课题名称、课题类别、资助单位及课题批准号等信息。全国教育科学规划领导小组办公室有权对科研成果进行宣传和推广，课题负责人拥有其科研成果的署名权。

第四十七条 全国教育科学规划课题每五年举行一次优秀成果评奖活动，获奖成果由教育部颁发证书和奖金。评奖办法另行规定。

第十章 附则

第四十八条 本办法的解释权和修改权属全国教育科学规划领导小组。国防军事教育学科规划课题的解释权和修改权属全军军事教育科学规划领导小组。

参考文献

［1］潘海燕. 教师的教育科研与专业发展［M］. 北京：中国轻工业出版社，2006.

［2］李其龙，陈永明. 教师教育课程的国际比较［M］. 北京：教育科学出版社，2002.

［3］任钟印. 昆体良教育论著选［M］. 北京：人民教育出版社，2002.

［4］王炳照，等. 简明中国教育史［M］. 北京：北京师范大学出版社，2013.

［5］杨建国. 语文口语交际概论［M］. 广州：广东教育出版社，2015.

［6］［明］王守仁. 训蒙大意示教读刘伯颂等.

［7］吴洪成. 中国小学教育史［M］. 太原：山西教育出版社，2006.

［8］梁启超. 饮冰室文集［M］. 昆明：云南教育出版社，2001.

［9］璩鑫圭，唐良炎. 中国近代教育史资料汇编·学制演变［M］. 上海：上海教育出版社，1994.

［10］中央教育科学研究所. 中华人民共和国教育大事记（1949—1982）［M］. 北京：教育科学出版社，1984.

［11］李学农，张清雅. 教师教育世纪转型与发展［M］. 南京：南京师范大学出版社，2014.

［12］教育部. 2011 年全国教育事业发展统计公报［R］. 基础教育改革动态，2012（12）.

［13］广东省教育厅发展规划处. 广东省 2011—2012 学年教育事业统计简报［R］. 2012.

［14］李文郁，等. 广东特色基础教育课程体系探索［M］. 广州：广东高等教育出版社，2014.

［15］［德］第斯多惠. 德国教师培训指南［M］. 袁一安，译. 北京：人民教育出版社，2002.

［16］教育部师范教育司. 教师专业化的理论与实践［M］. 北京：人民教育出版社，2003.

［17］李志厚. 教师校本学习论［M］. 广州：广东高等教育出版社，2006.

［18］Darling-Hammond, Linda. Teacher Learning That Supports Student. Learning. Educational Leadership, 1998, 55 (5).

［19］彭小明. 语文研究性学习［M］. 杭州：浙江大学出版社，2012.

［20］陈岩. 中小学课题研究［M］. 北京：北京师范大学出版社，2014.

［21］高尚刚，徐万山. 中小学教师课题研究指导［M］. 北京：中国轻工业出版社，2013.

［22］胡中锋. 中小学教师教育科研导论［M］. 广州：广东高等教育出版社，2006.

［23］孟万金，官群. 教育科研［M］. 上海：华东师范大学出版社，2005.

［24］熊华生. 教育研究与实验［M］. 武汉：华中科技大学出版社，2004.

［25］吴义昌. 如何做研究型教师［M］. 上海：华东师范大学出版社，2014.

［26］［美］Richard Sagor. 行动研究与学校发展［M］. 卢立涛，王茂密，罗霞，译. 北京：中国轻工业出版社，2006.

［27］裴娣娜. 教育研究方法导论［M］. 合肥：安徽教育出版社，2015.

［28］丁念金. 研究方法的新进展［M］. 北京：教育科学出版社，2004.

［29］冉乃彦. 中小学教师如何做研究［M］. 北京：人民教育出版社，2012.

［30］张红霞. 教育科学研究方法［M］. 北京：教育科学出版社，2014.

［31］张晖主编. 幼儿园课题研究［M］. 北京：高等教育出版社，2012.

［32］袁玥. 教师微型课题研究指南［M］. 上海：华东师范大学出版社，2015.

［33］陈丽. 校长如何做研究［M］. 上海：华东师范大学出版社，2012.

［34］王工一. 中小学教育科研方法［M］. 北京：中国水利水电出版社，2005.

［35］陈大伟. 教育案例写作与研究［M］. 北京：教育科学出版社，2014.

［36］郑金洲. 教师如何做研究［M］. 上海：华东师范大学出版社，2005.

［37］李臣之. 教师做科研［M］. 深圳：海天出版社，2010.

［38］张民生，金宝成. 现代教师：走进教育科研［M］. 北京：教育科学出版社，2002.

［39］潘国青. 学校教育科研新论［M］. 上海：上海教育出版社，2006.

［40］单鹰. 中小学教师如何做好课题研究［M］. 北京：北京师范大学出版社，2014.

［41］王志军. 校本研修实践探究［M］. 北京：北京师范大学出版社，2012.

［42］［美］阿纳斯塔西娅. P. 萨马拉斯. 教师的自我研究［M］. 范晓慧，译. 重庆：重庆大学出版社，2015.

［43］林中伟. 基础教育教学基本功：中学语文卷［M］. 北京：首都师范大学出版社，2012.

［44］胡庆芳，等. 校本教研实践创新［M］. 北京：教育科学出版社，2007.

［45］刘宗南. 微格教学概论［M］. 天津：天津大学出版社，2011.

［46］王凤桐，李涛，王丽霞. 微格教学在中国［M］. 北京：新华出版社，2012.

［47］［美］乔纳森·哈伯. 慕课［M］. 刘春园，译. 北京：中国人民大学出版社，2015.

［48］赵国忠，傅一岑. 微课：课堂新革命［M］. 南京：南京大学出版社，2015.

［49］陈向明. 质的研究方法与社会科学研究［M］. 北京：教育科学出版社，2000.

［50］周庆林. 研究性学习指导［M］. 南宁：广西师范大学出版社，2006.

［51］陈忠良. 中小学教师专业成长必备技能集粹［M］. 杭州：浙江教育出版社，2005.

［52］潘海燕. 教师的教育科研与专业发展［M］. 北京：中国轻工业出版社，2006.

［53］杨建国. 高等师范教育与基础教育衔接刍议［J］. 高教探索，2016（2）.

［54］郝文武. 师范教育向教师教育转变的必然性和科学性［J］. 教育研究，2014（3）.

［55］张艳. 终身学习全球化趋势下的教师职后培训与角色定位［J］. 比较教育研究，2001（5）.

［56］宁虹. "教师成为研究者"的理解与可行途径［J］. 比较教育研究，2002（1）.

［57］高慎英. 教师成为研究者："教师专业化"问题探讨［J］. 教育理论与实践，1998（3）.

［58］李艳，董良飞. 试论撰写研究生开题报告的技巧与方法［J］. 江苏工业学院学报，2007（2）.

［59］邱瑜. 教育科研方法的新取向——教育叙事研究［J］. 中小学管理，2003（9）.

［60］蔡宝来，张诗雅，杨伊. 慕课与翻转课堂：概念、基本特征及设计策略［J］. 教育研究，2015（11）.

［61］胡铁生. 微课程的属性认识与开发建议［J］. 中小学信息技术教育，2014（10）.

［62］李兰兰，刘繁华. "微视频导学"的设计与应用研究［J］. 教育信息技术，2015（11）.

［63］徐勤玲. 国内教育叙事研究的问题、原因及对策［J］. 教育导刊，2006（9）.

［64］易志勇. 教育科学省级规划课题的结题鉴定［J］. 当代教育论坛，2008（9）.

［65］邓彤. 高中生古典文学阅读状况调查［J］. 语文建设，2004（5）.

［66］杨建国. 出版物常见序号使用误区及正确使用方法［J］. 出版参考，2013（10）上旬刊.